Dietrich Meyer

Zinzendorf und die Herrnhuter Brüdergemeine

1700–2000

Neuausgabe

Vandenhoeck & Ruprecht

Dietrich Meyer, geboren 1937, promovierter Theologe, ist
Archivdirektor i.R.

Mit 6 Übersichten und 1 Schaubild

Bibliografische Information der Deutschen Nationalbibliothek
Die Deutsche Nationalbibliothek verzeichnet diese Publikation in der
Deutschen Nationalbibliografie; detaillierte bibliografische Daten sind
im Internet über https://dnb.de abrufbar.

ISBN 978-3-525-01390-8

Umschlagabbildung:
Der junge Zinzendorf, nach einem Ölgemälde von A.S. Belle, Paris 1720
Kopie von Alfred Bernert im Privatbesitz

© 2009, 2000 Vandenhoeck & Ruprecht GmbH & Co. KG, Göttingen
Internet: www.v-r.de
Alle Rechte vorbehalten. Das Werk und seine Teile sind urheberrechtlich geschützt.
Jede Verwertung in anderen als den gesetzlich zugelassenen Fällen bedarf der
vorherigen schriftlichen Einwilligung des Verlages. Hinweis zu § 52a UrhG:
Weder das Werk noch seine Teile dürfen ohne vorherige schriftliche Einwilligung
des Verlages öffentlich zugänglich gemacht werden. Dies gilt auch bei einer ent-
sprechenden Nutzung für Lehr- und Unterrichtszwecke. Printed in Germany.
Druck und Bindung: CPI books GmbH, Ulm

V&R

Inhalt

Zinzendorf und die Entstehung Herrnhuts (1700–1731) 5
   Der Pietismus in der Oberlausitz und Zinzendorfs Jugend .. 5
   Schule, Studium und Bildungsreise 9
   Heirat und Amtsantritt in Dresden 15
   Die Gründung Herrnhuts 19
   Der 13. August 1727 und die Gestaltung des religiösen
   Lebens in Herrnhut 24
   Klärung der Fronten gegenüber Pietismus, Spiritualismus
   und Aufklärung 30

Der Beginn der weltweiten Brüder-Unität (1732–1760) 37
   Exil, Pilgergemeine und die Anfänge der Mission 37
   Die Arbeit in England und die Anfänge in Amerika 43
   Die Gemeinden in der Wetterau und der Blut- und
   Wundenkult 49
   Londoner Aufenthalt und letzte Lebensjahre 56

Der eigene Weg in der Gemeinschaft der Kirchen (1761–1800) . 63
   Die Generalsynoden nach Zinzendorfs Tod
   und die Ausbildung einer brüderischen Verfassung 63
   Die innere Entwicklung der Brüdergemeine
   bis zum Ausgang des 18. Jahrhunderts 66
   Diasporaarbeit und Herrnhuter Predigerkonferenz 71
   Die Entwicklung der Brüdermission 76
   Pädagogische Arbeit und theologische Ausbildung 79
   Die Brüdergemeine zwischen Aufklärung und Erweckung .. 86

Stillstand und neues Leben (1801–1899) 94
   Stillstand, Erweckungen und neue
   Missionsunternehmungen 94
   Theologische Lehre und Erziehung zwischen Bibel-
   frömmigkeit und moderner Wissenschaft 100

Diasporawerk, Innere Mission und
Gemeinschaftsbewegung 107
Die Verfassungsentwicklung bis zur Generalsynode
von 1899 111
Gewerbe, Handel und Fabriken 118

Die Brüdergemeine in Deutschland
zwischen Bedrängnis und Hoffnung 1900–2000 124
  Das kirchliche Leben bis zum Ende
  der Weimarer Republik 124
  Die Übernahme des Erbes der beiden Blumhardt
  in Bad Boll 130
  Die Brüdergemeine und die ökumenische Bewegung 134
  Die Brüdergemeine in der Zeit des Nationalsozialismus 138
  Die Situation nach Ende des Zweiten Weltkriegs 147
  Fragen zum Schluß 156

Literatur 160
Übersichten 167
  1. Generalsynoden der Brüder-Unität 1782–1931 167
  2. Präsides und Vorsitzende 168
  3. Inspektoren des Theologischen Seminars 1754–1818 170
  4. Inspektoren und Direktoren
  des Theologischen Seminars seit 1818 171
  5. Fabriken, Güter und Betriebe
  der Brüdergemeine um 1900 173
  6. Entwicklung der Gemeindegliederzahlen 174

Nikolaus Ludwig Reichsgraf von Zinzendorf und Pottendorf (26. 5. 1700–9. 5. 1760) erwarb 1722 das Gut Berthelsdorf in der Oberlausitz und erlaubte die Ansiedlung von ausgewanderten Mitgliedern der mährischen Brüderkirche. Daraus entstand die Siedlung Herrnhut.

Zinzendorf und die Entstehung Herrnhuts (1700–1731)

Der Pietismus in der Oberlausitz und Zinzendorfs Jugend

Als Nikolaus Ludwig von Zinzendorf am 26. Mai 1700 als Sohn des Geheimen Rats und Reichsgrafen Georg Ludwig von Zinzendorf in Dresden geboren wurde, erlebte das Land eine kulturelle Hochphase, wie sie vorher und nachher kaum zu erleben war. »Das augusteische Zeitalter der kulturellen Blüte und politischen Überflügelung« verkörperte den Geist des Absolutismus und der barocken Festkultur nach französischem Vorbild und erhielt durch die Erlangung der polnischen Königskrone 1697 eine europäische Weite, die in das bisher eher unbekannte Dresden Menschen aus ganz Europa brachte. Sachsen schien im Wettstreit der deutschen Territorien um die Vorherrschaft einen großen Schritt voranzutun, und Dresden wurde zu einem Zentrum europäischer Barockkultur. Der persönliche Lebensstil Kurfürst Friedrich August I. des Starken (1670–1733) – als polnischer König: August II. –, seine ständige Geldnot und Verschwendungssucht, seine phantastischen politischen Pläne, denen er seine Religion opferte, stießen freilich auch damals auf Kritik und fanden ihre Grenze an den sächsischen Ständen.

Zu den Kritikern dieser vergnügungs- und erfolgssüchtigen Hofgesellschaft gehörte auch der Geheime Rat Georg Ludwig von Zinzendorf, dessen Vater Maximilian Erasmus (1633–1672) um des Glaubens willen seine Güter Freidegg und Schönegg in Österreich 1661 verkauft und seine Heimat verlassen hatte. Der Vater von Nikolaus Ludwig von Zinzendorf war mit dem Initiator des Pietismus, Philipp Jakob Spener, befreundet, der von 1686–1691 die Stelle des Oberhofpredigers in Dresden inne hatte, aber wegen seiner Kritik am Wandel des Kurfürsten in Ungnade fiel und darum den Wechsel nach Berlin vorzog. Nikolaus Ludwig, erstes Kind aus der zweiten Ehe des Vaters mit Charlotte Justine von Gersdorf, war gerade 6 Wochen alt, als der Vater schwer lungenkrank starb.

Als 1702 auch der Großvater Nicol von Gersdorf in Dresden verstarb, gab die Familie ihren dortigen Besitz auf und verzog 1703 auf den Witwensitz Schloß Großhennersdorf bei Zittau. Hier wurde der junge Graf von seiner Großmutter Henriette Katharina von Gersdorf erzogen. Sie galt schon ihren Zeitgenossen dank ihrer außerordentlichen Sprachbegabung als ein »Sächsisch Wunder«, war vielseitig gebildet und verfügte über beste Kontakte zur gelehrten Welt. Seit 1696 stand sie mit August Hermann Francke in Briefwechsel und förderte sein Waisenhaus durch namhafte Geldspenden. Sie unterstützte schlesische Waisenkinder, die sie nach Halle vermittelt hatte. 1704 kehrten August Hermann Francke, Carl Hildebrand von Canstein und Dr. Christian Friedrich Richter bei ihr ein. Der Besuch machte Eindruck sowohl auf die jüngste Tochter der Gräfin, Henriette von Gersdorf (1686–1761), die ihre Bekehrung auf ihn datierte, als auch auf den kleinen Lutz, der Francke über seinen Erzieher bestellen ließ, »daß Er bald wieder zu uns kommen wolle«. Noch im selben Jahr (1. Dezember) besuchte Spener Großhennersdorf und gab dem kleinen Lutz seinen »Spezialsegen«. Dabei wurde möglicherweise die Heirat von Charlotte Justine mit Graf von Natzmer ins Auge gefaßt. Der aus Hirschfelde/Oberlausitz gebürtige Paul Anton, Theologieprofessor in Halle, weilte 1705 und wohl öfter in Großhennersdorf und wurde wegen seiner vorzüglichen pädagogischen Gaben von Zinzendorf besonders geschätzt. Zinzendorf konnte darum später sagen, er habe schon in den ersten fünf Jahren seines Lebens »den gemeinschafftlichen Special-Segen der seeligen Männer Speneri, Antonii, Franckii, und des seeligen Freyherrn von Canstein« empfangen. Hennersdorf war also schon vor dem Auftreten Zinzendorfs durch den Einfluß von Henriette Katharina von Gersdorf ein Zentrum des Pietismus, das auf die umliegenden Orte ausstrahlte.

Zinzendorf wuchs in der Welt des lutherischen kirchlichen Pietismus auf, aber in der charakteristischen Unabhängigkeit, die seiner Großmutter eigen war. Freilich ist es fraglich, ob man Großhennersdorf als Schloßecclesiola nach Art der frommen Grafenhöfe von Ebersdorf oder Solms-Laubach ansehen kann. Immerhin war Frau von Gersdorf mit Gräfin Benigna von Solms-Laubach von Jugend an befreundet. Der Herrnhuter Archivar Richard Träger kommt zu dem Ergebnis, daß bei ihr keine Neigung zu religiöser Einsiedelei, keine

Tendenz, »neben dem kirchlichen Gottesdienst eine besondere Erbauung zu suchen«, feststellbar sei, »auch nicht die geringsten Ansätze zur Bildung einer Schloß-Ecclesiola im Sinne des Spenerschen Ecclesiolismus«. Der tägliche Hausgottesdienst am Morgen und Abend entspreche vielmehr der lutherischen Tradition. Es sei typisch für sie, daß sie den vom Geist Halles geprägten, weichen Christian Ludwig Edeling als Erzieher Zinzendorfs sehr bald durch einen Juristen abgelöst und offenbar keinen Wert auf einen Hausgeistlichen gelegt habe. Großhennersdorf hatte seinen eigenen Charakter.

Zinzendorf hat sich gern und häufig über seinen Lebensweg geäußert. Es entspricht der pietistischen Frömmigkeit, über die Führung Gottes mit dem einzelnen und der Gemeinde nachzudenken. So hat Spener in seiner »Wahrhafftige(n) Erzählung vom Pietismus« (1697), so hat Francke in den »Fußstapfen Gottes« die wunderbare Führung Gottes beschrieben. Mit diesen Darstellungen ist, allerdings weniger anspruchsvoll, Zinzendorfs »Geschichts-Erzehlung, verschiedener Um des Evangelii willen aus Böhmen und Mähren Vertriebener Leuten, der alten und neueren Zeit« (Basel 1749) vergleichbar. Dieser Wunsch, die Wege Gottes anderen staunend zu erzählen, aber auch ihrer Absicht gewiß zu werden, ist bei Zinzendorf besonders ausgeprägt. Es gibt von ihm zahlreiche autobiographische Entwürfe und tagebuchartige Aufzeichnungen.

Ein Blick auf das autobiographische Material zeigt, daß man zwischen einzelnen Phasen seiner Entwicklung unterscheiden muß. Die Jahre von 1734 bis 1736 bildeten für seine theologische Entwicklung die Phase der Klärung und Entscheidung. In ihnen vollzog sich seine Trennung von Halle und der Aufklärung und seine bewußte Hinwendung zur lutherischen Kirche. Doch war die Entwicklung damit keineswegs zu Ende. Mit der Ausweisung aus Sachsen begann eine neue Periode in der Wetterau, die 1749 in eine das Werk gefährdende Krise führte, deren Bewältigung im Grunde sein letztes Lebensjahrzehnt bestimmte. Jede Beschäftigung mit Zinzendorf wird daher stets darauf zu achten haben, aus welcher Periode die herangezogenen Texte stammen.

Wenden wir uns nun der Frömmigkeit seiner Kindheit zu, so sind wir dafür weitgehend auf Zinzendorfs Selbstzeugnisse angewiesen: »1. Generalement ist von meiner seeligen Groß Frau Mutter und Tante der Sinn, Christum in der Welt zu bekennen, in mich gepflanzet worden. 2. In meiner Kindheit zu Hauß habe ich den lieben Heyland hertzlich lieb gewonnen, und viel Umgang mit ihm gehabt.« Zinzendorf datiert hier das Missionsmotiv und die kindliche Christusgemeinschaft in seine früheste Kindheit zurück. Dabei muß man wohl so unterscheiden, daß er von der Großmutter die Verpflichtung zum christlichen Zeugnis gelernt, den spielerischen Umgang mit Christus aber eher bei anderen, bei seinem Erzieher Edeling und bei seiner Tante Henriette, erlebt hat. Man kann ferner das bei Zinzendorf so auffallende »Bedürfnis nach religiöser Freundschaft« aus der Situation in Hennersdorf und den Gesprächen mit seiner Tante ableiten.

Eine besondere Bedeutung haben die schon in früher Kindheit durchlittenen Anfechtungen, von denen die Rückblicke sprechen. Sie wurden wahrscheinlich im achten Lebensjahr durch das Lied »O Ewigkeit, du Donnerwort« ausgelöst. Zinzendorf nennt sie »ein tiefes Spekulieren«, »die raffiniertesten Ideen der Atheisten«, »Skrupel circa existentiam patris«, »Skeptizismus«, »Zweifel«, »eine sehr schwere Last der geistlichen hohen Anfechtungen« und erkennt in ihnen einen »Pfahl im Fleisch«. Offensichtlich führten ihn seine Grübeleien in den Zweifel an einem persönlichen Gott. Wenn er in der »Aufrichtigen Anzeige« sagt, daß seine Anfechtungen »bei Gelegenheit der theologischen und philosophischen Lektionen« entstanden seien, so weist uns das auf ihren Zusammenhang mit dem Denken der Aufklärung hin. Von solchen Anfechtungen hören wir auch in den folgenden Jahren bis etwa 1728. Sie sind der Stachel in seiner Frömmigkeit, an dem er sich reibt.

Freilich ist für Zinzendorf charakteristisch, daß diese Anfechtungen auf sein Herz »nicht den geringsten Effect« haben und sich seine Gemeinschaft mit Christus als stärker und unbezwingbar erweist. Doch sind sie damit nicht erledigt. Der Gegensatz von Spekulation und Erfahrung der Nähe Christi, von Verstandeszweifel und Herzenswahrheit begleitet ihn fortan und ist eine Quelle seiner Paradoxien. Dieser treibt letztlich seine Bildersprache hervor, denn weil er abstrakt denkt, braucht er das Bild, um die Macht der inneren Erfahrungen und Empfindungen zu veranschaulichen. Dem Zweifel setzt er die Anschauung, dem Verstand die lebendige Empfindung entgegen. Diese Dialektik ist bereits in der Erfahrung seiner Kindheit angelegt.

Schule, Studium und Bildungsreise

Daß Zinzendorf in dem kindlichen Alter von 10 Jahren auf das Pädagogium nach Halle gegeben wurde, war vor allem der Wille seiner Eltern, weniger der der Großmutter. Am 9. August 1710 traf er mit seiner Mutter in Halle ein und wohnte mit seinem Hofmeister Christian Hohmann bis zu dessen Weggang im Juni 1712 bei einem Schneider, danach im alten Pädagogium, seit April 1713 im neuen Pädagogium. Sein Hofmeister wurde nun bis 1716 Daniel Crisenius, der den Jungen sehr streng behandelte, für dessen religiöses Verlangen wenig Verständnis besaß. Aus den Briefen des Barons Carl Hildebrand von Canstein an Francke erfährt man die im ganzen, vor allem im Jahre 1712, recht negative Beurteilung des Knaben aus Hallenser Sicht, die auch zur Wahl von Crisenius geführt hatte: »... in dem kinde ist eine bosheit, die mit der größten narrheit verknüpft, bey solchen gemüthern ist nicht was auszurichten.« Die Großmutter freilich »glaubet nicht, daß Sein gemüthe so thoricht und recht kläglich sey als es ist«. Der junge Zinzendorf befand sich nach dem Weggang Hohmanns offensichtlich in einer Krise. Er selbst sagte später: »Ich bin in der äußersten Affektuosität der Natur gestanden; wollte alles durchsetzen, was mir so war.« Man beklagte sich über sein »flüchtiges Wesen«, seine »Unbeständigkeit«, er sei »excessiv unordentlich«.

Eine für ihn wichtige innere Erfahrung war die Erschütterung seines Selbstbewußtseins bei dem Vortrag von 300 selbstverfaßten Versen de firmamentis rei publicae beim Osteraktus 1715, bei dem er gegen Ende stecken blieb – »in Gegenwart derer Herrn Markgrafen von Bayreuth und der Universität zu Halle«. Als er sich danach zum ersten Abendmahlsgang anmeldete, lehnte ihm Inspektor Freyer dies zunächst wegen noch fehlender Einsicht in »die Tücke seines grundverderbten Herzens« ab. Erst zwei Monate später, am 23. Juni, durfte er mit seinem Freund, Baron Georg Wilhelm von Söhlental, am Abendmahl teilnehmen. Es fand in der Ulrichskirche, der Kirche A.H. Franckes, statt, die Beichte nahm Magister Johann Anastasius Freylinghausen ab. Zinzendorf konnte die Erlebnisse dieses Frühjahrs als seinen »Durchbruch« bezeichnen.

Zinzendorf suchte seine Mitschüler religiös zu beeinflussen. Diesem Zweck diente wohl schon der Disputierklub von 1714. Seinem jüngeren Bruder Karl von Natzmer schenkte er 1715 Arndts »Wahres Christentum«. Wirklichen Erfolg hatte er erst zu Beginn des Jahres 1716, in den letzten Monaten seines Aufenthaltes in Halle. Den inneren Kreis der damals errichteten Sozietät bildeten Georg Wilhelm von Söhlental, Heinrich Walbaum, der Ungar Johannes von Jony und der Schweizer Friedrich von Wattewille. Die Bekehrung von Wattewilles zu Beginn des Jahres 1716 war der Anfang weiterer Erweckungen, zu denen Inspektor Freyer am 14. März öffentlich und positiv Stellung nahm. Die letzten Wochen vor Zinzendorfs Abschied von Halle am 3. April waren vergoldet durch die Gemeinschaft dieses freilich von einigen Mitschülern belächelten »senatus sanctus«, die ihm schließlich eine gewisse Sympathie bei Francke und bei der Leitung des Pädagogiums einbrachte. Seine Abschiedsrede hielt er über das Thema »Von der Zank-Sucht«.

Die Entscheidung für ein Jurastudium in Wittenberg ab Spätsommer 1716 (Ankunft am 27. August) traf sein Vormund Otto Christian von Zinzendorf (1661–1718), Generalfeldzeugmeister in Dresden, der im Hallischen Pietismus einen schädlichen Einfluß auf die zukünftige Laufbahn eines Staatsbeamten erblickte. Zinzendorf fügte sich – und besuchte die juristischen Vorlesungen und Repetitorien fleißig.

Er rechnete sich zu den »Pietisten« und setzte sich in Wittenberg für die Hallenser ein, verteidigte Spener und übernahm in seinem täglichen Gebet die persönliche Fürbitte für einzelne »auf Herrn Dr. Speners Art«. Er war überzeugt, Johann Caspar Haferung, Pfarrer und Professor in Wittenberg, für den Hallischen Pietismus gewonnen zu haben. Zugleich lernte er aber auch die Toleranz der lutherischen Theologen schätzen, die ihn als Reichsgrafen wohlwollend behandelten. Insbesondere verehrte er Gottlieb Wernsdorf (1668–1729), den er häufiger besuchte und der ihm Literatur über die pietistischen Streitigkeiten zu lesen gab. Gern besuchte er theologische Disputationen und nahm auch als Opponent selbst daran teil. Wenn er später schrieb, »ich lernete zu Wittenberg die Theologie«, so dachte er an seine häusliche Lektüre und die Gespräche mit Theologen. In diesem Urteil lag aber auch eine Anerkennung der Orthodoxie. Sonntags besuchte er mehrere Predigten und notierte die Leitgedanken in seinem Tagebuch. Freilich erschienen ihm die Predigten Franckes, Joachim Justus Breithaupts und Freylinghausens eindrücklicher. Daß

Wernsdorf öffentlich den »Christum in nobis« leugnete, trennte ihn theologisch von diesem.

Zwei Fragen waren für ihn von besonderer Aktualität: Die Frage der christlichen Lebensführung oder Conduite wurde für ihn schon deshalb zum Problem, weil er nun tanzen, reiten und fechten lernen mußte. Gelegentlich nahm er an Hetzjagden oder Kegelspielen teil, um mit Standesgenossen zusammenzusein. Reiten war ihm ein Vergnügen, aber Tanzen wollte er – darin war er Pietist – nur »mit dem festen Vorsaze, solches nie auff einige art und weise wie oder wo es wolle zu exerciren, sondern mich nur soweit es zu meiner Leibesstellung nicht zu unterlassen ist, sondern unaufschüblich getrieben werden muß, dessen zu gebrauchen«. Sein Vormund sah in solcher Auffassung nur eine »affectirte Heiligkeit« und mahnte hinsichtlich des »garstigen animal disputax«: »Bleibe bey der Erde.« Zinzendorf nahm unter den Studenten zunächst eine Sonderstellung ein und fühlte sich einsam. Aber ab 1718 fand er zunehmend Anerkennung.

Sein inneres Gleichgewicht empfing er aus der Korrespondenz mit Söhlental und Walbaum. In den Brüdern von Heynitz und mit Gottlob Ludwig von Globig gewann er auch in Wittenberg Freunde, mit denen er die Bibel lesen konnte und innerlich verbunden war. Als Walbaum im Februar 1718 nach Wittenberg kam, wurde ernsthaft über eine Sozietät mit dem Namen »Tugendsklaven« beraten, die noch im selben Jahr den Namen »Bekenner Christi« erhielt. Satzungen, Aufnahmeformeln, Ämter, Wappen und Band wurden entworfen. Hinter dem Plan standen ältere Vorbilder: die »Christliche Jesus-Gesellschaft« von Justinian von Welz (1664), die »Fruchtbringende Jesusgesellschaft« von Ahasverus Fritsch (1676), die englischen Gesellschaften Society for Promoting Christian Knowledge (1698) und die Society for Propagation of the Gospel in Foreign Parts (1701). Auch literarisch sollte die Sozietät hervortreten, und Zinzendorf sandte auf Vorschlag von Walbaum einzelne Gedichte an Friedrich Christian Hunold zur Veröffentlichung. Es schmerzte ihn zutiefst, daß Walbaum und Söhlental nach Rücksprache mit Francke im April 1719 ihre Mitgliedschaft kündigten. Denn in dem gemeinsamen Einstehen und Werben für Christus entdeckte er sein eigentliches Lebensziel.

Von besonderer Bedeutung für Zinzendorf war schließlich, daß er in die seit längerem unternommenen Vermittlungsversuche zwischen Halle und Wittenberg hineingezogen wurde, weil er als Mittelsmann auf beiden Seiten Vertrauen fand. Nach seinen Aussagen erging einerseits von dem Hallenser Joachim Lange, dessen scharfe Polemik er freilich tadelte, die Anregung an ihn, das »Negotium irenicum en faveur seiner Ideen zu poussiren«, andrerseits sei auch der Wittenberger Professor Wernsdorf an einem Ausgleich interessiert gewesen. Am 7. August 1718 notierte Zinzendorf in seinem Tagebuch die Arbeit an einem Manuskript: »Einige Friedensgedanken an die streitende lutherische Kirche«. Konkrete Pläne zu einer Begegnung beider Parteien setzten am 18. November 1718 mit einem Gespräch zwischen Zinzendorf, Globig und Wernsdorf ein, der seinerseits nach Halle schrieb und einen friedlichen Austausch zwischen dem Haupt der lutherischen Orthodoxie, Professor Valentin Ernst Löscher in Dresden, und Professor Joachim Lange in Halle vorsah. Francke reagierte zurückhaltend, ließ sich aber schließlich zu einer Begegnung mit Wernsdorf überreden. Für solche Aktivitäten aber hatten Zinzendorfs Mutter, die persönlich in Wittenberg erschien, und seine Großmutter, die um seine Laufbahn fürchtete, kein Verständnis. Er mußte sein Studium in Wittenberg inmitten der schönsten Hoffnungen am 21. April 1719 abbrechen. Die Begegnung von Valentin Ernst Löscher mit August Hermann Francke und Johann Daniel Herrnschmidt fand ohne ihn vom 10. bis 12. Mai 1719 in Merseburg statt und scheiterte an der unnachgiebigen Haltung Halles.

Mitte Mai 1719 begann Zinzendorf mit Hofmeister Riederer in Leipzig seine standesgemäße Bildungsreise und reiste über Frankfurt, um »seines seligen Paten des Herrn D. Speners willen, weil er lebet«, über Bacharach, Köln und Düsseldorf, wo er die Gemäldesammlung und das ihn wegen seiner Inschrift beeindruckende Ecce homo von Domenico Feti (1589–1624) besichtigte, nach Holland. In Utrecht, wo er an seinem Geburtstag eintraf, verweilte er nach einer kurzen Reise durchs Land fast drei Monate. Hier wurde ihm am 11. August und noch einmal am 1. September eine Audienz bei dem Prinzen Wilhelm Heinrich Karl Friso von Oranien und seiner Mutter gewährt. Über Amsterdam, Leiden, Den Haag und Rotterdam setzte er seine Reise fort und verließ Holland per Schiff, fuhr nach Antwerpen und traf am 27. September in Paris ein, wo er bis zum 24. April 1720 blieb.

Wenn man das Tagebuch und die Briefe aus dieser Zeit liest, beeindruckt zunächst die gar nicht zurückgezogene, sondern sehr kontaktfreudige, an Verbindungen interessierte Lebensweise des gelegentlich umworbenen Grafen. Er wollte fast alles kennenlernen. Selbst ein Spielhaus in Amsterdam wünschte er von innen zu sehen; freilich stellte er daraufhin fest: »Er freuete sich, uber die hefftige Vermaledeyung und Zorn, welche sein Geist in ihm über diese Boßheiten außschüttete.« Er kaufte ein Lotterielos und war froh, daß es eine Niete war und so sein Geld Armen zugute käme. Er sah in Holland und auch in Paris ein »Thier Gefechte«, »von deßen Gottlosigkeit er völlig überzeuget wurde«. Er besuchte die Oper und fand sie »so unrecht nicht«. Dem Lied Aimable Vainqueur unterlegte er nachträglich einen christlichen Text, um dem Teufel die schönen Melodien zu entreißen. Er bildete sich in vieler Hinsicht. Neben juristischen Vorlesungen, neben Fechten und Reiten, worin er in Paris gute Fortschritte machte, lernte er die französische und holländische, auch ein wenig die englische Sprache, übte Laute spielen, trieb medizinische Studien. Er repetierte die Reichsgeschichte und informierte sich über die Geschichte europäischer Länder.

Zinzendorf besuchte auch ein Kolleg bei dem Juristen Vitriarius über Hugo Grotius sowie den Gelehrten und Historiker Jacques Basnage, dessen Schriften er in Frankreich studierte. Dieser war ein enger Freund des von ihm geschätzten Religionskritikers Pierre Bayle.

In Paris erhielt Zinzendorf Zugang zu den Kreisen des Hofes, sogar zu Elisabeth Charlotte von Orléans geb. Prinzessin von der Pfalz, der Mutter des Regenten Philipp II. (1715–1723). Diese lud Zinzendorf mehrfach zu einer Visite ein und stellte ihn dem Regenten vor.

Am 1. November besuchte er Père de la Tour, den General des Ordens der Oratorianer, der etwa Mitte Dezember die Verbindung zu dem Erzbischof von Paris, Kardinal Louis Antoine de Noailles (1651–1729), vermittelte und so Zinzendorf mit dem Kopf der an Augustins Gnadenlehre anknüpfenden Erneuerungsbewegung des Jansenismus bekannt machte. Es war Zinzendorf von Anfang an klar, daß beide ihn für die katholische Kirche gewinnen wollten. Darum sandte er dem Kardinal ein Schreiben, »um ihme mit eins alle Hoffnung, daß er sich zur Römischen Kirchen wenden würde, zu benehmen«. Die beiden trafen sich nach zeitweiliger Zurückhaltung Zinzendorfs auf dem Landsitz des Kardinals in Conflans, wo dieser darauf verzichtete, Zinzendorf zu bekehren, und ihn »als ein Kind Gottes von Herzen lieben zu wollen versicherte«.

Was Zinzendorf an de Noailles fesselte, war die Tatsache, daß dieser sich gegen den Papst und seine antijansenistische Bulle *Unigenitus* wehrte und damit zum Anführer der sog. Appellanten machte, die um ihres Glaubens willen an ein allgemeines Konzil appellierten. Freilich wollte de Noailles mit Rom im Frieden leben, und er mußte daher Kompromisse eingehen. Noch während Zinzendorf in Paris war, erfuhr er von neuen Verhandlungen und Zugeständnissen des Kardinals. Er schrieb ihm sofort und nahm über Père Albizi, dessen evangelische Predigt ihn faszinierte, Kontakt zu den appellierenden Bischöfen von Boulogne, von Montpellier und von Chalons sowie zu dem Abt von Pompone auf. Als er erfuhr, daß der Kardinal dennoch am 13. März 1720 unterschrieben hatte, lehnte er weiteren Verkehr mit ihm ab. Trotzdem kam es später von Sachsen aus zu einem lehrreichen Briefwechsel, in dem sich die Vorstellung einer konfessionsübergreifenden Herzensreligion und einer universellen Kirche, die sich an das Herz Jesu und sein Leiden anschließt, findet.

Zinzendorf erscheint zu Beginn seiner Kavalierstour ganz als der Hallenser Pietist mit evangelistischem Eifer und gesetzlichem Lebenswandel. Die Heiligung des Sonntags beachtete er strikt und widmete sich nach dem Besuch meist mehrerer Gottesdienste in aller Regel der persönlichen Meditation oder christlichen Lektüre. Täglich übte er sich in der Fürbitte und entwarf dazu ein Formular, eingeteilt in Fürbitte für nahe und entfernte Verwandte, für Freunde, für Obrigkeiten und für die Ausbreitung des Jansenismus und des Pietismus, für den Sturz Babels und die Bekehrung der Juden, für die Mission, für die Kranken und für alle, die ihm nicht nahestanden. Er las täglich die Bibel und sah in der lebendigen Erkenntnis der Schrift das entscheidende Kennzeichen des Christen. Er berichtete auch über Anfechtungen. In Paris erkrankte er an den Blattern, so daß er glaubte, das Jahr 1720 nicht mehr zu erleben. In solchen Zeiten las er viel, z.B. den Lebenslauf von Spener, schrieb Gedichte, die er veröffentlichen wollte, oder reflektierte über die mystischen Lieder im Hallischen Gesangbuch und über Erläuterungen zu Fénelons Schrift »Sur l'existence de Dieu et sur la divinité des livres de la sainte écriture«. Ausführlich berichtete er über seine Lektüre der Schrift von Palafox »Le

Voyage Spirituel«, die den Weg einer geistlichen Läuterung beschreibt. Die Frage der christlichen Lebensführung blieb akut: Er trank bei Visiten meist nur Wasser und lehnte das Tanzen und das Spielen um Geld strikt ab.

Und dennoch vollzog sich auf der Bildungsreise ein gewisser Wandel in Zinzendorfs christlicher Einstellung. Er wurde zum ersten Mal konfrontiert mit anderen christlichen Konfessionen und erkannte ihren Ernst und Gehalt. Zweimal besuchte er den Gottesdienst der Armenier und war beeindruckt von der Liturgie, der Feier des Abendmahls und dem Friedenskuß. In Rotterdam besuchte er den lutherischen Gottesdienst »und gefiel mir der Cultus ungemein. Denn Atticus liebet die Einfalt in diesen Sachen, die er hier mehr zu finden geglaubet, als in Teutschland.« Bemerkenswert ist vor allem seine innere Anteilnahme an der jansenistischen Bewegung, die er als dem Pietismus verwandt empfand, so daß er im Gespräch mit de Noailles die Konfessionsunterschiede völlig vergessen konnte.

Zinzendorf hat die Erkenntnis seiner Bildungsreise später so formuliert: »Von der Zeit an bemühete ich mich, daß beßte in allen Religionen zu entdecken, ... dann ich wußte, daß in allerley Volck der Herr die seinigen haben wolle.« Sein Blick weitete sich, und er entdeckte die ökumenische Dimension einer biblischen, mystisch-pietistisch gefärbten Christusliebe, die er in allen Konfessionen wiederfand.

Heirat und Amtsantritt in Dresden

Der folgende Lebensabschnitt Zinzendorfs war von dem Ziel bestimmt, einen eigenen Hausstand zu begründen. Zunächst besuchte er die älteste Schwester seines Vaters in Nürnberg, die Familie von Polheim, und lernte in dem Hausvogt Johann Georg Heitz aus Zürich einen überzeugenden Christen kennen, den er an sich zu binden suchte. Heitz hielt Andachten und hatte die Passionsgeschichte in Reimen nacherzählt, die Zinzendorf durchsah, ergänzte und zum Druck gab.

Bei seinem wegen Krankheit unerwartet langen Aufenthalt in Castell (Ende Juli 1720 – Januar 1721), wo die zweite, verwitwete Schwester seines Vaters, Gräfin Dorothea Renata von Castell, lebte, wurde seine Hilfe in der Verwaltung gern in Anspruch genommen. Er verliebte sich in die siebzehnjährige Tochter Theodore, die aber zurückhaltend blieb und bald darauf Heinrich XXIX. heiratete, zu dessen Gunsten er nach späterer Darstellung in bewußter Selbstverleugnung verzichtete. Zinzendorf verbuchte später neben der bleibenden Verbindung mit der Familie als Hauptgewinn dieses Aufenthaltes die »höchst erwünschte Freundschafft mit der Frau Marggräfin von Culmbach«, der Mutter von Sophie Magdalene, der Gattin Christians VI., der 1730 auf den dänischen Königsthron gelangte. Zinzendorf nennt es den »Ursprung einer Süßen Quaal, nemlich das fast unüberwindliche attachemens an das königlich dänische Hauß«.

Die überstürzte Liebe zu Theodore sah er als menschlich und nicht seinem Herrn gemäß an. Auf dem Rückweg von Castell nach der Verlobung von Theodore kehrte er im März und April 1721 in Ebersdorf/Thüringen bei Heinrich XXIX. Reuß ein, den er auf der Kavaliersreise zum Freund und Mitglied der »Gesellschaft der Bekenner Christi« gewonnen hatte, und lernte die dortige Schloßecclesiola und ihren Prediger Heinrich Schubert kennen, der »einen ernstlichen discours über das Heirathen« mit ihm führte. In Ebersdorf regierte nach dem Tod Heinrichs X. von Reuß-Ebersdorf (1662–1711) dessen Frau Erdmuthe Benigna (1670–1732), eine Anhängerin Speners, die ihre Kinder bewußt christlich erzog. Ebersdorf war nicht erst durch den als Prediger angesehenen und erfolgreichen Schubert, sondern schon 1716 durch die Ausbildung von Heinrich XXIX. und seinen tüchtigen Hofmeister Ulrich Bogislaus von Bonin in den Einflußbereich Franckes getreten. Bereits 1713 war die Familie nach Halle gereist, um das Waisenhaus kennenzulernen. Die Tochter Erdmuthe Dorothea hatte unter dem Einfluß Schuberts 1720 zusammen mit anderen Personen am Hof eine Bekehrung erlebt. Und doch hatte die Frömmigkeit in Ebersdorf ihre eigene Prägung, die sich für Zinzendorf besonders deutlich in Erdmuthes Schwester Benigna darstellte. Benigna hatte sich auf das Landgut Pottiga zurückgezogen, wollte ehelos bleiben und sich in die ewige Liebe und Christi Verdienst am Kreuz versenken.

Zinzendorf begegnete hier einer evangelisch-mystischen Frömmigkeit, die er gegenüber der pietistischen Gesetzlichkeit Halles als befreiend und frohmachend empfand. »Aber meine Schwägerin in Ebersdorf, die hat mir einen heitern Blick ins Lamm gemacht, ein heiteres Gesicht in die Gemein-Sache, die Compunctions-Materie«, sagte Zinzendorf 1747. Die ständige Frage nach den Mitteldingen und der Abgrenzung zur Welt verlor ihr Gewicht. Benigna hatte der Welt entsagt und konnte sich nun der Gnade der Kinder Gottes freuen. Darin wurde sie ihm zum Vorbild.

Und ein weiteres entdeckte er, wie er im Rückblick festhielt: »Ich habe in Ebersdorf angetroffen einen Haufen Seelen, die ohne Unterschied der religion, der privat-Ideen, die jegliches hatte, ohne distinction der äußern Verfassungen sich geschlossen hatten.« Hier fand er ein überkonfessionelles Einverständnis von Christen vor, das selbst die Separatisten und kirchenkritischen Geister einschloß. Ebersdorf verwirklichte das Ideal einer »philadelphischen« Gemeinschaft, wie es der mystische Spiritualismus des 17. Jahrhunderts im Gefolge Jakob Böhmes erstrebt hatte. Zinzendorf nahm den Begriff »Philadelphia« auf, führte ihn aber bewußt auf Spener zurück. Ob er Schriften der englischen Philadelphierin Jane Leade gelesen hat, bleibt unsicher; jedenfalls besuchte er 1726 Petersen, dessen Chiliasmus er kritisierte. In Ebersdorf entdeckte er das Vorbild einer Schloßecclesiola, wie er sie sich selbst erträumte, und hier konnte er später ein Urbild der Herrnhuter »Gemeine« erkennen. Nun traten seine bisher so zäh verfolgten Sozietätspläne in den Hintergrund.

Seine Zuneigung zu Erdmuthe Dorothea, der jüngeren Tochter des Hauses, war keineswegs stürmisch wie bei Theodore. Auch Erdmuthe Dorothea blieb zurückhaltend. Seinen Werbebrief übersandte er erst nach über einem Jahr am 30. Juli 1722, die Trauung fand am 7. September desselben Jahres statt. Zinzendorf prüfte sich und den Willen Gottes redlich, so daß die Großmutter seine »kalte Liebe« bedenklich fand. Hinter seiner Auffassung der Ehe als »Berufsehe« oder »Streiterehe«, wie es später hieß, standen die Gespräche mit den Hallensern von Bonin und Schubert und die Auseinandersetzung mit dem in Ebersdorf einflußreichen Hochmann. Er stellte es der Führung Gottes und der Herzenslenkung Erdmuthes anheim, ob sie den Schritt mit ihm wagen wollte. »Christus ist mein Bräutigam so gut als der ihre, und ich verlange Sie nur in der Göttlichen Ordnung zur Leid- und Freudengenossin. Solte ... dieses getadelt werden können, daß ich mich nach einer solchen umsehe, die einen Mann haben kan, als hätte sie keinen, und die Jesum Christum über alles liebet?«, so schrieb er ihr kurz vor der letzten Aussprache. Gegenüber einem rein asketischen Eheideal wurde in Ebersdorf die Ehe als Sinnbild für das Verhältnis Christi zur Gemeinde gesehen. Hofprediger Schubert hat diese Sicht in der eindrucksvollen Traurede mit dem Thema »die Vereinigung einer gläubigen Seele mit Christo« über den von den Verlobten gewählten Text Hohelied 2,16 entfaltet. Zinzendorf gewann in Erdmuthe eine geistesverwandte, aufopferungsbereite Mitstreiterin, deren praktische Begabung sich in der Wirtschaftsführung des gräflichen Haushaltes bald bestens bewähren sollte, deren innerlicher Glaubensmut in ihren Dichtungen am schönsten zum Ausdruck kommt. Zinzendorfs Eheverständnis war sehr nüchtern und praxisbezogen. Die Ehe galt ihm als ein Amt, das freilich seinen Auftrag aus der »Ehereligion« d.h. der Christusgemeinschaft empfing, und darum konnte er den Ehemann auch als »Prokurator« und »Vicemann Christi« bezeichnen, da ja Christus der eine wahre Bräutigam sei.

Die bedrängende Frage nach seinem künftigen Beruf schien sich durch eine Einladung nach Halle zu lösen. Zinzendorf hoffte die Nachfolge des verstorbenen Barons von Canstein antreten zu können, und Francke wollte sich dafür einsetzen. Doch sowohl Zinzendorfs Mutter als auch die Großmutter lehnten entschieden ab, und Zinzendorf wußte sich an das vierte Gebot gebunden. Er folgte gegen seine Neigung und Begabung dem Wunsch der Verwandten und bewarb sich beim Dresdener Hof. Die ihm angebotene Stelle eines Appellationsrates lehnte er aber ab und nahm im Oktober 1721 eine unbezahlte Hof- und Justizratsstelle an, »in Erwägung, daß dergleichen mehr eine Ehren- als Amts-Stelle und mit Arbeitern überflüssig versehen wäre«. Es ist bezeichnend, daß er den Eid auf die Konkordienformel verweigerte und sich in seinen Beruf erst dann finden konnte, als er Anfang 1722 in Dresden Anschluß an den nach dem Weggang von Magdalene Elisabeth von Hallart verwaisten Kreis der Erweckten gefunden hatte, zu dem auch sein Kollege Hof- und Justizrat August Beyer gehörte. In dem Gedanken, daß seine Dresdener Tätigkeit eine Vorschule für ein späteres Regierungsamt, etwa in Dänemark, bilden könne, arbeitete er sich 1722 ein, hatte Gefallen an den Vorbescheiden, mit denen Prozeßpartnern zu einem schnellen Vergleich verholfen werden konnte, bearbeitete Eingaben und Beschwerden, auch in Religionssachen, und wurde 1723 mit der großen Kassenkommission, der die Revision der Kasse oblag, beauftragt, einem heiklen Unternehmen, worüber er »mit der Regierung in streit kam«, so daß er seinen Auftrag bald wieder zurückgab. Von seinem vorher ausbedungenen Recht, in den Sommermonaten auf sein Gut in der Oberlausitz zurückkehren zu dürfen, machte er zunehmend Gebrauch und blieb von 1724 bis zu seiner Beurlaubung vom Staatsdienst 1727 nie länger als maximal ein halbes Jahr in Dresden, 1726 nur noch drei Monate.

Die Gründung Herrnhuts

Um die äußeren Voraussetzungen der Entstehung Herrnhuts zu verstehen, ist die Kenntnis der kirchlichen Verfassung der Oberlausitz notwendig, insbesondere der Rechte eines Patrons. Oberste Instanz in allen geistlichen Angelegenheiten war das Oberamt in Bautzen, das dem kurfürstlichen Geheimen Konsilium unterstand, nicht dem Konsistorium in Dresden. Da die Patrone keiner kirchlichen Aufsichtsbehörde unterlagen und es in der Oberlausitz keine Superintendenten gab, besaß der Privatpatron eine erstaunliche Unabhängigkeit und rechtliche Gewalt. So wurden z.B. die Verfügungen des Oberamtes an einen Pfarrer über den Patron zugestellt. Diese rechtlichen Voraussetzungen können hier freilich nicht näher entfaltet werden, sie kamen den pietistischen Bestrebungen einzelner Vertreter aus den bedeutenden Adelsfamilien z.B. derer von Gersdorf, derer von Friesen und derer von Schweinitz und natürlich auch denen Zinzendorfs sehr entgegen.

Zinzendorfs Hoffnungen auf eine eigene Haushaltung erfüllte seine Großmutter, indem sie ihm im Mai 1722 das Gut Berthelsdorf verkaufte. Die Huldigungsfeier für den neuen Standesherrn erfolgte nach einer Predigt von Johann Christoph Schwedler am 19. Mai. Das Ehepaar wohnte vorerst in Dresden, bis es im August 1723 nach dem Ausbau des Gutes durch Georg Heitz in Berthelsdorf einziehen konnte und sich Zinzendorfs Pläne einer frommen Gutsgemeinde realisieren ließen. Immerhin gewann der Graf durch eine glückliche Fügung den in der Familie von Schweinitz auf Leuba unterrichtenden Hauslehrer Johann Andreas Rothe (1688–1758) als lutherischen Pfarrer für Berthelsdorf. Rothe hatte sich als Adjunkt des Görlitzer Pfarrers Melchior Schäffer dem Pietismus angeschlossen und als Prediger einen Ruf über Görlitz hinaus erlangt. Auch seinen Jugendfreund, den reformierten Schweizer Friedrich von Wattewille, der sich in Paris durch Finanzspekulationen erheblich verschuldet hatte und ganz von seinem Glauben abgekommen war, konnte Zinzendorf 1722 an sich binden. Wattewille erlebte im Winter 1722/1723 seine Bekehrung. So erhielt der Graf zur rechten Zeit im Glauben erfahrene Mitarbeiter.

Wahrscheinlich erfuhr Zinzendorf zum ersten Mal am 17. Mai 1722, als Rothe seine Probepredigt in Berthelsdorf hielt, von dem Zimmermann Christian David Näheres über dessen mährische Landsleute, die eine Zuflucht suchten. Er versprach, ihnen zu helfen. David (1691–1751), geboren in Senftleben/Mähren, im katholischen Glauben groß geworden, entdeckte mit 20 Jahren die Bibel, wurde nach mancherlei Verfolgung evangelisch und fand bei Pfarrer Schäffer in Görlitz seine geistliche Heimat. Seit 1717 evangelisierte er regelmäßig in Böhmen und Mähren.

Er fand Widerhall bei den deutschsprachigen Mähren in dem Gebiet um Fulnek und Neutitschein, dem sog. Kuhländchen, den Nachkommen der Böhmischen Brüder, die aus der hussitischen Bewegung hervorgegangen waren. Hier hatten sich auch die um 1480 aus Brandenburg geflohenen Waldenser niedergelassen und den Brüdern angeschlossen. In Fulnek war Johann Amos Comenius Pfarrer und Lehrer gewesen, und sein Katechismus von 1661 sowie das deutsche Brüdergesangbuch von 1566 gehörten zu dem geistigen Schatz der äußerlich der katholischen Kirche angehörenden Brüder. Männer wie Georg Jäschke (gest. 1707) in Sehlen und Samuel Schneider in Zauchtental (gest. 1710) hatten das brüderische Erbe bewahrt, so daß die Predigt Davids auf bereiteten Boden fiel. Ferner übte die Wirksamkeit der Hallenser Prediger, insbesondere von Pfarrer Johann Adam Steinmetz an der Gnadenkirche in Teschen, eine große Anziehungskraft aus und beeinflußte die Mähren im pietistischen Sinne. So konnte David schon nach etwa drei Wochen mit den ersten 10 Auswanderern, den Familien von Augustin und Jakob Neißer und von Michael Jäschke aus Sehlen, zunächst bei Pfarrer Schwedler in Nieder-Wiesa und dann in Hennersdorf erscheinen. Da Zinzendorf in Dresden war, fiel Heitz die Aufgabe zu, nach Rücksprache mit der Landvögtin diese Familien zu versorgen und ihnen geeignetes Land zum Anbau zuzuweisen. Er wurde dabei von dem Hauslehrer der Landvögtin, Magister Christian Gottfried Marche, unterstützt. Bereits am 17. Juni konnte der erste Baum zum Anbau eines Hauses »auf des Herren Hut« gefällt werden. Im Oktober zogen die ersten, unter ihnen Christian David, in das neuerbaute Haus ein.

Aus folgenden Ortschaften Mährens erhielt Herrnhut bis 1731 Zuzug: Kunewald, Zauchtel, Bottenwaldt, Sehlen, Senftleben, Schönau, Murkes, Seitendorf. Im April 1727 zählte Herrnhut ca. 30 Häuser und 220 Einwohner, 133 Erwachsene und 87 Kinder. Davon gehörte etwa ein Drittel (44 Personen) nicht zu den mährischen Auswanderern, darunter die Söhne des aus Münchsroth/Franken gebürtigen Dresdener Kunsttöpfers Dober und der Leineweber Friedrich Kühnel aus Oderwitz bei Herrnhut. Die Zahl der Böhmen war zunächst ganz gering. Unter den Auswanderern nehmen die sog. fünf Kirchenmänner, die im Mai 1724 nach Herrnhut kamen, eine besondere Stellung ein, weil sie mit der kirchlichen Tradition der mährischen Brüder noch vertraut waren und diese an Herrnhut vermittelten. Zu ihnen gehörten David Nitschmann, der spätere Bischof, der in Herrnhut das Zimmermannshandwerk erlernte, 1732 mit Leonhard Dober als erster Missionar auszog, seit 1742 zahlreiche Visitationsreisen durchführte und 1772 im pennsylvanischen Bethlehem starb; ferner David Nitschmann, der Märtyrer oder Confessor, weil er bei einem Besuch in Mähren nach dreijähriger Gefangenschaft 1729 den Tod erlitt, und David Nitschmann, der Syndicus, der in vielfachen Missionen für Zinzendorf unterwegs war und zuletzt als Archivar in Zeist 1779 sein Leben beschloß. Des weiteren zählten zu diesem Kreis Johann Töltschig (1696–1764), Sohn des Erbrichters in Zauchtenthal, von Beruf Gärtner und als Prediger in Amerika, England und Irland tätig, und schließlich Melchior Zeisberger (1701–1781), viele Jahre Diasporaprediger, der Vater des bedeutenden Indianermissionars David Zeisberger. Diese fünf Mähren mögen hier stellvertretend für die stets einsatzbereiten und begabten Mitarbeiter Zinzendorfs genannt werden, ohne die es nicht zu einer erneuerten Brüderkirche gekommen wäre.

Heitz hatte klar erkannt, daß ein wirtschaftliches Gedeihen einer solchen Kolonie nur an der Hauptstraße von Löbau nach Zittau möglich war. Die überwiegende Zahl der Siedler waren Handwerker, wobei am häufigsten die Berufe Leineweber, Spinner, Zimmermann, Maurer, Schuster und Messerschmied vorkamen. Ursprünglich hatten die Mähren im Kuhländchen Bauernhöfe, z.T. sogar größere Höfe besessen. Die Verdienst- und Absatzmöglichkeiten der Kolonie waren zunächst sehr bescheiden. Zinzendorf war an einer mährischen Ansiedlung aus wirtschaftlichen Gründen gar nicht interessiert und unterschied sich darin von dem realistischeren Heitz. Er verhandelte mit seinem Schwager über Pacht oder Kauf von Schloß Reichenfels bei Köstritz oder des Lemnitzhammers bei Ebersdorf, um die Ansiedlung unter dessen völliger kirchlicher und weltlicher Oberhoheit unterzubringen. Das geplante »Christendörflein« sollte »Niedrig« heißen. Aber der Plan, der Zinzendorf viel mehr Freiheit gegeben hätte, kam nicht zustande.

Ein Problem bildeten von Anfang an die konfessionellen Gegensätze zwischen dem reformierten Heitz und dem zwar pietistisch-toleranten, aber doch bewußt kirchlich-lutherischen Rothe. Die Bibelstunden von Heitz im gräflichen Haus zu Berthelsdorf übten Anziehung auf die Berthelsdorfer und noch stärker auf die Mähren, auch auf Christian David, aus, so daß Rothe als der Gemeindepfarrer die Entwicklung mit Sorge betrachtete. Die Mähren standen – so hat es Zinzendorf deutlich gesehen – der reformierten Kirche näher. Das Brüderbekenntnis von 1573 war in die Sammlung der reformierten Bekenntnisschriften von 1581, die Harmonia Confessionum, aufgenommen worden. Darum bemühte er sich mit Erfolg, sie auf einer »Lehrkonferenz« im Jahre 1725 zur Anerkennung der Confessio Augustana zu bewegen, damit sie innerhalb der lutherischen sächsischen Landeskirche toleriert werden konnten. Ihrer Kritik an bestimmten lutherischen Erscheinungsformen der Berthelsdorfer Kirche wie Beichtstuhl, Chorrock, Kerzen u.a. konnte Rothe zustimmen. Er ließ 1725 die Abschaffung des Beichtstuhls zu und richtete Laienämter unter den Brüdern ein.

Für Zinzendorf standen die geistlichen Nöte der mährischen Exulanten zunächst im Hintergrund, denn ihm lag zuallererst an der »Gewinnung der Seelen zu Christo« und der Verbreitung des Reiches Gottes in der Oberlausitz. Zu diesem Zweck schloß er sich mit Friedrich von Wattewille, Johann Andreas Rothe und dem Görlitzer Pfarrer Melchior Schäffer zu dem Freundesbund der »verbundenen vier Brüder« zusammen, die sich »nach Art der theuren Knechte Gottes in Halle« dem Zeitgeist entgegenstemmten:

Sie beförderten den Druck erwecklicher Schriften, wozu eine eigene Druckerei in Berthelsdorf angelegt, dann aber wegen ausbleibender kurfürstlicher Genehmigung nach Ebersdorf verbracht wurde. Hier erschienen die ersten Schriften Zinzendorfs, sein aus Schriftworten zusammengestellter Katechismus *Gewisser Grund*, das von ihm herausgegebene Berthelsdorfer Gesangbuch und vor allem die Ebersdorfer Bibel mit umfangreichen Übersetzungsverbesserungen von Rothe, ferner Predigten von Francke und Johann Arndts »Wahres Christentum«.

Da sich in Dresden für Zinzendorf die Arbeitsbedingungen immer unbefriedigender gestalteten, versuchte er um so mehr durch anonyme Schriften erwecklich zu wirken. Nach der Herausgabe einer ersten Wochenschrift mit dem Titel »Der Parther« von 1725, die er nach drei Nummern wieder einstellte, machte er im November desselben Jahres einen neuen Versuch mit der Wochenschrift »Socrates d.i. Aufrichtige Anzeige verschiedener nicht so wohl Unbekannter als vielmehr in Abfall gerathener Haupt-Wahrheiten«. Im Hintergrund standen Zinzendorfs Gespräche und vertrauliche Briefe mit dem Geheimen Kabinettsminister Graf Heinrich Friedrich von Friesen über das wahre Christentum. Diesen philosophisch gebildeten und bedeutenden Mann suchte er für die Kirche und für ein lebendiges Christentum zu gewinnen. Der »Teutsche Socrates« nimmt insofern eine Sonderstellung unter Zinzendorfs Schriften ein, als er hier sein Herzenschristentum mit philosophischer Begrifflichkeit und im Gegenüber zu der immer stärker an Einfluß gewinnenden Aufklärung erläuterte. Er setzte die Vernunft ein, um den Gebildeten »stutzig« zu machen und an die Wahrheit der Religion heranzuführen. Die Wahrheit des Glaubens und der Schrift könne nur durch Erfahrung und »blosse Empfindungen« erkannt werden. Aber die »Offenbahrung ist in der menschlichen Empfindung unumgänglich vonnöthen«. Zinzendorf hat »das Gefühl als Erkenntnisprinzip in die Theologie eingeführt«. Das Zeitalter der Empfindsamkeit kündigt sich an, und der Herrnhuter Schleiermacher hat sich hier offensichtlich von Zinzendorf zu seinen »Reden über die Religion« anregen lassen. Doch dürfen solche Sätze nicht darüber hinwegtäuschen, daß Zinzendorf einen tiefen Gegensatz zwischen Spekulation und empfindendem Herz, zwischen einem »Meynungs Gebäude« und der »Hertzens-Religion«, zwischen eitler Weltweisheit und wahrer Gottesliebe, zwischen Wissen und Glauben kennt, der im »Sokrates« genauso wie in seinen sonstigen Schriften erkennbar ist.

Wenn Zinzendorf so nachdrücklich von Erfahrung und Empfindung redet, so steht dahinter auch eine theologische Entdeckung, nämlich eine eigene, in der lutherischen Tradition stehende Sicht der Menschwerdung und Kondeszendenz Christi, wie er sie in dem Gedicht »Allgegenwart« klassisch formuliert hat. Von dem unnützen Forschen nach Gottes Tiefen wendet er sich nun bewußter als in den Jünglingsjahren zu Christus, »dem geringen Kinde«, zu dem Menschgewordenen, zu dem offenbaren Gott. Denn bei ihm kann das Herz sehen, erfahren, anschauen, empfinden.

Freilich bleibt er auch jetzt Pietist mit einer ausgesprochen kritischen Sicht der Kirche und der lutherischen Pfarrer. Aber andererseits bemüht er sich in Dresden, durch intensive Seelsorge, eine Gruppe von Anhängern des Theosophen Johann Georg Gichtel in den kirchlichen Gottesdienst zurückzuholen.

Der 13. August 1727 und die Gestaltung des religiösen Lebens in Herrnhut

Trotz der Besänftigung der Gegensätze zu Beginn des Jahres 1725 geriet die Gemeinde in Herrnhut ab Sommer 1726 in eine erneute Krise – Zinzendorf nennt sie »die große Sichtung des Satans« –, die durch den Zuzug des früheren Advokaten Johann Siegmund Krüger aus Ebersdorf verursacht wurde. Dieser hatte eine Schrift über die Gottheit Jesu geschrieben, in der er die menschliche Seele Christi leugnete, worüber es zu Auseinandersetzungen und schließlich zur Ausweisung Krügers aus Ebersdorf gekommen war. Schlimmer noch waren seine separatistischen Forderungen nach Trennung von der Kirche und Verwerfung der Sakramente, die in Herrnhut Eingang fanden und insbesondere Christian David überzeugten. Auch nachdem Krüger geisteskrank Herrnhut am 15. Januar 1727 verlassen hatte, wirkten die separatistischen Tendenzen weiter. David baute sich ein Häuschen außerhalb Herrnhuts, lebte – typisch für den Separatismus – in apokalyptischen Bildern und bezeichnete Zinzendorf als das Tier aus dem Abgrund und Rothe als falschen Propheten. Auch wohnten einige Gichtelianer in Herrnhut, unter ihnen Zinzendorfs Kammerzofe, denen der Graf zu sehr am Äußerlichen hing. Seit 1726 hatte Zinzendorf Schwenckfeldern, von deren Bedrückung er auf einer Reise nach Schlesien erfahren hatte, die Ansiedlung in Oberberthelsdorf erlaubt. Da Rothe als lutherischer Ortsgeistlicher von den Mähren für parteiisch gehalten und der Situation nicht mehr Herr wurde, ließ sich Zinzendorf in Dresden beurlauben und nahm sich der Siedler seelsorgerlich an.

Er entwarf Statuten, die er mit Pfarrer Rothe, einigen Emigranten, darunter Christian David, und dem Gerichtsdirektor Christian Gotthelf Marche beriet. Sie wurden schließlich in zwei Teilen vorgelegt: 1. Teil: »Herrschaftliche Gebote und Verbote«, die in der Weise der Oberlausitzer Dorf-Rügen das Sozialleben des Ortes regelten und von jedem Einwohner unterschrieben werden mußten. Sie wurden den Herrnhutern am 12. Mai und am 15. Juni 1727 zur Unterschrift vorgelegt. Mit ihnen wurden die Aufhebung von Dienstbarkeit und Leibeigenschaft »zu ewigen Zeiten«, aber auch die Abgabe von Schutzgeld und Grundzins, kurz die Rechte und Lasten der einzelnen festgelegt; 2. Teil: »Brüderlicher Verein und Willkür«, eine Ordnung von 42 Punkten als Verfassung der christlichen Gemeinschaft, die der Gemeinde vom 4. Juli 1727 an zur freiwilligen Unterschrift bekanntgemacht wurde. Als Statuten im engeren Sinn galten später nur diese letzteren. Ihr geistlicher Charakter ergibt sich aus § 1: Herrnhut sei kein neuer Ort, sondern »nur eine für Brüder und um der Brüder willen errichtete Anstalt«. Es wird also mit den Hallischen Anstalten u.a. verglichen. § 2 erklärt das philadelphische Anliegen der »Liebe mit allen Brüdern und Kindern Gottes in allen Religionen«. § 3 definiert die beiden Kennzeichen eines Kindes Gottes, das Bekenntnis von Gottes rechtfertigender Gnade und den Beweis eines Lebens nach Jesu Vorbild. Es folgen Erläuterungen mit Hinweis auf die Aufgaben verschiedener Laienämter im Sinne von 1 Kor 14 sowie Ermahnungen im Stil der neutestamentlichen Haustafeln. »Die Brüder sollen nach Art der ersten Gemeine einander alles zu Liebe thun« (§ 15). Im Hintergrund steht die Lektüre von Gottfried Arnolds »Erste Liebe oder Abbildung der ersten Christen«, die Zinzendorf in seinem Dresdener Hauskreis behandelt hatte. Hauptaufgabe der meisten Einwohner ist »die Gewinnung der Seelen zu Christo«, wozu die Einrichtung von Seelsorgegruppen dienen soll. Es soll ferner »täglich Gelegenheit« zur Erweckung gegeben werden (§ 23). Im Unterschied zu den geistlichen Ämtern dürfte bei dem Amt des Ältesten, dem das »Regiment in Herrnhut« oblag, das Amt des oberlausitzischen Dorfältesten von Einfluß gewesen sein. Die Mehrzahl von Ältesten spricht aber für biblische Vorbilder. Die Einsetzung von 12 Ältesten hatte man im Mai vorgenommen, unter ihnen war auch Christian David, obwohl er der Versuchung des Separatismus zeitweilig erlegen war. Mitglieder des Gelehrten- und des Adelsstandes wurden von der Wahl bewußt ausgeschlossen. Aus den Ältesten wurden 4 Oberälteste ausgelost, die die Oberaufsicht führten.

Auf die theologischen Streitfragen gingen die Statuten nicht ein. Man wollte sich nur an die heilige Schrift halten. »Alle die einfältigen Lehren, Exempel oder Regeln Jesu und seiner Apostel sollen die besondere und allgemeine Regel unsrer Lehre, Ermahnung und Weissagung sein« (§ 36). Auch auf das Verhältnis zur Kirchengemeinde Berthelsdorf finden sich nur die zwei Hinweise, daß kein Beichtzwang ausgeübt werde und daß es frei gestellt sei, sich »das Kirchenwesen ... mit gefallen« zu lassen. Man rechnete also noch mit separatistischen Tendenzen. Die Statuten gehen nicht auf ältere mährische Ordnungen zurück, da Zinzendorf diese erst auf seiner Reise nach Schlesien vom 26. Juli bis 4. August 1727 kennenlernte.

Dennoch haben die Statuten für die Zukunft erhebliche Bedeutung besessen und Vorbild und Muster für herrnhutische Gemeindegründungen abgegeben. Sie dienten als Beweis dafür, daß eine Gemeinschaft, eine *ecclesiola,* nicht ohne eine christliche Ordnung gedeihen kann und der Kirchenzucht bedarf. Wir haben Zinzendorfs Vorliebe für die Gründung einer Sozietät mit festen Statuten im Zusammenhang mit der »Gesellschaft der Bekenner« beobachtet. Der Nutzen, den eine geistliche Ordnung für eine Gemeinschaft bietet, wurde jetzt in einer kritischen Situation des Herrnhuter Gemeindelebens wieder deutlich.

Freilich waren die Statuten nur der äußere Rahmen weiterer Einrichtungen, die in der Gemeinde teils schon begonnen worden waren, teils neu begründet wurden. Sie haben die Gemeinde in einen Prozeß des gemeinsamen Nachdenkens und Ringens um innere Gemeinschaft und Erneuerung gebracht, der in der Abendmahlsfeier am Mittwoch, den 13. August 1727, in Berthelsdorf, für die Beteiligten unerwartet und überwältigend, seinen Höhepunkt erfuhr. Nach dem Protokoll des Herrnhuter Diariums wurde die »gemeinschaftliche Not«, das Problem der »Sektiererei oder Trennung« von der Kirche, im Gebet vorgetragen und Gott um Erkenntnis der »rechten Natur seiner Kirche« und der »Heilsordnung seiner Gnade« gebeten. Dann empfing man Absolution und Abendmahl, und »wir gingen ziemlich außer uns selbst ein jeglicher wieder heim ... und lernten lieben«. Die gemeinsame Abendmahlsfeier überwand das separatistische Besserwissen und Heiligkeitsstreben und schmolz die verschiedenen Gruppen zu einer Gemeinde innerhalb der lutherischen Landeskirche zusammen. Damit war aus dem ecclesiola-Gedanken Speners und der philadelphischen Hausgemeinde, wie sie Zinzendorf vorschwebte, in der Not der Stunde etwas Neues entstanden: die überkonfessionelle Brüdergemeine mit festen Ordnungen, die im »Mahl des Herrn« als Gemeinschaftsmahl ihr Zentrum, ihre Einheit in Christus hatte. Die Brüdergemeine schrieb auch später ihre Existenz und ihr Recht auf eine Sonderform innerhalb der Landeskirche dieser Erfahrung zu. Hier wird die »Gemeinidee« greifbar, die sich in diesen Monaten des Jahres 1727 ihre äußeren Ausdrucksformen suchte.

Dazu gehörte entscheidend die Einsetzung von Laienämtern, mit der Rothe 1725 einen Anfang gemacht hatte und die nun ausgebaut wurde. Dabei lassen sich die leitenden (Vorsteher, Älteste, Helfer), die seelsorgerlichen (Lehrer, Aufseher, Ermahner, Bandenhalter) und die diakonischen Ämter (Diener, Almosenpfleger, Kassenhalter, Krankenwärter, Gemeindearzt) unterscheiden. Diese wurden jeweils für beide Geschlechter eingesetzt, so daß es auch Ältestinnen, Helferinnen, Lehrerinnen, Aufseherinnen, Ermahnerinnen, Dienerinnen und Krankenwärterinnen gab. Der ordinierte Theologe hatte keine Sonderstellung, Rothe übte das Amt des Lehrers aus. Zinzendorf hatte zunächst das Vorsteheramt, 1730 das des Helfers inne. Doch wechselten nicht nur bei ihm die Ämter häufig. Auch wurden je nach Bedarf neue Ämter und Namen vergeben. Das Neue war der Dienst aller untereinander in der Gemeinde und die Tatsache, daß einfache Handwerker ohne Skrupel leitende Ämter ausübten.

Von großer Bedeutung war die Gestaltung des gottesdienstlichen Lebens. Jeder Wochentag begann mit einer Erbauungsstunde am Morgen mit Schriftauslegung und endete mit einer »Singebetstunde« (Lieder und Gebet). Am Sonntag besuchte man den Predigtgottesdienst der Parochialgemeinde Berthelsdorf mit Katechisation, am Nachmittag hielt Zinzendorf eine Predigtwiederholung, erst in Berthelsdorf, später in Herrnhut. Das Besondere waren die neuen liturgischen Formen, die großen und kleinen Liebesmahle, die Fußwaschung, die Fast- und Bettage, seit 1732 die Feier des Ostermorgens auf dem Gottesacker, seit 1733 die Feier zum Jahreswechsel. Im August 1727 richtete die Gemeinde ein kontinuierliches Stundengebet ein, das von 24 Betern und Beterinnen täglich gehalten wurde. Die Einrichtung von Nachtwachen wurde in den Statuten vorgesehen. Die zu jeder Stunde von 9 bis 4 Uhr laut gesungenen kurzen Verse waren Ruf zur Buße und Erinnerung an Gottes Kommen. Der seit 1728 geübte tägliche Hausbesuch war verknüpft mit dem Weitersagen eines Losungswortes, d.h. eines Bibelverses oder einer Liedzeile, das Zinzendorf in der abendlichen Singstunde kurz erläuterte – ein Brauch, der in dieser Form bis 1734 bestand. Seit 1729 wurden die Losungsworte schriftlich festgehalten und ab 1731 gedruckt, als geistiges Verbindungsglied mit den reisenden und abwesenden Geschwistern.

Es ist aufschlußreich, wie Zinzendorf den in den Statuten vorgesehenen vertraulichen Umgang untereinander zu realisieren suchte, weil »es zu gar keiner Herzlichkeit unter den Brüdern kommen wollte«. Er besuchte die einzelnen und brachte die, die »das meiste Vertrauen zu einander hätten«, in sogenannten Banden oder kleinen Gesellschaften zusammen. Diese Seelsorgegruppen von etwa 3 bis 8 Personen haben die »Bruderliebe« untereinander wesentlich gefördert und erinnern an das bei Zinzendorf von Anfang an zu beobachtende Bestreben, Sozietäten zu bilden, was dem ursprünglichen Sinn der Collegia pietatis, der Bildung vertraulicher Freundschaften zur gegenseitigen geistlichen Stärkung entspricht. Die nach Geschlechtern getrennten Banden wählten ihre Bandenführer, die sich in wöchentlichen Bandenkonferenzen austauschten. 1728 gab es etwa 23 Banden bei 220 Einwohnern. Da die Zahl der Einwohner stetig stieg, bestand die Aufgabe, die Hinzuziehenden zu integrieren. Die Banden bedienten sich bald der neuen liturgischen Formen wie Liebesmahl, Fußwaschung, Nachtwache, Gebetsgemeinschaft und Abendmahlsvorbereitung. Sie waren »Beichtgemeinschaften«, die das Leben des einzelnen »mit am wirksamsten« beeinflußten. Am 11. Februar 1728 zogen 26 junge Burschen zu einer Wohngemeinschaft zusammen, um sich gemeinsam zu erbauen, aber auch um sich Grundkenntnisse in Medizin und Geographie, in Schrift und Sprachen (z.B. dem Böhmischen) anzueignen, was ihnen »zum künftigen Ausgehen nützlich sein kann«. Damit entstand das erste »Chorhaus«, eine Einrichtung, die für die brüderischen Ortsgemeinden später typisch war und in der die jungen Mitarbeiter für die zahlreichen Dienste der Gemeinde unterwiesen wurden. 1730 schlossen sich die Jungfrauen in gleicher Weise zusammen.

Mit dem Begriff »Ausgehen« ist der Botendienst gemeint, die Aussendung von Gemeindegliedern zu erweckten Kreisen und Freunden in ganz Europa. Zinzendorf beschreibt das Ziel so: »Auf der ganzen Reise Kinder Gottes aufsuchen, ihnen Gottes Wunder bekannt machen und mit ihnen und uns eine Kette schließen helfen.« Schon im Jahr 1727 sandte Zinzendorf Brüder nach Saalfeld und Jena sowie nach Dänemark, im Jahr 1728 bis nach London. Herrnhut hatte eine Erweckung erlebt, ein Pfingstwunder, und nun drängte es Zinzendorf und seine Brüder, davon zu berichten. Im Jahr 1727 »beginnt die brüderische Geschichtsschreibung«, d.h. die Nacherzählung des Erlebten, die chronikartige Auflistung der Auswanderung, die Beschreibung der Einrichtungen Herrnhuts.

Die Entsendung von zwei Boten nach Jena hatte einen besonderen Anlaß. Zinzendorf lernte erst im Sommer 1727 die Brüdergeschichte durch ein Werk des Comenius kennen, das der Jenenser Professor Johann Franciscus Buddeus 1702 herausgegeben hatte. Er nahm das Buch, das er aus der Zittauer Ratsbibliothek entliehen hatte, mit auf die Reise nach Schlesien und fertigte auf Drängen der Mähren einen deutschen Auszug der einleitenden Historiola an, in den er die wichtigsten Bestimmungen der Kirchenordnung von 1633 einsetzte. Die Kontaktaufnahme mit Buddeus und die Bitte um eine deutsche Übersetzung des ganzen Werkes legten sich nahe. Das Ergebnis der Reise nach Jena, der sich mehrere Besuche Zinzendorfs anschlossen, bestand in der Verbindung zu den dortigen Erweckten, insbesondere zu den verschiedenen Studentengruppen, unter denen sich auch Anhänger der mystisch-separatistischen Richtung des Gichtelianers Johann Otto Glüsing fanden. Zinzendorfs Aufenthalt in Jena im Juli/August 1728 führte zur Sammlung der Freunde Herrnhuts, so daß sich mehrere Theologiestudenden später in den Dienst der Brüdergemeine stellten, unter ihnen August Gottlieb Spangenberg, Gottfried Clemens, Johann Michael Langguth und Paul Eugen Layritz.

Klärung der Fronten gegenüber Pietismus, Spiritualismus und Aufklärung

Die Anfeindungen gegen Zinzendorf und die Gemeinde Herrnhut setzten schon Mitte der 20er Jahre ein und richteten sich zunächst gegen die Tätigkeit der verbundenen vier Brüder. Für den schlesischen Jesuiten Karl Xaver Regent waren Schefferianer und Zinzendorfianer nicht klar zu trennen, sondern beide eine den Schutz der Augsburger Konfession verlassende Sekte. Den ersten bedeutsamen Zusammenstoß mit der sächsischen Orthodoxie verursachte Zinzendorf durch den Druck der Ebersdorfer Bibel, den er ganz im Geiste von Canstein als billige Volksausgabe für die Salzburger Emigranten und armen Bevölkerungsschichten hatte herstellen lassen. Die Ebersdorfer Bibel folgte dem Luthertext, doch ihre Summarien und neuen Übersetzungsvorschläge wurden als Anmaßung und Kritik an Luther verstanden und führten zu einer öffentlichen »Warnung« durch den Dresdener Oberhofprediger Bernhard Walter Marperger. Zinzendorf erregte aber auch den Argwohn des Wiener Hofes angesichts der zunehmenden böhmischen Emigrationen, so daß er über viele Jahre einen Agenten in Wien halten mußte und deshalb mit Kardinal Wolfgang Hannibal von Schrattenbach von Olmütz 1726 verhandelte, was den Anlaß zu weiteren Gegenschriften gegen ihn gab. Anfeindungen von Geistlichen und Standesherren aus der Nachbarschaft Herrnhuts kamen bald hinzu. Als sich 1728 die Verbindungen zu Jena verstärkten und dort ein regelrechtes Collegium pastorale practicum mit Statuten und Ämtern eingerichtet werden sollte, erregte dies nicht nur Anstoß bei den zuständigen Geistlichen, sondern auch das Mißtrauen und den Konkurrenzneid auf seiten des Hallischen Pietismus, der bald zum erbittertsten Gegner Zinzendorfs wurde.

Zunächst freilich sah es nach einem Besuch Zinzendorfs in Wernigerode bei Graf Christian Ernst von Stolberg, einem großen Freund Halles, und bei Professor Gotthilf August Francke in Halle 1731 so aus, als könnten die schon länger schwelenden Gegensätze überwunden und ein Bündnis vereinbart werden. Zinzendorf befand sich auf dem Rückweg seiner Reise nach Kopenhagen zur Thronbesteigung Christians VI., der ihn äußerlich glänzend und zuvorkommend aufgenommen hatte. Aber der sehnliche Wunsch Zinzendorfs, in Dänemark ein Staatsamt, etwa das des Großkanzlers mit dem Vorsitz im Kopenhagener Missionskollegium zu bekommen, erfüllte sich nicht. Auch seine Anregung einer Akademiegründung – er wollte dem König »eine Universität anlegen, welche die ganze Welt mit Evangelio erfüllen könnte« – fand trotz anfänglicher Begeisterung keine Unterstützung. Der König hatte ihn mit einem zweitrangigen Orden, dem Danebrogorden, entlassen. Damit waren die Hoffnungen auf eine standesgemäße und seinen Neigungen entsprechende Position gescheitert. Der dänische König verschrieb sich dem Einflußbereich Halles und vergab eine einflußreiche Ratsstelle an den Grafen von Stolberg, mit dem er über seine Mutter verwandt war. Drei Jahre später wurde Zinzendorf mit einem Verbot, die dänischen Lande zu betreten, belegt. Es hatte sich eine Herrnhut gegenüber feindliche Partei gebildet, deren Einfluß nicht nur bis Dänemark, sondern auch bis Württemberg, Livland, England und Amerika reichte.

Zum endgültigen Bruch Halles mit Herrnhut kam es durch die ziemlich unbedeutend erscheinende Ausweisung des Magisters August Gottlieb Spangenberg aus Halle am 4. April 1733, den die theologische Fakultät noch ein Jahr vorher umworben und als Adjunkt angestellt hatte. Spangenberg hatte seit 1722 in Jena studiert und dort seine Bekehrung erlebt, war dann aber in mystisch-separatistische Kreise geraten und zeitweilig ein Anhänger Gichtels gewesen. Die Bekanntschaft mit den Brüdern im Jahre 1727 bedeutete ihm Befreiung aus asketischer Gesetzlichkeit. Er wurde die führende Kraft der erweckten Studenten, die mit Herrnhut Verbindung hielten, und wußte sich seit seinem Besuch in Herrnhut im Jahre 1730 als Herrnhuter. Da er 1729 seinen Magistergrad erworben hatte und gut besuchte Vorlesungen hielt, empfahl er sich für Halle. Zinzendorf redete ihm zu in der Hoffnung, auf diese Weise die Verbindung mit den Hallensern zu befördern. Trotz großer Anhängerschaft unter den Studenten und der Bürgerschaft kam es zu Auseinandersetzungen über das Verständnis des Abendmahls und die von Spangenberg offen bezeugte Verbindung zu Herrnhut. In drei Fakultätssitzungen wurde über seine Entlassung beraten, die er am Gründonnerstag erhielt. Er ging nach Herrnhut, und Zinzendorf machte ihn zu seinem Adjunkt mit dem Auftrag, die gerade vertriebenen Schwenckfelder nach Amerika zu begleiten und über die auch für die Mähren interessanten Ansiedlungspläne in Georgien, St. Croix und, da die

Schwenckfelder Pennsylvanien vorzogen, in Pennsylvanien zu verhandeln.

Der Geschichte der äußeren Spannungen ging eine theologische Entwicklung parallel. Halle achtete besorgt auf seine reine Lehre und die mühsam erworbene kirchliche Anerkennung. Dem Grafen aber als einem Laienchristen lag weniger am dogmatisch richtigen Ausdruck als an der inneren Überzeugung des Herzens und der Bruderliebe zu allen wahren Kindern Gottes, auch unter Katholiken und Separatisten. In seinem philadelphisch-ökumenischen Kirchenverständnis und seiner intensiven Christusgemeinschaft rückte er vom gesetzlichen Bekehrungsmethodismus Halles ab. 1729 bestritt ihm der Hallenser Pfarrer Johann Mischke, eine echte Bekehrung erfahren zu haben, und Zinzendorf war dieser Vorwurf angesichts der zahlreichen Erweckungen in Herrnhut nicht gleichgültig. In seiner Gewissenserforschung wußte er nichts anderes, als daß er »wahrhaftig ein Kind Gottes« sei, und äußerte seit 1730 deutliche Zweifel am Hallischen Bußkampf. Sein damaliges Ringen um eine pietistische Bekehrung wurde schließlich »eine Bekehrung vom Pietismus«.

Zunächst hing die Herrnhuter Gemeinde einschließlich Zinzendorf noch dem Heiligungsernst des Pietismus an, wie der Versuch, die einzelnen Gruppen der Gemeinde nach geistlichen Graden einzuteilen, erkennen läßt. So wurden die ledigen Brüder 1732 in Schüler, Kinder und Jünglinge eingeteilt, wobei die Jünglinge die Fortgeschrittensten im Glauben waren, die die andern anleiteten und aus denen dann die ersten Missionare erwuchsen. 1731 las Zinzendorf mit der Gemeinde geistliche Diskurse der Mme de Guyon, deren Forderung der Abtötung des Eigenwillens und der reinen Liebe er erwecklich fand. Daß er auch die Schriften Fénelons kannte, zeigt das von ihm für den dänischen Prinzen Friedrich zusammengestellte pädagogische Lesebuch »Le Lecteur Royal« (1733/1736). Wichtigstes Zeugnis seiner damaligen Auseinandersetzung mit Quietismus, Mystik und Spiritualismus ist das Marchesche Gesangbuch von 1731, das er ganz philadelphisch für die »verstreuten Kinder Gottes hie und da« herausgab und das eine Fülle von Liedern der inneren und äußeren »Göttlichen Führungen der Seele« enthielt. Es löste natürlich Widerspruch bei der Geistlichkeit aus.

Seine Absicht, einzelne philadelphische Gemeinden in Deutschland mit Herrnhut in Verbindung zu bringen, war Anfang der 30er

Jahre auffallend. So reiste er auf Einladung des Grafen von Berleburg-Wittgenstein nach Berleburg und Schwarzenau (6.–18.9. 1730), einem Zentrum des radikalen Pietismus, das durch die kommentierte Berleburger Bibel (seit 1726) berüchtigt war. Ab 1730 wurde in Berleburg die Zeitschrift »Geistliche Fama« herausgegeben, die über Herrnhut wohlwollend berichtete. Zinzendorf legte dort die Bibel aus und brachte die Mitglieder beider Gemeinden dazu, Statuten nach Herrnhuter Vorbild anzunehmen, um eine »Gemeine« zu formieren. Gegenüber der heiklen Frage der Inspiration verhielt er sich zurückhaltend und ließ sie nach Prüfung gelten, ohne sie im Sinne der Berleburger anzuerkennen. Es war für ihn eine besondere Freude, daß auch Johann Konrad Dippel, mit dem er in Korrespondenz stand, diese evangelischen Grundsätze anerkannte. Doch er täuschte sich, denn schon bald nach seinem Fortgang wollten sich die so unterschiedlichen Individuen nicht von Herrnhut in eine kirchliche Form pressen lassen. Man spürte, daß damit dem philadelphischen Ideal ein fremdes Element aufgeprägt werden sollte.

Von Berleburg aus besuchte Zinzendorf weiter die wahren Inspirationsgemeinden in der Grafschaft Ysenburg in der Wetterau, die sich von Berleburg durch ihre straffe Gemeindezucht und die ekstatischen Inspirationen ihres Anführers, des Sattlers Johann Friedrich Rock, unterschieden. Zinzendorf war beeindruckt von der geistlichen Persönlichkeit Rocks, den er als ein »großes und wichtiges Subject« schätzte und zum Taufpaten seiner Tochter erbat, um ihn für die Anerkennung der Taufe zu gewinnen; er lud Rock nach Herrnhut ein. Doch konnte er dessen Inspirationen nicht für Gottes Wort halten und seine grundsätzliche Ablehnung der Sakramente nicht tolerieren, so daß er die Verbindung mit ihm 1736 endgültig abbrach.

Entscheidend für Zinzendorfs theologische Entwicklung war seine Begegnung mit Dippel. Er fand bei ihm, insbesondere in seiner Schrift »Vera demonstratio evangelica« (1729) »etwas von dem theio platonico drinne, etwas so ausnehmendes für die Vernunft«, daß er zunächst beeindruckt war, denn auch er meinte, man könne die Liebe Gottes und »die Nothwendigkeit des Verdienstes Christi demonstriren«. Nun aber entdeckte er die paulinische Dialektik von Christi Kreuz und der Weltweisheit. Angesichts der Fähigkeiten Dippels, biblische Wahrheiten zu beweisen und angesichts der von Dippel begründeten Ablehnung des stellvertretenden Strafleidens Christi stieß

Zinzendorf auf die paradoxe Predigt vom Kreuz, »da kein Verstand in der Welt darauf fallen kan«. Erst jetzt erkannte er den absoluten Gegensatz zwischen einer weitgehend von der Aufklärung beeinflußten Theologie und dem schlichten Zeugnis der Bibel bzw. der Offenbarungstheologie. »Ich hatte vorher gedacht, Dippel stünde mit seiner wunderlichen Meynung allein, kaum aber hatte ich Paulum verstanden, so merkte ich, daß Dippels Anhänger Legion hiessen; daß man bald nichts, als Dippelianer, um sich hätte; daß es alle unbekehrte Christen im Lehr-, Wehr- und Nehr-Stande wären«. Diese Erkenntnis machte Zinzendorf zum selbständigen Theologen und befreite ihn von aller bisher noch vorhandenen Abhängigkeit von pietistischem Streben nach eigener Heiligung, von mystischer Methodik und Anknüpfung an christlich-moralische Begründungen. »Diese Heeres-Krafft hätte mich schrecken sollen; aber, so bald ich meine vorige Waffen weggeworffen hatte, so war ich muthig. Ich ließ sie philosophiren, und ich predigte das Creutz. Wenn mich jemand fragte, warum? so sagte ich: So stehts geschrieben, und dabei bliebs.« Diese theologische Erkenntnis, die sich nicht schlagartig, sondern zunehmend deutlicher in seinen Reden entfaltete, bestimmte fortan die typische herrnhutische Frömmigkeit, wie sie historisch wirksam wurde. Sie besteht in drei Merkmalen:
1. die zentrale Stellung der Erlösung Christi,
2. die Ablehnung aller natürlichen Gotteserkenntnis und Moral,
3. die Alleinwirksamkeit der Gnade und die »Minutenbekehrung« des Sünders, oder die selige Sünderschaft.

Literarisch hat sich diese neue Erkenntnis zuerst in dem nach Dippels Tod geschriebenen Lied »Du unser auserwähltes Haupt«, niedergeschlagen, in dem Zinzendorf die objektive Heilstat Christi rühmt: »Laß uns in Deiner Nägel Maal erblikken die Genaden-Wahl«. Hier findet man alles beieinander: die Betonung der Erlösung durch Jesu Tod, die Ablehnung der »selbstgewachsnen Tugend« und das Ansichselbstverzagen, die Beugung und Scham, die im Blick auf die Gnade zur »heiligen Scham« wird. »Kaum sieht sichs (sc. das verlorne Kind) um, so steht der Heiland da«, das ist die immer wiederholte Minutenbekehrung des auf die »Absolution« angewiesenen Kindes.

Seit 1733 machte sich Zinzendorf mit den in Herrnhut anwesenden Theologen August Gottlieb Spangenberg, Friedrich Christoph Steinhofer, Friedrich Christoph Oetinger, Samuel Lieberkühn, Matthäus Gottfried Hehl u.a. an eine neue bzw. verbesserte Lutherübersetzung des Alten und Neuen Testaments und lernte dazu die biblischen Sprachen unter Anleitung von Oetinger. Zinzendorfs Schriftverständnis ist durchaus selbständig. Ihn erfreut das menschliche Gewand ihrer Überlieferung, in dem er die Kreuzgestalt Jesu und ihre Kondeszendenz erblickt. Statt von der Inspiration ihrer Worte zu reden, spricht er von ihrer Theopneustie und denkt dabei an die göttliche Kraft ihrer Verkündigung. In ihrer einfältigen, natürlichen Sprache erkennt er gerade den Beweis ihrer Wahrheit und Göttlichkeit.

Angesichts der unüberbrückbaren Kluft zu Halle suchte Zinzendorf ganz bewußt den Anschluß an die lutherische Kirche. In dieser Absicht nahm er Kontakt mit der theologischen Fakultät in Tübingen auf, zumal er den Württemberger Steinhofer als zweiten Pfarrer neben Rothe für Herrnhut anstellen wollte. Er bat die Fakultät um ein Gutachten zu der Frage, ob die Brüdergemeine bei ihren »Einrichtungen und bekannten disciplina ecclesiastica verbleiben und dennoch ihre Konnexion mit der evangelischen Kirche behaupten könne und solle?« Zu diesem Zweck reiste er auch selbst nach Tübingen, besuchte Christoph Matthäus Pfaff, mit dem er über seine Unionsinteressen korrespondiert hatte, und Johann Albrecht Bengel, dessen heilsgeschichtliche Schau ihm zwar fremd war, aber vor dessen exegetischen und textkritischen Studien er großen Respekt hatte. Er führte Gespräche mit dem Präsidenten des Konsistoriums Georg Bernhard Bilfinger, der ihm gewogen war, und predigte häufiger. Die Tübinger Fakultät war sich durchaus bewußt, was eine positive Beantwortung der vorgelegten Frage bedeutete und entschied dennoch für die Brüder mit dem Argument, »man müsse auch einmal für die Sache Gottes etwas wagen«.

Zinzendorf verzichtete nun bewußt auf ein weltliches Amt und legte ein Jahr später in dem damals schwedischen Stralsund eine theologische Prüfung ab. Er äußerte sich mündlich und schriftlich zu den ihm vorgelegten lutherischen Lehrpunkten und erhielt das Zeugnis, daß er das Examen bestanden habe. Da sich die Hoffnungen auf eine, seinem Stand entsprechende württembergische Prälatur zerschlugen, entschied er sich dazu, am 4. Advent 1734 das geistliche Amt auf eigene Verordnung mit einer Predigt in der Tübinger Stiftskirche anzutreten. Auf diese ungewöhnliche, typisch zinzendorfische

Weise wurde er nun lutherischer Theologe. Das war zugleich ein Bekenntnis zu Luthers Theologie. Nun sollten die Schriften Luthers in der Gemeinde gelesen werden. Er selbst legte in den »Berliner Reden« (1738) Luthers Erklärung des zweiten Artikels aus. Doch hinderte ihn diese positive Wertung der Lehre des jungen Luther nicht daran, gelegentlich an seiner Person Kritik zu üben.

Der Beginn der weltweiten Brüder-Unität (1732–1760)

Exil, Pilgergemeine und die Anfänge der Mission

Als im Jahre 1731 ca. 70 Mähren nach Herrnhut auswanderten, richtete der Kaiser eine scharfe Beschwerde an den sächsischen Kurfürsten, die 1732 zu einer ersten Untersuchungskommission gegen Herrnhut unter der Leitung des Amtshauptmanns Georg Ernst von Gersdorf in Görlitz führte. Sie verlief recht glimpflich. Immerhin forderte das daraufhin erlassene Reskript Augusts II. vom 22. November den Verkauf der Güter Zinzendorfs in Berthelsdorf, die Zinzendorf bereits seiner Frau übereignete hatte, die Anstellung eines ordinierten Geistlichen und die Ausweisung der Schwenckfelder. Der Kurfürst forderte zudem die Ausweisung Zinzendorfs (1. Ausweisung), und dieser begab sich am 26. Januar 1733 auf die genannte Reise nach Tübingen. Doch schon im Februar starb der Kurfürst, und es gelang den Räten, die Ausweisung Zinzendorfs rückgängig zu machen. Aber Mißtrauen und Anfeindungen gegen Herrnhut wuchsen auch andernorts. 1735 erreichte den Grafen nach einem kurzen Besuch in Dänemark und Schweden ein Einreiseverbot für Schweden. Er beantwortete es mit einem längeren Sendschreiben an den schwedischen König, einer Auslegung der Confessio Augustana. Am 20. März 1736 erfolgte die entscheidende (2.) Ausweisung Zinzendorfs aus Sachsen. Eine zweite sächsische Untersuchungskommission mit genauem Visitationsplan, in der auch Theologen vertreten waren, unter ihnen Valentin Ernst Löscher, überprüfte Theologie und Leben der Gemeinde in Herrnhut. Die Beschuldigungen gingen diesmal vom Oberkonsistorium und dem Freiherrn von Huldenberg auf Neukirch aus wegen Abhaltung von unerlaubten Konventikeln. Die Kommission hatte zwar allerlei auszusetzen, insbesondere hinsichtlich der neuen liturgischen Formen, Lieder, Ordnungen und Laienämter, und verfolgte das Ziel einer stärkeren Einbindung der Gemeinde in die sächsische Landeskirche, sprach sich aber für eine Tolerierung der

Herrnhuter Gemeinde als Augsburger Konfessionsverwandte aus, wozu sich der König aus wirtschaftlichen Gründen verstand. Als Folge der Überprüfung Herrnhuts erschien am 1. Juli 1737 ein Konventikelpatent für die Oberlausitz mit dem Verbot des »Auslaufens« in fremde Parochien bei einer Strafe von 25 Thalern. Der Fall »Herrnhut« wurde durch das Reskript vom 7. August 1737 entschieden.

Das auferlegte Exil verstärkte bei Zinzendorf die im Pietismus allgemein vorhandene Vorstellung der Pilgerschaft des Christen. Schon die Reise in die Schweiz Ende 1735 trat er zu Fuß an, um ungestörter »im Umgange mit seinem innigstvertrauten, obgleich ungesehenen Herzensfreunde« leben zu können. Jetzt erhielt er durch die Ausweisung »einen Botenschild«, »das Pilgerrecht«, um als »ein Pilger der Erde überall« für Christus zu werben. Es entstand neben der Ortsgemeinde Herrnhut eine »Pilgergermeine«, die sich jeweils dort aufhielt, wo sich Zinzendorf befand. Ihr Aufenthaltsort wurde zum Hauptquartier für die Mitarbeiter, Boten und Missionare. Hier hielt Zinzendorf seine täglichen Ansprachen, seine Mitarbeiterbesprechungen und synodalen Zusammenkünfte. »Je me conte assurement autant qu'home au monde, pour un passager. Ich weiß, daß ich ein Gast und Fremdling bin, ich bekenne es Hebr. XI.« Schriften wie der »Pilgerbrief« oder »Sonderbare Gespräche zwischen einem Reisenden und Allerhand andern Personen« haben hier ihren Sitz im Leben. Pilgerstand und evangelistischer Auftrag verbanden sich aufs engste.

Das Verhalten des sächsischen, aber auch des dänischen und schwedischen Hofes machten die unsichere Lage der Herrnhuter Siedler nur zu deutlich und zwang dazu, über mögliche anderwärtige Niederlassungen nachzudenken. 1736 setzte die Gründung neuer Brüdersiedlungen ein. Bei einem Aufenthalt in den Niederlanden verabredete Zinzendorf mit Prinzessin Maria-Luise von Oranien, die er von seiner Bildungsreise her kannte, eine Kolonie in ihrer Baronie Ysselstein, die spätere Gemeinde Heerendyk, zu gründen. Der Ort sollte sowohl weiteren Exulanten zur Ansiedlung als auch den Missionaren als Stützpunkt für ihre Seereisen dienen, doch konnte er später diese Erwartungen nur begrenzt erfüllen. Zunächst erschien die Aufnahme der Brüder in den Niederlanden, vorbereitet durch das Buch des holländischen Verlegers Isaac le Long »Godts wonderen met Zijne Kerke« (Amsterdam 1735) günstig, doch Zinzendorfs Gespräch mit dem Präsidenten der Synode von Südholland in Den Haag 1738 führte trotz der von Friedrich von Wattewille verfaßten Bekenntnisschrift zu einer scharfen Ablehnung der Herrnhuter durch die reformierte Geistlichkeit und Synode. Der weit verbreitete »Herderlyke en Vaderlyke Brief« des Amsterdamer Kirchenrates von 1738 verschloß den Zugang zu den reformierten Kirchen, auch auf den Missionsfeldern, so daß die Brüder Einfluß fast nur in den Mennonitengemeinden Amsterdam, Haarlem, Akkrum und Blokzijl, insbesondere durch den einflußreichen Pfarrer Joannes Deknatel, gewannen. Wichtigste Siedlung wurde die 1745 von dem Mennoniten Cornelis Schellinger für die Brüder erworbene Herrschaft Zeist und Driebergen mit Schloß, wo die äußeren Voraussetzungen für eine Ortsgemeinde nach Herrnhuter Muster gegeben waren.

Der Versuch der Brüder, in Holstein eine Siedlung mit dem Namen Pilgerruh anzulegen, scheiterte an den Bedingungen der dänischen Behörde, die unter anderem die Trennung von Person und Inspektion Zinzendorfs forderte.

Zuflucht fanden die Brüder schließlich in der Wetterau. Der Graf von Ysenburg-Meerholz bot sein Schloß Marienborn mit Pertinenzien zur Pacht an, und Zinzendorf konnte holländische Freunde zur Aufbringung des Geldes gewinnen. Zunächst mietete er im Juni 1736 von dem Grafen von Ysenburg-Wächtersbach für ein Vierteljahr die heruntergekommene Ronneburg. Sie hatte als Zentrum der Inspirierten in Deutschland einen Namen und wurde von ärmsten Familien bewohnt. Zinzendorf reizte die soziale und pädagogische Aufgabe, die Arbeit unter Zigeunerkindern und die Nähe zu den dort ansässigen Juden. Graf Ernst Casimir von Ysenburg-Büdingen verkaufte den Brüdern 1738 ein Grundstück auf der Höhe des Haag mit dem Recht freier Religionsausübung. Hier entstand in den nächsten Jahren die Brüdersiedlung Herrnhaag, deren Einwohnerzahl nach zehn Jahren die Herrnhuts noch übertraf.

Diese Siedlungspläne hemmten keineswegs den evangelistischen Eifer Zinzendorfs und der Brüder. Zinzendorfs Reise nach Livland im Sommer 1736 verfolgte ausschließlich das Ziel der Verkündigung und Seelsorge. Das sog. Livländische Werk sollte der lutherischen Geistlichkeit die nötigen Gehilfen verschaffen. Ziel war u.a. der Aufbau eines einheimischen Lehrer- und Küsterstandes durch ein Schullehrerseminar in Wolmarshof in Verbindung mit Frau von Hallart, die Übersetzung der Bibel und die Förderung von »Nationalgehilfen«. Die schlichte Predigt der brüderischen Handwerker, ihr Liedgut, ihre Nähe zum leibeigenen Bauernstand lösten eine Erweckung unter den Esten und Livländern aus, die von drei Zentren, dem Wolmarshof bei Wolmar, dem Brinkenhof bei Dorpat und der Stadt Arensburg auf der Insel Ösel ausging, führten aber auch in wenigen Jahren zu Widerstand von seiten der offiziellen Geistlichkeit und der russischen Regierung, den Zinzendorf auf einem weiteren Besuch am Jahresende 1743 nicht ausräumen konnte. Er wurde auf der Zitadelle in Riga festgehalten und mußte schließlich umkehren. Die Unterstützung der Brüder durch einzelne Adlige und ihr Echo beim einfachen Volk haben die Arbeit weiter erhalten und in der ersten Hälfte des 19. Jahrhunderts zu einer auch sozial bedeutsamen Emanzipationsbewegung des Bauernstandes und zum Bau von Bethäusern neben den Kirchen geführt.

Neben der Arbeit in Europa wurde die Mission in Übersee immer wichtiger. Einen erneuten Anstoß hatte Zinzendorfs Reise nach Kopenhagen 1731 gegeben. Die Herrnhuter Gemeinde ließ sich mit Begeisterung für die Heidenmission nach dänisch-hallischem Vorbild gewinnen. Im August 1732 zogen die ersten Missionare, Leonhard Dober und David Nitschmann, von Herrnhut zu der dänischen Insel St. Thomas in Mittelamerika aus. Im Januar 1733 traten Matthäus und Christian Stach mit Christian David ihren Weg nach Grönland an. 1734 wurden Missionare nach Lappland und zu den Samojeden entsandt sowie in die englische Kolonie Georgia in Nordamerika, um dort eine Niederlassung anzulegen und unter den Indianern Mission zu treiben. Ebenfalls als Siedlermissionare gingen 1735 die ersten Brüder in die holländischen Kolonien Suriname und Berbice in Südamerika. 1737 brach Georg Schmidt in die holländische Kolonie am Kap Südafrikas auf. 1739 unternahmen der Syndicus David Nitschmann und der Arzt Dr. August Christian Friedrich Eller einen Missionsversuch auf der holländischen Insel Ceylon. Das Reservoir an Missionswilligen war erheblich.

Zinzendorfs Verständnis von Mission war bei aller Anlehnung an Halle durch die andersartigen Voraussetzungen Herrnhuts durchaus selbständig. Die aussendende Stelle war eine Gemeinde, die unabhängig von einer Kolonialgesellschaft Handwerker ohne Ordination und ohne theologische Vorbildung zum Dienst berief. Das Zeugnis der Missionare war die Botschaft von Christi Leiden und Sterben für arme und verlorene Menschen. Sie überzeugten durch ihre Solidarität mit den Sklaven, durch ihre Anpassung an die Lebensverhältnisse der Einwohner, durch ihre christliche schlichte Seelsorge und durch die von Liturgie und Schriftstudium geprägte Lebensweise als Bruderschaft. Ihr Ziel war, ganz auf den einzelnen gerichtet, ein Suchen nach den »Erstlingen«, die Christus selbst gerufen hat.

Die Schwierigkeiten waren dennoch erheblich und bestanden vor allem in dem Kolonialsystem, das die Brüder mit ihrer Verkündigung auszuhöhlen schienen, in dem unchristlichen Wandel der Weißen und in den ihnen von Europa her überlieferten konfessionellen Gegensätzen. Eine Gefährdung ihres Auftrages war auch die Verquikkung des Missionsmotivs mit Ansiedlungsplänen, die sich nach der Verweigerung Sachsens gegenüber den mährischen Exulanten und der Ausweisung Zinzendorfs nahelegten und die schließlich in Pennsylvanien zum Erfolg gelangten. Von besonderer Brisanz war die Frage der Ordination. Sie wurde am dringlichsten auf der Insel St. Thomas, wo viele auf ihre Taufe hofften.

Zinzendorf stellte sich dem Vorwurf, seine Brüder unverantwortlich und leichtfertig auszusenden, der ihn nach einem mißglückten Kolonisationsversuch und dem Tod von mehr als 10 Missionaren auf der Insel St. Croix traf, und reiste im Dezember 1738 kurzerhand selbst nach Westindien, wo er seine beiden wichtigsten Mitarbeiter im Gefängnis fand. Der begabte Missionar Friedrich Martin hatte seinem Mitarbeiter Matthäus Freundlich um der Seelsorge unter den schwarzen Schwestern willen die Heirat mit der Mulattin Rebekka empfohlen und beide im Mai 1738 getraut. Das erregte den Ärger des reformierten Pfarrers und des Gouverneurs, die weder Martins schriftliche Ordination noch die Rechtmäßigkeit der Trauung anerkannten noch die Eidesverweigerung der Brüder billigten. Zinzendorf war von der 670 Personen zählenden Gemeinde der schwarzen Sklaven zutiefst beeindruckt und sah in ihr ein größeres Wunder als in Herrnhut. Er erreichte einen Ausgleich mit der örtlichen Obrigkeit, die Freilassung der Missionare und die Anerkennung der Ordination und der Arbeit der Brüder durch den dänischen König.

Um der Absicherung der Mission willen hatte Zinzendorf seit 1734 Verbindung mit dem polnischen Zweig der Brüderunität, insbesondere mit Bischof Daniel Ernst Jablonsky in Berlin aufgenommen.

Jablonsky fand sich bereit, im Auftrag der Gemeinde Herrnhut am 13. März 1735 in aller Stille in seinem Arbeitszimmer den Mähren David Nitschmann zu einem »Seniorem, Aufseher und Hirten derer auswärtigen Mährischen Gemeinen« zu ordinieren. Das Bischofsamt bedeutete also ein »Weihbistum« und bezog sich ausdrücklich auf die »auswärtigen« Gemeinden. Einen umfassenderen Sinn erhielt das Bischofsamt, als Zinzendorf nach seiner Ausweisung aus Sachsen die Ordination anstrebte. Nach einem Rechtgläubigkeitsexamen durch die Berliner Pröpste und einem Gutachten des anglikanischen Erzbischofs weihte ihn Jablonsky am 20. Mai 1737 zum Bischof. Da Zinzendorf zugleich »Vorsteher« der Gemeinde war und bei ihm keine Beschränkung auf die Missionsgemeinden vorlag, bedeutete sein Bischofsamt faktisch die Selbständigkeit der Brüdergemeine. Allerdings verstand Zinzendorf die Gemeinde auch jetzt nicht als eine eigene Konfessionskirche neben den schon existierenden. Doch zwang ihn die Notwendigkeit, die sich ausweitende und von außen bedrohte Gemeinde abzusichern, dazu, das Dach der altbrüderischen Kirche als Unterschlupf zu benutzen. So gab die Verbannung Zinzendorfs aus Sachsen den letzten Anstoß zur Bildung einer eigenen Freikirche.

Zinzendorf war es bei seinem Besuch in Berlin Ende Oktober 1736 gelungen, die Sympathie des preußischen Königs Friedrich Wilhelm I. zu gewinnen. Der König wurde von der aufrichtigen und christlichen Absicht des Grafen überzeugt und billigte nach Prüfung der zinzendorfischen Schriften durch Propst Johann Gustav Reinbeck dessen Ordination und damit die besondere Struktur der Brüdergemeine. Nach der Abweisung durch den dänischen, schwedischen und sächsischen Monarchen bedeutete dieses Vertrauen in der bedrängenden Situation der Jahre 1736/1737 für Zinzendorf viel. »Ich habe nun einen Ort, wo ich im Reich mein Lager schlagen kann.« Hier konnte er im Winter 1738 öffentliche Reden über Luthers Auslegung des zweiten Artikels des Glaubensbekenntnisses und über das Vater Unser halten, die, gerade weil sie sich an ein allgemeines Publikum wandten, eine große Verbreitung fanden und unter seinen Schriften am häufigsten aufgelegt wurden.

Sehr zu schaffen machte Zinzendorf der Amsterdamer Hirtenbrief von 1738 und die Ablehnung der Gemeinde durch die reformierte Kirche in Holland. Darum lag ihm an einer positiven Aufnahme seiner Bestrebungen in der reformierten Schweiz. Die Reise nach Genf 1741 trat er mit einer Pilgergemeine von etwa 50 Personen an. Während seines Aufenthaltes in Genf vom 9. März bis 16. Mai führte er Gespräche mit den Theologen der Fakultät und der Stadt, die äußerlich gesehen harmonisch verliefen. Tatsächlich stand »ein Christentum der Vernunft und Moral einem solchen der Gnade und des Geistes gegenüber«. Voltaire schrieb 1756: »Genf ist nicht mehr das Genf Calvins, weit entfernt! Es ist ein Land voll wahrer Philosophen. Das vernünftige Christentum Lockes ist die Religion fast aller Pfarrer, und die Anbetung eines höchsten Wesens, verbunden mit Moral, ist die Religion fast aller Staatsbeamten.« Die kindliche Gnadenzuversicht der Herrnhuter Brüder wirkte gegenüber diesem moralisch-vernünftigen Christentum vor allem in den schlichten Laienkreisen attraktiv. Für Zinzendorf war die Reise auch theologisch bedeutungsvoll. Sie gab ihm, so scheint es, den Anstoß zu seiner in den nächsten Jahren entfalteten Christozentrik. In den im Sommer 1741 gehaltenen »Sieben Letzten Reden« entwickelte er die umstrittenen Aussagen »Der Heiland ist der Schöpfer« und »Christus ist der Jehovah des Alten Testaments«. Nun drängte er auf die »personelle Konnexion« mit Christus, den persönlichen Umgang mit dem Heiland, offensichtlich gegen ein sich mit Vernunft und Moral begnügendes Christentum. Daß der Besuch in Genf äußerlich ein »totaler Mißerfolg« (Wernle) gewesen sei, wird man angesichts der Tatsache, daß sich der Genfer Kreis danach von 40 auf etwa 120 Mitglieder erweiterte, nicht gut sagen können. Zinzendorf aber lernte durch seine Kontakte mit Pfarrer Samuel Lutz aus Dießbach bei Bern die reformierte Bekenntnisschrift des Berner Synodus von 1532 kennen und stellte sie fortan neben die Augsburger Konfession, weil er in ihr die beiden ihm grundlegenden Sätze, daß es ohne Christus keine Gotteserkenntnis gibt und daß die Erkenntnis der Sünde nur durch Christus, nicht durch das Gesetz geschieht, wiederfand.

Die Arbeit in England und die Anfänge in Amerika

Schon im Juni 1728 hatte Zinzendorf die drei Boten Johann Töltschig, David Nitschmann und Wenzel Neißer nach England gesandt, um die Verbindung zu den dortigen Erweckten zu vermitteln. England war wichtig im Hinblick auf weitere Missions- und Kolonisationspläne, und Spangenberg verhandelte im Winter 1734/1735 mit den Trustees von Georgia. Er gewann den für die Organisation der Besiedlung von Georgia verantwortlichen General James Edward Oglethorpe für die Brüder, und zwar gegen das Mißtrauen des zu den Hallensern haltenden Hofpredigers Friedrich Michael Ziegenhagen. Zinzendorf selbst entschloß sich zu einer Reise nach London im Januar 1737: Er wollte die Meinung des kürzlich ernannten Erzbischofs von Canterbury, John Potter, über seine eigene mögliche Bischofsweihe und damit dessen Stellung zur Brüderkirche überhaupt erkunden. Potter urteilte recht positiv über die Brüder und befand ihre Lehre in Übereinstimmung mit den 39 Artikeln der anglikanischen Kirche, konnte aber ohne Zustimmung des Königs keine offizielle Anerkennung aussprechen. Zinzendorf mietete für die Pilgergemeine das Lindseyhouse in London und fand mit seiner Verkündigung der befreienden Erlösung durch Christus sowohl bei Deutschen als auch bei Engländern Aufmerksamkeit. Den Zuhörern seiner häuslichen Andachten gab er nach Art der *religious societies* feste Regeln und gründete eine brüderische Verbindung. Sie erlangte unter dem nach England entsandten früheren Jenenser Theologiestudenten Peter Böhler verstärkte Bedeutung, als dieser 1738 Kontakt zu der Gruppe um John und Charles Wesley aufnahm. Böhlers Predigt von der Erlösung Christi und dem Elend des Menschen, sein Zeugnis von der »Minutenbekehrung« und die Unerschrockenheit der Brüder vor dem Tod bei der Überfahrt nach Georgia beeindruckten John Wesley stark und wirkten auf dessen Bekehrung am 24. Mai 1738 hin. Böhler gründete im Mai 1738 mit 10 jungen Menschen, zu denen John Wesley und der Buchhändler James Hutton gehörten, im Hause des letzteren eine Society, die sich nach dem späteren Treffpunkt als »Fetter Lane Society« bezeichnete.

John Wesley hoffte in den Herrnhuter Gemeinden Deutschlands Muster der urchristlichen Gemeinschaft zu finden und besuchte daher im Juni 1738 mit seinem Freund Benjamin Ingham Marienborn, Herrnhut und Halle. Er bewunderte vieles, blieb aber zugleich kritisch, auch gegenüber Zinzendorf. Bis Ende 1738 waren die Mitglieder der Fetter Lane Society einmütig verbunden, doch im Laufe des Jahres 1739 bildeten sich zwei Parteien, die mit Philipp Heinrich Molthers Eintreffen in London am 18. Oktober in einen theologischen Gegensatz gerieten. Wesleys Drängen auf Heiligung und Vervollkommnung führte vornehmlich unter den weiblichen Anwesenden zu psychischen Begleiterscheinungen, die Molther schockierten. Es »entsetzte mich fast, ihr Seufzen und Stöhnen, ihr Wimmern und Heulen zu hören, welch sonderbares Gebahren sie einen Beweis des Geistes und der Kraft nannten«. Dagegen schätzte Molther die Gelassenheit des wahren Glaubens, der durch Christus alle Heiligkeit in sich schließt, und riet zu stillem Warten auf Christus, freilich mit einem kirchenkritisch-quietistischen Akzent, der Wesleys kirchlich-anglikanische Einstellung verletzte. Wesley sah die Gefahr der Aufrichtung einer eigenen herrnhutischen Kirche auf englischem Boden und redete nun immer häufiger gegen die »Moravians«. Zum offenen Bruch kam es in der sonntäglichen Versammlung am 20. Juli 1740, in der Wesley den unanglikanischen »mystischen Perfektionismus« (Schmidt) vieler Mitglieder angriff und den Saal mit 18 oder 19 Anhängern verließ. Weder Spangenberg noch Böhler konnten diesen Bruch durch ihre Gespräche überwinden. Dagegen blieben die einst mit Wesley verbundenen Freunde James Hutton, John Gambold und, allerdings nicht formell, auch Benjamin Ingham der Fetter Lane Society treu. Letzterer übergab seine Gemeinden in Yorkshire der Seelsorge der Brüder.

Die entscheidende Aussprache John Wesleys mit Zinzendorf erfolgte am 3. September 1741 in London, im Park von Gray's Inn. Hier traten die theologischen Unterschiede in der Lehre der *sinless perfection* und in der Predigtweise sehr deutlich hervor. Zinzendorf beharrte auf dem lutherischen: »Wir sind vollkommen in Christo, in uns selbst niemals« und lehnte daher ein Wachsen in der Liebe ab, während Wesley auf das Wachsen in der Gnade und ein heiliges Leben des Christen »in sich« drängte. Zinzendorfs Gespräch mit John Wesley markiert eine Schnittstelle zwischen dem von Luther bestimmten deutschen Pietismus und dem moderner, psychologisch denkenden Methodismus. Die Fetter Lane Society wurde zur ersten Brüdergemeine Englands. Ihr Organisator war im Jahre 1742, als die Fetter Lane Chapel am 7. September unter der Toleration Act eingetragen wurde, Spangenberg, ihr erster Prediger der frühere anglikanische Pfarrer John Gambold.

Ein Versuch, bei Erzbischof John Potter die Anerknnnung der brüderischen Kirchenzucht und Ordination innerhalb der anglikanischen Kirche zu erlangen, scheiterte 1742. Nur die deutschen Anhänger genossen als Protestanten Duldung, und Zinzendorf schlug die Bildung zweier deutscher Gemeinden in London und Yorkshire unter dem Namen »Old Lutheran Protestants« vor. Das lehnten die englischen Mitglieder ab, einige trennten sich. Spangenberg bemühte sich darum, eine Lizenz als Dissenter Gemeinde unter dem Namen »Moravian Brethren, formerly of the English communion« zu erhalten. Das aber widersprach den philadelphischen Absichten Zinzendorfs, der dagegen protestierte. Er hätte gerne einen Anglikanischen Tropus in der Brüdergemeine gesehen, wozu sich aber der Erzbischof nicht verstand. Dieser war an sich den Brüdern wohlgesonnen, konnte wegen seines Todes 1747 jedoch nichts mehr für sie ausrichten.

Bevor Zinzendorf 1741 nach Amerika aufbrach, hielt er mit seinen engsten Mitarbeitern vom 11. bis 23. September eine Synodalkonferenz in London ab. Hier legte Leonhard Dober wegen Überforderung sein Generalältestenamt nieder, und da man keinen Nachfolger fand, wurde wohl auf Anregung Zinzendorfs nach Losbefragung Jesus Christus zum Generalältesten der Brüdergemeine eingesetzt. Dieser ungewöhnliche Schritt bedeutete die Übertragung der Zinzendorfischen Christusgemeinschaft auf die Gemeinverfassung und ergab sich folgerichtig daraus, daß man die unsichtbare reale Gegenwart Christi ernstnahm. Zinzendorf suchte ein Gegengewicht zu der bischöflichen Verfassung der alten Brüderkirche, um seine stärker philadelphisch-ökumenisch gefaßte Gemeinidee nicht in der mährischen Kirchenverfassung aufgehen zu lassen. Eine Vakanz im Ältestenamt hätte aber bei Zinzendorfs längerer Abwesenheit in Amerika zu einer Stärkung der bischöflichen Verfassung führen müssen. Die Einsetzung Christi bedeutete ihm »die Restauration unsers ganzen Gemeinplans«. Sie machte die theokratische Struktur der Gemeinde sichtbar und gab dem täglichen »Umgang mit dem Heiland« einen Anhalt in der Kirchenordnung und den jährlichen Ältestenfesten (16.9. und 13.11.). Zinzendorf lag es fern zu glauben, daß Christus dadurch eine besondere Nähe zur Brüdergemeine erhalten habe, vielmehr war ihm das Leben in dieser Christusnähe ein Kennzeichen aller lebendigen Christen, aber Christi Regiment über die Kinder Gottes sollte an einer Stelle sichtbar werden. Das Ereignis hatte in den Gemeinden »the effect of a spiritual revival« und leitete eine

Periode ein, in der der vertrauliche kindliche Umgang mit Christus schwärmerische Tendenzen bekam. Bezeichnend ist, daß Zinzendorf nun sein eigenes Bischofsamt niederlegte, um in Amerika freier zu sein.

Am 29. November 1741 landete er als Herr von Thürnstein oder Bruder Ludwig, auch als Friend Louis im Blick auf die Quäker, in New York. Es waren die Jahre des Great Awakening. Zinzendorf aber konnte und wollte schon aufgrund seiner schlechten englischen Sprachkenntnisse nicht wie George Whitefield vor Tausenden evangelisieren. Dieser war ihm längst zuvorgekommen und hatte zunächst mit den Brüdern Kontakte gesucht. Auf seine Bitte hin hatten sie unter Leitung von Peter Böhler 1740 in den »Forks of the Delaware« eine Schule für Schwarze erbaut, und schließlich hatte er ihnen die Ansiedlung mit Namen Nazareth überlassen. Im Dezember 1740 war David Nitschmann mit einer weiteren Gruppe nach Pennsylvanien gereist, um Grund und Boden für eine Siedlung, das spätere Bethlehem, unweit von Nazareth zu kaufen. Die missionarische Arbeit in Pennsylvanien begann. Dagegen mußte die von Spangenberg 1735 angelegte Siedlung Savannah in Georgia nach inneren Konflikten und wegen kriegerischer Auseinandersetzungen mit den Spaniern 1740 aufgegeben werden.

Zinzendorf orientierte sich nach seiner Ankunft zunächst über die religiösen Gruppen der deutschen Einwanderer in und um Philadelphia und widmete sich dann in dem reichlichen Jahr bis Anfang 1743 drei Aufgaben:

1. Angesichts der Zersplitterung dieser Gruppen und der verworrenen kirchlichen Verhältnisse entschied er sich, Pfarrer der kleinen lutherischen Gemeinde in Philadelphia zu werden, und gab ihr eine Kirchenordnung mit Katechismus. Er förderte aber auch die schweizerisch reformierte Gemeinde von Germantown, für die er einen Katechismus anhand des Berner Synodus schrieb, freilich unter heftigen Angriffen des Pfarrers der holländisch reformierten Gemeinde von Philadelphia. In Amerika lernte er angesichts der Zersplitterung der Denominationen und religiösen Splittergruppen den Wert der Konfessionskirchen neu schätzen.

2. Die Erhaltung der Konfessionskirchen war ihm freilich kein letztes Ziel seiner Arbeit. Er wirkte begeistert an den von Henry Antes einberufenen Allianzkonferenzen mit, an denen sich zunächst fast

alle der genannten Gruppen beteiligten, die sich aber zurückzogen, als ihnen Zinzendorfs Geist zu beherrschend wurde. Zinzendorf erblickte hier die Chance einer öffentlichen »Gemeine Gottes im Geist« aus allen ›Religionen‹ und sah den Auftrag der Brüder in der Predigt des Gekreuzigten, um unter Separatisten, Quäkern, Mennoniten, Täufern, Baptisten, Ephratanern, Schwenckfeldern, Lutheranern und Reformierten ein Zeichen der einen unsichtbaren Gemeine zu errichten. Er erhoffte sich in dem von Staatskirchen freien Amerika die »Weiterbildung des Gottesreiches mit neuen Miteln«, aber er täuschte sich in der Bereitschaft der »Gemeine ohne Namen«, wie er die separatistischen, überkirchlichen Gruppen zusammenfassend nennen konnte. Die weiteren Allianzkonferenzen wurden zum Sammelbecken der Brüdergemeine in Pennsylvanien.

3. Zinzendorf unternahm drei Reisen zu den Indianern, um die Mission unter ihnen kennenzulernen. Das ursprüngliche Leben dieser Stämme muß ihn fasziniert haben und dürfte der Anstoß zur Gründung eines freilich biblisch begründeten »Närrchen-Ordens« nach seiner Rückkehr nach Europa gewesen sein. Die Sehnsucht des 18. Jahrhunderts nach Unmittelbarkeit und Natürlichkeit begegnet auch sonst bei ihm. Und in dieselbe Richtung gehen wohl auch seine wenigen Notizen zu einer civitas Indiana-Germana, einer Art Indianerstaat mit christlicher Unterweisung durch deutsche Missionare. Bei dem Besuch der kleinen Indianergemeinde Schekomeko diskutierte er mit Christian Heinrich Rauch die für die Brüdermission wichtige Erstlingsidee, d.h. die Konzentration der Mission auf einzelne. Massenerweckungen, wie sie von Whitefield berichtet wurden, und die Missionierung eines ganzen Volkes hingegen hielt er für bedenklich.

Obwohl Zinzendorf nur wenige Monate in der Brüdersiedlung Bethlehem wohnte – das erste halbe Jahr lebte er in Philadelphia und in Germantown, vom 24. Juli bis 9. November 1742 besuchte er die Indianer –, waren doch die Fundamente, die er hier am 25. Juni legte, sein bedeutsamstes Werk in Amerika. Er richtete die Gemeinde, anders als in Deutschland, ganz auf den Missionsauftrag unter den deutschen Siedlern und den Indianern aus und teilte sie in eine Pilgergemeine, die evangelistisch unterwegs war, und eine Hausgemeine, die für den Unterhalt aller aufkam. Die Gemeinde zählte 1742 nach einem größeren Zuzug von Einwanderern 131 Einwohner, die zum größten Teil in lediglich drei Häusern untergebracht waren. Bethlehem wurde zum Modell einer »kommunistischen Herrnhuter-Kolonie«, wollte aber mit den »gemeinschaftlichen Haushaltungen« weder eine bewußte Aufhebung des Privateigentums bezwekken noch die Besitzlosigkeit und den Kommunismus der Urgemeinde nachahmen. Vielmehr ergab sich dieses gemeinschaftliche Leben aus den Aufgaben der Besiedlung und Mission und war in den Chorhäusern angelegt, es war »eine Folge der Streiteridee, des Pilgergeistes«. Das gottesdienstliche Leben wurde ähnlich wie in Herrnhut organisiert, doch war der Wille zu gemeinsamen christlichem Zeugnis so stark, daß man zunächst sogar ohne Statuten auskam. Dabei verdankte Bethlehem seinen wirtschaftlichen Aufschwung und seine religiöse Zielstrebigkeit weitgehend dem seit 1744 dort tätigen Spangenberg und seiner ihm ebenbürtigen Frau Eva-Maria. Die soziale und wirtschaftliche Organisationsform Bethlehems hat die sozialgeschichtliche Forschung in den letzten Jahren angezogen, wobei das Ende dieser Phase 1762 und der Übergang zu privatwirtschaftlichen Formen wie in Europa zu Vergleichen, Orts-, Bevölkerungs- und Lebenslaufanalysen anregte.

Die Gemeinden in der Wetterau und der Blut- und Wundenkult

Bei seiner Rückkehr von Amerika wurde Zinzendorf mit den Aktivitäten der in seiner Abwesenheit verantwortlichen Generalkonferenz konfrontiert. Diese hatte sich um Konzessionen für Brüdersiedlungen bemüht und war erstaunlich erfolgreich gewesen. Denn mit dem Regierungsantritt Friedrichs II. in Preußen im Jahr 1740 kam spürbar nicht nur in Preußen, sondern auch in anderen Territorien eine tolerante Religionspolitik zum Zuge, die den Brüdern günstig war. So konnte für Schlesien, dank der energischen Vermittlung von Reichsgraf Friedrich Balthasar von Promnitz, am 25. Dezember 1742 eine Generalkonzession zur Niederlassung und öffentlichen Ausübung des Gottesdienstes erlangt werden. Spezialkonzessionen des Jahres 1743 regelten die Einzelheiten für folgende Gemeinden: Gnadenberg auf dem Gut Groß Krausche des Hans Friedrich von Falkenhain (mit der unglücklichen Formulierung »nach Vorschrifft der mährischen Confession«), Gnadek auf dem Schloß Burau des Grafen Erdmann II. von Promnitz, Gnadenfrei in Ober-Peilau auf dem Besitz des Grafen Ernst Julius von Seidlitz, der seit 1726 mit Herrnhut Verbindung hielt und deshalb eineinhalb Jahre im Gefängnis verbringen mußte, ferner für die Gemeinde in der Stadt Neusalz, die sich nach Errichtung eines Gemeinhauses (1746) erst 1748 offiziell konstituierte. Eine Gruppe von erweckten Böhmen bei Zittau, die sich der Brüdergemeine anschließen wollte, konnte 1742 dank des Angebotes von Siegmund August von Gersdorf auf Ländereien seines Gutes Trebus untergebracht werden. So entstand die Siedlung Niesky. Mit der Grafschaft Ysenburg wurde gegen eine erhebliche Zahlung ein neuer günstigerer Vertrag ausgehandelt. Doch Zinzendorf war mit diesen erstaunlichen Erfolgen keineswegs zufrieden, teils aus persönlichen Gründen – er sah z.B. in von Promnitz unberechtigterweise einen Konkurrenten –, teils aus sachlichen Gründen, denn die Anerkennung einer mährischen Konfession stellte die Brüder außerhalb des Schutzes der Augsburgischen Konfession und gab sie der Kritik preis. Vor allem gefährdete sie die weitere ökumenische Arbeit, da die Brüder nun in den Verdacht gerieten, Proselyten für ihre eigene »Konfession« zu werben. Zinzendorf löste die Generalkonferenz auf und versetzte ihre Mitglieder weitgehend in Gemeinden außerhalb Deutschlands: Polykarp Müller nach Schlesien, die Brüder Dober nach England, Spangenberg wieder nach Amerika.

Aus diesen Erfahrungen erwuchs sein ökumenisches Konzept, das erstmals auf der Synode in Marienborn 1744 vorgestellt und in den nächsten Jahren durchgeführt wurde: die Tropenidee. Danach vereinigte die Brüdergemeine in sich verschiedene Lehrweisen – Tropen, wie Zinzendorf mit einem Begriff von Pfaff sagte. Er meinte den lutherischen, reformierten und mährischen Tropus. Damit sollte deutlich werden, daß die Brüdergemeine die konfessionelle Eigenart ihrer Mitglieder achtete und nicht zur Gleichgültigkeit gegenüber den Konfessionen erzog. Die Unterschiede der Lehre mußten sich freilich der »Herzens-, Gemüths- und Disziplin-Union« mit der gesamten Unität unterordnen. Die Brüdergemeine bildete also eine Verfassungsunion bei Anerkennung der konfessionellen Unterschiede. Zinzendorf wollte dem Selbständigkeitsstreben der Mähren entgegenwirken und setzte darum für alle drei Tropen Bischöfe oder Administratoren ein, deren Aufgabe vor allem die Ordination und die Vertretung der jeweiligen Konfession auf den Synoden war. Er liebte es, die Gemeinden und Regionen nach Konfessionszugehörigkeit einzuteilen: Herrnhut lutherisch, Herrnhaag reformiert usw., wobei er freilich wußte, daß dies nur teilweise zutraf. Zwar wurde die Tropenidee zu Lebzeiten Zinzendorfs beibehalten und befolgt, aber eine größere praktische Auswirkung besaß sie nicht. Sie war ein geistreicher Versuch des Grafen, den ökumenischen Charakter der Gemeine zu erhalten, um ein Abgleiten in eine mährisch-böhmische Sonderkirche zu verhindern. Darum schlug er auf einer Synode 1745 den Namen »Brüderkirche« als Selbstbezeichnung vor. Das heißt doch, daß Zinzendorf nicht die mährische Disziplin, sondern den »Brudercharakter« zum eigentlich Verbindenden der nun selbständig hervortretenden Gemeinden erheben wollte.

In den 40er Jahren kam der neuerrichteten Brüdersiedlung in Herrnhaag eine führende Rolle zu. Anders als in der Emigrantenkolonie Herrnhut wurde hier von Anfang an eine geordnete Besiedlung nach einem festen Plan verfolgt. In Siegmund August von Gersdorf hatte die Gemeinde einen am Hofe in Dresden geschulten Architekten, ihren »Generalbaumeister«. Er errichtete in Herrnhaag das Wohnhaus des Grafen, die sog. Lichtenburg, mit einem geräumigen Versammlungssaal für ca. 600 Personen im Obergeschoß, was dann in vielen Gemeinden nachgeahmt wurde. In Niesky (1756) und in Herrnhut (1757) wurde aus dem Saal ein eigenes Gebäude, in Fortführung des Herrnhaager Modells und zugleich in Anlehnung an die Bethauskirchen Schlesiens. Modellcharakter hatte Herrnhaag vor allem in seiner Anlage, der Gruppierung der Chor- und Privathäuser um einen quadratischen Platz, in dessen Mitte ein Brunnenhaus mit Glockenspiel und Dachreiter stand. Der Platz wurde in das gottesdienstliche Leben der Gemeinde mit einbezogen. Die Anlage hatte einen städtischen Charakter, mit den Gartenanlagen glich sie sogar einer kleinen Residenz.

Die von Graf Ernst Casimir gewährten rechtlichen Freiheiten ermöglichten es der Gemeinde, ihr liturgisches Leben auszugestalten, und Zinzendorf hatte ein ausgesprochen liturgisches Faible. In den Jahren zwischen 1739 und 1744 entstanden die wichtigsten liturgischen Formen, die sich nicht mehr am Meßformular orientierten wie der lutherische Gottesdienst. Sie wurden aus dem Ambrosianischen Lobgesang, dem Te Deum laudamus, oder dem in der lutherischen

Kirche gebräuchlichen Gebet der Litanei weiterentwickelt. Jetzt entstand auch die typische brüderische Form der Abendmahlsfeier. 1744 erschien die erste »Agende« mit dem bezeichnenden Titel Common Prayer, später »Litaneienbüchlein« genannt. Auf der Synode in Marienborn 1745 wurden die Weihegrade der alten Brüderunität – Akoluth, Diakonus und Presbyter – neben dem bereits eingeführten Bischofsamt übernommen. Als ein völlig neues Amt wurde der Civilsenior eingeführt und dem Bischof gleichgestellt. Es bezog sich auf die äußere Verwaltung der Gemeinde und war für Juristen oder Adlige bestimmt, die die Gemeinde bei Verhandlungen mit dem Staat zu vertreten hatten; es wurde aber in der ersten Hälfte des 19. Jahrhunderts wieder fallengelassen. Möglicherweise wollte Zinzendorf durch die Weihegrade die Kontinuität zur alten Brüderunität verstärken und sich der anglikanischen und orthodoxen Kirche als eine in altkirchlicher Tradition stehende Gemeinschaft empfehlen, standen doch die Verhandlungen mit der anglikanischen Kirche bevor.

In der Wetterau entfaltete sich das reiche musikalische Leben der Gemeinde in neuer Weise. Schon in Herrnhut hatte man viel gesungen und musiziert, was etwa die Singstunden belegen. Auch Bläserchöre und Orgelbegleitung unter der Leitung des begabten, von Zinzendorf in Castell entdeckten Tobias Friedrich sind bezeugt. Aber erst ab etwa 1739 kamen die Aufführung von Kantaten mit den verschiedenen Elementen von Chorsatz, Rezitativ, Arie und Choral sowie das Spiel auf Streich- und Holzblasinstrumenten auf. In jüngster Zeit hat man begonnen, die großen Notensammlungen der Brüderarchive auszuwerten und wieder spiel- und singbar zu machen. Eine besondere Bedeutung kam der von Zinzendorf gedichteten Kantate zur Grundsteinlegung des Chorhauses für die ledigen Brüder im Jahre 1739 zu, die von Philipp Heinrich Molther komponiert und immer wieder aufgeführt wurde. Der Text ist ein eindrückliches Werben für den Streiter- und Missionsdienst unter den ledigen Brüdern.

Molther gehörte zu den mit Herrnhut sympathisierenden Jenenser Theologiestudenten unter Leitung von Peter Böhler, denen Zinzendorf seinen Sohn Christian Renatus zusammen mit Louis von Schrautenbach, Sohn des Herrn zu Lindheim, Anfang 1737 zur Ausbildung anvertraut hatte. Sie bildeten zusammen mit dem für Christian Renatus als Betreuer beigegebenen Mähren Johann Nitschmann, dem Studenten Johann Michael Langguth, einem Pfarrerssohn aus Thüringen, dem musikalischen Ludolph Ernst Schlicht u.a. eine Wohngemeinschaft, die sog. »Christelsökonomie«, die sie ganz nach Herrnhuter Vorbild mit Banden, Ämtern und Stundengebet organisierten. Als sie der Herrnhuterei beschuldigt und im März 1739 ausgewiesen wurden, zogen sie gemeinsam nach Marienborn und bildeten dort eine feste Gruppe unter den ledigen Brüdern. Den Unterricht der jungen Grafen leitete Johann Nitschmann, der trotz seines jungen Alters (geb. 1713) 1741 zum Bischof ordiniert wurde. Es wurde eine Lateinschule gegründet und nach Übersiedlung des Zittauer Rektors Polykarp Müller Anfang 1741 sogar ein theologisches Seminar. Der innere Kern der Christelsökonomie schloß sich 1742 in dem »Orden vom Bekenntnis des Leidens Jesu« fester zusammen mit dem Ziel, »alle unsere Seligkeit in den fünf Wunden und Verdienst des Lammes allein suchen und genießen [zu] wollen«. Hier liegt eine Wurzel der neuen Blut- und Wundenmystik, die von den Mähren als fremdartig empfunden wurde.

Erstaunlich ist nun Zinzendorfs Reaktion. Nach seiner Rückkehr von Amerika trennte er sich, vermutlich aus Enttäuschung, von den älteren Mitarbeitern der Generalkonferenz und setzte jugendliche Kräfte in verantwortliche Posten. »Er schaltet[e] auf die Jugend um« und gründete am 2. Juni 1743 einen »Närrchen-Orden«, der fast wie eine Überbietung des gerade errichteten Ordens vom Bekenntnis des Leidens Jesu aussieht und die Torheit des Kreuzes und kindliche Einfalt betonte. Beide Ordensgründungen sind Ausdruck einer gezielten Polemik gegen die Gelehrsamkeit, gegen Spekulation und Philosophie. Zinzendorf setzte ganz bewußt gegen die Aufklärung das Ideal der Kindlichkeit und der unmittelbaren Erlösungsfreude. Er wollte zur »Natursprache« finden, nicht im Sinne einer Ursprache wie bei Jakob Böhme, sondern im Sinne der Alltagssprache, der natürlichen, kindlichen Redeweise. Eine solche natürliche, unverdorbene Sprache sah er in der Bibel und bei Luther gegeben. Sie sollte nun in den Diminutiva wie Lämmlein, Herzel, Sünderlein, in der Anrede Mama und Papa für die Familie Zinzendorfs, in den stammelnden Wiederholungen der für die Erlösung zentralen Begriffe Lamm, Blut, Wunden zum Ausdruck kommen, wie sie in den Dichtungen des 12. Anhangs des Herrnhuter Gesangbuchs zu finden sind. In der natürlichen kindlichen Sprache sah er den echten, unverstellten Ausdruck des Herzens und des erweckten Menschen. Die Sprache ist ihm Anzeige der Herzensstellung eines Menschen. Dieses Ideal der Kindlichkeit stülpte Zinzendorf der theologischen Erkenntnis von 1734 und der seit seiner Jugend erstrebten Christusgemeinschaft gleichsam über, was dann zu seltsamen Wortschöpfungen führte: Der Christ ist eine »Leichnamsbiene«, ein »Kreuzluftvögelein«, ein »Wundenwürmelein«. Wenn auch mit solchen Wendungen ein biblischer Realismus und eine spielerische Aneignung lutherischer Rechtfertigungs- und Erlösungsfreude intendiert waren, so haben sie letztlich doch das Gegenteil bewirkt. Aus der Kreuzestheologie wurde eine »theologia gloriae«.

Einzelne Lieder Zinzendorfs setzten gleichsam die Akzente, die von den Dichtungen der Gemeinde freudig aufgegriffen wurden. 1744 entstand die Wundenlitanei in Schlesien, möglicherweise in Anlehnung an Valerius Herberger, den Zinzendorf schätzte. Das Symbol der Wunden, insbesondere der Seitenwunde, wurde beherrschend und bei Poetenliebesmahlen besungen. 1745 verglich Zinzendorf in einem Lied die Frömmigkeit der Gemeinde (ursprünglich die seines Sohnes) mit einem Kreuzluftvögelein – ein Bild, das den heiteren beschwingten Frömmigkeitsgeist Herrnhaags so treffend ausdrückte, daß es ständig wiederholt wurde. Seit 1746, nach der Trauung von Zinzendorfs Tochter Benigna mit Johannes Langguth, den Friedrich von Wattewille adoptiert hatte, trat das Symbol der Ehe für das Verhältnis des Bräutigams Christus zu seiner Braut, der Gemeinde, stärker hervor, so daß sich Zinzendorfs Christusgemeinschaft nun als »Ehereligion« bezeichnen läßt. Seitdem er 1741 den Heiligen Geist als Mutter neu entdeckt hatte, entfaltete er in den liturgischen Gesängen eine Trinitätspoesie, deren hohe Sprache der Anbetung einer allzu großen Vertraulichkeit im Umgang mit Christus entgegenwirken sollte. Doch bot gerade sie mit ihrer Familiensymbolik von Vater, Mutter und Sohn und manchen Ungereimtheiten weite Angriffsflächen für den geschulten Theologen. 1747 verkündigte Zinzendorf einen dreijährigen Sabbath, eine Zeit des Ausruhens und Genießens. An jedem Sabbath wurde ein Liebesmahl gefeiert.

Als Zinzendorf am 4. März 1748 nach Dresden und Schlesien aufbrach, übergab er seinem Sohn Christian Renatus das Ältestenamt über die 400 bis 500 ledigen Brüder. Grundsätzlich war er mit der Entwicklung der Gemeinde einverstanden und erkannte die drohenden Gefahren nicht. Er glaubte der von ihm ersehnten »naturellen Heiligkeit« so viel näher zu sein als der gesetzliche Pietismus. Auch wollte er von ärgerlichen Nachrichten verschont bleiben, so daß er manche Briefe Spangenbergs gar nicht zur Kenntnis bekam. Offenbar hatte er sich auch an die Streitschriften gewöhnt und sperrte sich, ihre Kritik und Argumente wahrzunehmen. Eine »Schlüsselfigur unter den Zinzendorfgegnern« war der Senior Johann Philipp Fresenius in Frankfurt, dessen »Bewährte Nachrichten von Herrnhutischen Sachen« seit 1746 erschienen und der auch Streitschriften anderer, darunter ein bedeutsames »Theologisches Bedencken« von Johann Georg Walch, Professor der Theologie in Jena, herausgab. Ein anderes antizinzendorfisches Zentrum war die theologische Fakultät in Gießen, wo sich vor allem Professor Johann Hermann Benner von 1742 bis 1749 mit insgesamt zehn Streitschriften hervortat. Ehemalige Separatisten, die eine Zeitlang Herrnhuter gewesen waren, wie Georg Jacob Sutor und Johann Franz Regnier, aber auch andere frühere Herrnhuter wie Heinrich Joachim Bothe und Alexander Volck, Stadtschreiber und Notar in Büdingen, oder auch der einstige Freund Herrnhuts Johann Jakob Moser, nun in Hanau, reihten sich in die Front der Gegner ein. Entscheidend aber für die weitere Entwicklung war die Tatsache, daß am Fürstenhof in Ysenburg die Freunde Herrnhuts starben und mit Regierungsrat Christoph Friedrich Brauer ein unbeirrbarer Gegner Herrnhuts an die Spitze der Verwaltung trat. Sowohl Brauer als auch Gustav Friedrich von Ysenburg-Büdingen, Sohn von Ernst Casimir, der seit 1735 in dänischen Diensten stand, hatten enge Kontakte zu Graf Stolberg und sahen in Zinzendorf eine ernste Gefahr für die Ausübung der territorialen Kirchenrechte Büdingens, zumal man auch noch einen größeren Kredit bei den Brüdern aufgenommen hatte. All dies war Zinzendorf bekannt, und wenn er von Dezember 1747 an drei Monate lang den Studenten in Schloß Lindheim, wo das Seminar nun untergebracht war, Vorlesungen über die Confessio Augustana hielt, so wollte er sowohl ihnen als auch seinen Gegnern verdeutlichen, worauf der Inhalt seines Glaubens beruhte.

Nach Zinzendorfs Abreise vom Herrnhaag ließ Christian Renatus seiner enthusiastischen Christusmystik freien Lauf. In der Rede beim Fest des ledigen Brüderchors am 2. Mai 1748 rief er entzückt: »Es [das Lämmlein] ist da, ihr könnt leiblich mit ihm reden!« Neben ihm gewann Joachim Heinrich Rubusch aus dem Baltikum einen starken

Einfluß, der in seinen gefühlvollen Reden den Gegensatz von Kopf und Herz auf die Spitze trieb. Ein französischer Sprachlehrer sammelte eine »Schätzchengesellschaft« lediger Schwestern um sich und setzte sich damit über die Chorschranken hinweg – ein gravierendes Beispiel dafür, daß die brüderische Zucht nicht mehr griff. Es kam zu Albereien, Gleichgültigkeit und Parteiungen. Als Zinzendorf, der inzwischen anläßlich der Verhandlung der Brüdersache im Parlament nach London gereist war, um die Jahreswende 1748/1749 durch enge Mitarbeiter eindeutig gewarnt wurde, entschied er sich am 10. Februar 1749 endlich zu einem »Strafbrief«. Darin untersagte er alle nichtbiblischen Diminutiva, insbesondere die Worte »Schätzel, Seitenhöhlchen, Närrchen, Bräutel«, sowie alle nicht ausdrücklich genehmigten Privatsozietäten und -liturgien. Christian Renatus und Rubusch setzte er von ihren Ämtern ab und zitierte sie nach London. Der Brief tat seine Wirkung, doch die wirkliche Verarbeitung des Vorgefallenen, die Erkenntnis, daß es sich bei dem »Gemeindechiliasmus« in Herrnhaag um eine »Sichtung« des Satans nach Luk 22,31 handelte, vor der Zinzendorf schon durch seine Geburtstagslosung von 1746 gewarnt worden war, brauchte erheblich länger.

Der endgültige Abschluß der Wetterauer Periode kam von außen, von der Büdinger Regierung. Nach dem Tode Graf Ernst Casimirs I. am 15. Oktober 1749 entwarf Brauer den Plan zu weiterem Vorgehen und eine Huldigungsformel für den neuen Landesherrn Graf Gustav Friedrich, die die Einwohner des Herrnhaag zwang, sich von Zinzendorf loszusagen. Da ihnen die Annahme dieser Bedingung unmöglich war, setzte er in einem Emigrationsedikt vom 12. Februar 1750 eine dreijährige Frist, innerhalb derer die Siedlung zu verlassen sei. Die Gemeinde sah darin sowohl eine »gnädige Zucht« Gottes als auch eine »Religions-Verfolgung«. 973 Einwohner waren anderwärts unterzubringen, und bereits am 21. Februar machten sich die ersten 30 Brüder nach Pennsylvanien auf. Nur eine kleine Gruppe verblieb auf Schloß Marienborn, bis der Pachtvertrag erlosch.

Londoner Aufenthalt und letzte Lebensjahre

Der spielerische Geist des Herrnhaag hatte zwar auch in andere Teile der Unität ausgestrahlt, aber doch nicht in gleicher Weise verhängnisvoll wirken können. Nach Amerika wurde er durch Johann Friedrich Cammerhof gebracht, der im Jahre 1747 Spangenberg als Gehilfe beigegeben wurde. Cammerhof (1721–1751) hatte eine weiche, poetische Art, war aber auch ein harter Arbeiter, der sich dem Arbeitsethos Spangenbergs anpassen konnte. Spangenberg widersetzte sich einer laxen, unbekümmerten Gnadenzuversicht und fand es zum Beispiel aufgrund von Mt 23,9 unerträglich, daß sich Zinzendorf in der Gemeinde öffentlich »Papa« nennen ließ. Seine Abberufung aus Amerika anläßlich einer Visitation 1749 durch Johannes von Watteville war eine Demütigung, die Spangenberg tief kränkte. Auch in den Gemeinden der Lausitz verhielt sich die ältere Generation der Mähren kritisch gegenüber dem schwärmerischen Wesen in der Wetterau.

Erst jetzt wurden die Schäden der letzten zehn Jahre bewußt und Gegenmaßnahmen ergriffen. Spangenberg erhielt den Auftrag, die Schriften gegen Herrnhut zu studieren, die Argumente zu sammeln und sich als Apologet der Brüdergemeine zur Verfügung zu stellen, weil er unverdächtig sei. Er setzte zunächst seine »Declaration über die Zeither gegen Uns ausgegangene Beschuldigungen« mit einem autobiographischen Vorwort auf und legte dann Zinzendorf eine lange Liste mit Fragen der Gegner vor, die dieser auf den Synoden von 1750 beantwortete. Daß diese literarische Form der Apologie bei Zinzendorfs paradoxer und bildhafter Redeweise sehr wirkungsvoll war, mag man allerdings bezweifeln. Ferner sollten nun die wichtigsten Zinzendorf-Schriften durchgesehen und in revidierter Form neu herausgegeben werden. Zinzendorf selbst unterzog sich der Aufgabe der Durchsicht, kam damit jedoch nicht zu Ende. Er gewann dabei die Einsicht, daß er nicht der »Theologus Unitatis« sein könne, da er nicht »präzis« reden könne. Vielmehr dachte er diese Aufgabe Spangenberg zu, der nun als Decanus Seminarii, nämlich des nach Barby verlegten Theologischen Seminars, firmierte. Das Herrnhuter Gesangbuch mit seinen das Liedgut des Herrnhaag dokumentierenden Anhängen zog Zinzendorf zurück und machte sich an eine umfassende ökumenische Liedersammlung, die das Beste aus allen Kirchen, vom Alten Testament über die orientalischen Kirchen bis hin zum Hallischen Pietismus für die Glieder der einen wahren Kirche enthalten sollte. Für den praktischen Gebrauch veröffentlichte er eine Sammlung gern gesungener Lieder und Verse, die an ein Liederbuch der Brüder in Amerika von 1742 anknüpfte.

Wichtiger noch war Zinzendorfs Erkenntnis, daß die werdende Brüderkirche »auf der Spitze stand, in tausend Stücke zu zertrümmern«. Das Ende der Wetterauer Gemeinden hatte deutlich gemacht, daß diese Gefahr nicht nur aufgrund äußerer Bedrohung, sondern auch aufgrund innerer Unklarheiten bestand.

Auch in England war die Arbeit der Herrnhuter keineswegs gefestigt. Die Trennung von den Brüdern Wesley führte zu literarischen Auseinandersetzungen, während George Whitefield, mit dem sich Zinzendorf über die Frage der Prädestination entzweite, eine starke Nähe zu den Brüdern bis zur Jahrhundertwende bewahrte. Eine Anerkennung der Gemeinden durch die anglikanische Kirche schien unerreichbar, der Londoner Bischof Edmund Gilson belastete sie 1747 öffentlich in seiner »Charge«. In Amerika erließ die Assymbly von New York 1744 eine Verfügung gegen Predigt und Lehre der »vagrant preachers, Moravians and disguised Papists«. In Hannover, mit dem England durch Personalunion verbunden war, erschien am 22. November 1748 ein Edikt gegen die Herrnhuter. Um eine Sicherung der »Moravians« und ihre offizielle Anerkennung als Kirche in Großbritannien und Amerika zu erlangen, legte sich nahe, nach dem Vorbild der Quäker eine Bestätigung durch das Parlament anzustreben, was nach Zinzendorfs Eintreffen in London durch die Einreichung einer Petition bezweckt wurde.

Dank der für Pennsylvanien verantwortlichen Freunde der Brüder, General Oglethorpe und Thomas Penn, konnte die Petition mit der Bitte um Befreiung von Eid und Militärdienst im Parlament durchgebracht werden und am 6. Juni die königliche Genehmigung finden. Die »Act for Encouraging the People Known by the Name of Unitas Fratrum or United Brethren, to Settle in His Majesties Colonies in America« wurde am 24. Juni 1749 Gesetz und die Brüdergemeine als »an Ancient Protestant Episcopal Church« anerkannt. Der Begriff der »Unität« in Anlehnung an die alte Brüderunität wurde durch die Akte fortan zur Selbstbezeichnung der Gemeine.

Damit öffnete sich den Herrnhutern ein weites Tor in der englischsprachigen Welt, und Zinzendorf verlegte vom August 1751 bis März 1755 seinen Wohnsitz nach London, um die Arbeit in England zu festigen. Zinzendorf schien sich auf Dauer in England einrichten zu wollen und ließ das nun erworbene Lindseyhouse an der Themse durch seinen Architekten Siegmund August von Gersdorf ausbauen.

Er legte Wert auf die Choreinteilung und Errichtung von Chorhäusern. 1752 beschloß eine Synode die Annahme der brüderischen Liturgien und die Erstellung eines englischen Brüdergesangbuchs, 1754 die Einführung von Gemeindestatuten und eine Übereinkunft der Zusammengehörigkeit der Einzelgemeinden. John Gambold, Prediger in London, wurde zum Bischof gewählt. Gemeinden entstanden in Yorkshire mit dem Zentrum in Grace Hall (= Fulneck). John Cennick, einst Whitefields Mitarbeiter, war der vielleicht begabteste Evangelist, der sich den Brüdern mit den Erweckten in Mittelengland und in Irland anschloß. Unter Johann Töltschig erhielten die Gemeinden in Dublin und im Norden Irlands mit dem Zentrum in Gracehill ihre Gemeineinrichtung.

Es war wohl nicht zufällig, daß Zinzendorf in England den Gedanken eines synodalen Leitungsgremiums entwickelte. Die von ihm bisher abgehaltenen beratenden Konferenzen waren noch keine durch Abgeordnete aus den Gemeinden beschickten Synoden gewesen, mit Ausnahme vielleicht der Synode von 1756. Zinzendorf selbst nannte sich jetzt »Jünger« und den engen Kreis seiner Mitarbeiter das »Jüngerhaus«. Das war eine deutliche Absage an die Anrede »Papa« und eine bewußte Anlehnung an die biblische Begrifflichkeit. Es wurden Pläne einer kollegialen Verwaltung mit drei Departments für Mission, Erziehung und Finanzen entwickelt, aber vorerst nicht wirklich realisiert. Nur auf dem Gebiet der Finanzen drängte die äußere Not zum Handeln.

Zinzendorf wußte, daß er kein ›oeconomicus‹ war. Er konnte viel zu schnell große Geldsummen für seine christlichen Ziele ausgeben und auch politisch einsetzen. Daß er die Gelegenheit nutzte, 1747 das Gut seiner Großmutter in Großhennersdorf zu kaufen, um seine Besitzungen in der Oberlausitz auszubauen, war verständlich. Daß er aber im selben Jahr dem in Geldnot befindlichen sächsischen Hof ein Darlehen von 100 000 Talern anbot und zugleich sein Interesse an einer Pacht des Schlosses Barby anzeigte, um den König für sich zu gewinnen und die Aufhebung seiner Verbannung zu erreichen, war finanziell gesehen äußerst leichtsinnig. Doch ging seine Rechnung auf, und die Rückkehr nach Sachsen wurde ihm am 11. Oktober 1747 gestattet.

An sich ging Zinzendorf davon aus, daß die Gemeinden sich selbst finanzieren müßten. Doch war man längst zu Anleihen bei holländischen Geldgebern gezwungen gewesen. Der teure Ausbau seines Wohnsitzes, die kostspieligen Parlamentsverhandlungen, die notwendigen Bauten der Gemeinden in England nötigten zu weiteren Kreditaufnahmen bei englischen Freunden. Die Zinsen konnten Ende 1752 kaum noch bezahlt werden. Der Bankrott des Londoner Bankiers Jacob Gomes Serra brachte die Krise Anfang 1753 auf den Höhepunkt. Auch die holländischen Geldgeber waren nach dem Desaster der Wetterau sehr zurückhaltend, ja mißtrauisch geworden. Die während der aufwendigen Lebensweise auf dem Herrnhaag aufgenommenen und nun für den Abzug benötigten Gelder waren keineswegs zurückgezahlt. Es bildete sich eine Gegenpartei, ein Prozeß wurde angestrengt. Die Unität schien vor dem Bankrott zu stehen. Nur dadurch, daß Zinzendorf persönlich mit seinem Besitz eintrat, von wohlwollenden Freunden immer wieder Hilfe erfuhr und Aufschub erlangte, konnte er der unmittelbaren Bedrängnis und Inhaftierung entgehen.

Trotz der englischen Finanzkrise 1753 hat Zinzendorf sich aber nicht abhalten lassen, in Nordamerika ein Gelände von 100 000 Acres für eine Missionsstation in Carolina, heute Winston-Salem, zu kaufen. Er traute Christus zu, daß er das Geld für wichtige Missionsvorhaben beschaffen werde. Die Verwaltung des Unitätsvermögens im einzelnen ließ er freilich andere besorgen.

Parallel zu dieser Finanzkrise fand in England ein publizistischer Kampf statt. Unter den Verfassern der in London und Dublin erschienenen Streitschriften befanden sich auch die bekannten Häupter des Methodismus, John Wesley und George Whitefield, die auf eine klare Scheidung der Erweckten drängten. Deutsche Streitschriften wie Brauers »Historische Nachricht« über den Herrnhaag wurden ins Englische übersetzt. Zinzendorf engagierte sich in diesem Kampf erheblich und antwortete mit der Darlegung seiner Maximen und Ideen, mit einer Erläuterung der »General Principles of Practical Christianity«, literarisch unterstützt von John Gambold und James Hutton. In Holland gab es geradezu eine Vertrauenskrise auf seiten der brüderischen Freunde, von denen sich einzelne in der Folgezeit zurückzogen, wie Mathias Beuning und Joannes Deknatel.

Angesichts der angedeuteten wirtschaftlichen Unsicherheit für die Unität setzte die Revisionskonferenz von 1755 ein Administrationskollegium ein, das genaue Berechnungen anstellte, die Schulden auf alle Gemeinden umlegte und sie zur Beteiligung (»Mitleidenheit«) heranzog. Damit war die erste wirkliche Unitätsbehörde geschaffen, die 1757 durch das mit mehr Vollmachten ausgestattete Direktorialkollegium abgelöst wurde. Die treibende Kraft war der Herrnhuter Jurist Johann Friedrich Köber, »ein Mann von ungemein klarem Blick und scharfem Verstand, dabei von zäher Energie und fester Willenskraft«. Zinzendorf gehörte diesem Verwaltungsgremium nicht an, dessen Verhältnis zum Jüngerhaus er sich als untergeordnet dachte.

Im Frühjahr 1755 kehrte Zinzendorf über Zeist nach Sachsen zurück und widmete sich der Seelsorge an den Chören und seinen Gutsuntertanen in Berthelsdorf, wohin er das Jüngerhaus verlegte. Die »Kinder-Reden« und die Rede an die »Bertholdsdorfische Kirchfahrt« sind Zeugnisse dieser Tätigkeit. Mit besonderer Liebe verfolgte er die Erweckung unter den Wenden, die auf die Fürsorge des Oberamthauptmanns Friedrich Caspar von Gersdorf zurückging. Das Gut Klein Welka bei Bautzen, das nach dem Tode von Gersdorfs zu deren geistlichem Mittelpunkt wurde, kaufte die Unität im Jahre 1756 und legte eine Brüdersiedlung an. Auch jetzt fühlte sich Zinzendorf zu Visitationsreisen verpflichtet und reiste 1757 nach Schlesien und in die Schweiz. Vom Sommer 1758 bis zum Sommer 1759 hielt er sich in Heerendijk auf, um sich der niederländischen Gemeinden anzunehmen.

Nach 1750 wird der Begriff »Umgang mit dem Heiland« zum Leitbegriff seiner Ansprachen. Die tägliche Christusgemeinschaft, etwa als der kontinuierliche Gebetskontakt mit Christus gedacht, erscheint als das einzige Mittel, den erweckten Christen im Leben zu erhalten. Mit dieser Formel hat Zinzendorf einen praktischen Weg gefunden, den Rechtfertigungsglauben zu leben. Denn solche personelle Konnexion will nicht Nachfolge Christi im Sinne der Imitation sein, sondern die tägliche Applizierung von Christi Verdienst auf das eigene Leben, die tägliche Erhaltung in der Gnade. Ganz im Sinne Luthers wird für Zinzendorf das tägliche Leben zu einer kontinuierlichen Liturgie. »Wenn ich was arbeite mit den händen, so thue ichs als eine Liturgie des Heilands; Er hats auch gethan, seine Handwerkstreue, sein Arbeits-Schweiß sind auch Liturgien gewesen.«

Es ist für Zinzendorf bezeichnend, daß er die Konnexion mit Christus nie nur auf das Individuum bezieht, sondern zugleich auf die

Gemeinschaft des Chors und eine besondere Chorkonnexion mit Christus kennt. In der Einrichtung der Chöre glaubte er ein Mittel gefunden zu haben, um die Erweckung Herrnhuts im Gang zu erhalten. Denn durch die natürliche Zuordnung eines jeden Gemeindegliedes zu einem Chor konnte es der seelsorgerlichen Betreuung gar nicht entgehen. Hier fand es seine geistliche Heimat in einer Gruppe seines Alters. Darüber darf aber nicht vergessen werden, daß letztlich die ganze Gemeinde in Christus ihre Mitte hatte und durch die täglichen liturgischen Versammlungen, also die Lese- und Gebetsversammlungen, einen gemeinschaftlichen Umgang mit Christus pflegte, der im Abendmahl seinen Höhepunkt fand. Das Abendmahl ist für Zinzendorf das »Mahl der Umarmung«, eine »sacramentliche Umarmung«, eine somatische Vereinigung«.

Das letzte Lebensjahrzehnt des Grafen war von Todesfällen überschattet. Der Tod seines Sohnes Christian Renatus im Alter von nur 25 Jahren 1752 in London ging ihm und noch mehr seiner Frau Erdmuthe zu Herzen. Dieser älteste und einzige der Söhne Zinzendorfs, der nicht im Kindesalter starb und der die dem Vater so wichtige persönliche Christusgemeinschaft in besonders inniger Weise lebte und besingen konnte, hatte sein Versagen in der Wetterau nie völlig überwunden. Zinzendorf hatte in England von seiner Frau getrennt gelebt und nicht gesehen, daß sie seiner Nähe bedurft hätte. Nach ihrem Tod 1756 heiratete er seine langjährige Mitarbeiterin Anna Nitschmann, eine mährische Bauerntochter, die, mit einer dichterischen Begabung ausgestattet, seit 1730 als »Ältestin« und Seelsorgerin den Schwestern der Brüdergemeine vorstand. Doch auch seine Kräfte waren verbraucht. Über den Arbeiten an der Losung zum Jahr 1761 starb er am 9. Mai 1760 in Herrnhut nach kurzer Krankheit. In der Nacht vor seinem Tod soll er zu dem bei ihm weilenden Johannes von Wattewille die Worte gesagt haben: »Ich bin fertig, ich bin in den Willen meines Herrn ganz ergeben, und er ist mit mir zufrieden«. Sie sind ein Ausdruck seiner Glaubenszuversicht und der aus dem Rechtfertigungsglauben stammenden Heilsgewißheit. Aber sie kennzeichnen zugleich den ihm eigenen Optimismus und die für seine Theologie so charakteristische Glaubensheiterkeit – oder kritisch gesagt – seinen Gnadenpositivismus. Aus dieser Gewißheit heraus galt Sterben in der Brüdergemeine nicht als etwas Schreckliches, sondern als Heimkehr, als ein Liebeskuß Jesu.

Der eigene Weg in der Gemeinschaft der Kirchen (1761–1800)

Die Generalsynoden nach Zinzendorfs Tod
und die Ausbildung einer brüderischen Verfassung

Mit dem Tod Zinzendorfs wurde auch das »Jüngerhaus«, das die eigentliche Befehlszentrale gewesen war, aufgelöst. Freilich schien Johannes von Wattewille den alten Stil der Ratskonferenzen und des wandernden Jüngerhauses beibehalten zu wollen. Er galt nicht nur aufgrund seiner Heirat mit Zinzendorfs Tochter Benigna und als ein ständiges Mitglied des Jüngerhauses als der natürliche Nachfolger Zinzendorfs, sondern auch wegen seiner Liebenswürdigkeit, so daß ihn die Grönländer bei einer Visitation Johannes Assarsok (den Liebhabenden) nannten. Doch meldete Johann Friedrich Köber als Vertreter des Direktorial-Collegiums in einem Schreiben Widerspruch an: Die Leitung der Unität könne nur von einer Generalsynode und zwischenzeitlich von einem repräsentativen Kollegium wahrgenommen werden. Und darin waren sich letztlich alle einig. Man rief Spangenberg aus Amerika zurück, weil er durch seinen kollegialen Leitungsstil und seine bedachte Argumentationsweise Gegensätze zwischen einzelnen auszugleichen verstand. Im Januar 1762 konstituierte sich die »Enge Konferenz«, die die Aufgabe der Leitung bis zur nächsten Synode innehatte.

Die bedrängendste Not war die wirtschaftliche Situation und die hohe Verschuldung. An ihrer Überwindung hing die Existenz der Unität. Eine einheitliche, zentrale Verwaltung, die scharfe Kontrolle der Ausgaben und des Kreditwesens, die Abfindung der Familie Zinzendorf mußten dringend und bald geregelt werden. In dieser Absicht hatte Köber am 2. April 1761 »Resolutiones und Verfügungen an das Bethlehemer Ökonomat« gesandt, um die finanzkräftigste Gemeinde Amerikas in eine übliche Ortsgemeinde umzuwandeln und an der Abzahlung der Schulden nach der »allgemeinen Mitleidenheit« durch regelmäßige Beiträge zu beteiligen. Köber war die kommunistische Ökonomie Bethlehems, die dem Pilger- und Missionsgeist der ersten Generation entsprach, verdächtig, weil sie seinem »Bürgergeist«, der so nötig Geld für die Sanierung der Unität brauchte, hinderlich war. Spangenberg hatte die schwierige Aufgabe, gegen seinen Willen die Umwandlung Bethlehems vor seiner Abreise nach Europa (Herbst 1762) in die Wege zu leiten.

Im Juli und August 1764, als es die politischen Umstände nach Ende des Siebenjährigen Krieges durch den Abschluß des Hubertusburger Friedens 1763 erlaubten, tagte in Marienborn die erste, wirklich als solche zu bezeichnende Generalsynode mit bevollmächtigten Deputierten aus den Gemeinden. Ihre Aufgabe war die »Vereinigung aller Gemeinen im Öconomicum«. Diese Zielsetzung führte zur Diskussion und zu Entwürfen einer gemeinsamen Verfassung. Man einigte sich zunächst auf den Namen »Evangelische Brüder-Unität«. Die Unität übernahm die Finanzverwaltung einschließlich der Schulden. Die Familie Zinzendorf wurde mit 120 000 Talern abgefunden. Die Bezahlung der fälligen Zinsen erfolgte aus den Einnahmen der Güter und durch freiwillige Unitätsbeiträge der Gemeinden.

Der zentralistischen Finanzverwaltung entsprach der Verfassungsentwurf von Köber mit Synode und Unitätsdirektorium an der Spitze, der weitgehend angenommen wurde.

Die Beschlüsse dieser Synode legten Grundlagen, und die finanzielle Entwicklung ging zunächst aufwärts. Doch äußerten die Gemeinden bald Kritik an der zentralistischen Führung und dem vorschnellen Losgebrauch des Direktoriums. Es mußte daher eine neue Synode einberufen werden. Sie tagte im Juli 1769 in Marienborn, besucht von 84 Brüdern, 34 Schwestern und 11 Gästen, unter ihnen Johann Wolfgang von Goethe. Die Beschlüsse der Synode, wieder weitgehend von Köber formuliert, kamen den Gemeinden entgegen. Jede Gemeinde wurde nun als selbständige ökonomische Einheit betrachtet, die für sich selbst wirtschaften und ihren Prediger sowie die von ihr eingesetzten Mitarbeiter besolden und ihre Einrichtungen unterhalten mußte. Damit wurde die theokratisch-zentralistische Verfassung der Brüdergemeine zugunsten eines dezentralen, demokratischen Elementes abgebaut, um der Kritik an der zentralen Leitung entgegenzuwirken und so eine stärkere moralische Verantwortung für das Ganze zu fördern. Auch jetzt blieb es bei freiwilligen Beiträgen der Gemeinden zur Deckung der Unitätsschulden.

Was die Organisation der Unitätsleitung angeht, so wurde diese nun straffer zusammengefaßt. Das Unitätsdirektorium wurde auf Vorschlag von Johann Friedrich Reichel – nach außen freundlicher und demokratischer klingend – »Unitäts-Ältesten-Konferenz« (abgekürzt: UAC) genannt und in drei Abteilungen organisiert. Damit wurde die für das ganze 19. Jahrhundert gültige Struktur der Unitätsleitung beschlossen. Dennoch hat man die Entscheidungen dieser Synode einen »Fehler« genannt, denn sie vermochten das finanzielle Problem nicht zu lösen. Tatsächlich hat sie aber den Weg dazu geöffnet. Denn durch die freiwillige Zeichnung von Kapitalien amerikanischer Geschwister und den spontanen Beschluß von 20 Herrnhuter Schwestern, Spenden zur Abtragung der Unitätsschuld zu sammeln, konnte ein Tilgungsfond gebildet werden, der in Verbindung mit dem günstigen Verkauf von Heerendijk, des Herrnhaag und des Lindseyhouse in London schließlich die Abtragung der Schuld am Ende des Jahrhunderts ermöglichte. Schon 1775 hatte sich die Schuldenlast auf 649 301 Taler verringert und das Vertrauen der Gläubiger in die Gemeine gestärkt.

Die Synode von 1775 zu Barby bedeutete einen vorläufigen Abschluß in der Verfassungsfrage. Sie kehrte zu einer stärkeren Zentralisierung zurück, da man die Erfahrung gemacht hatte, daß die Einzelgemeinden sowohl in Notfällen (wie etwa die Gemeinde Sarepta angesichts des Kosakenaufstandes) als auch in der Versuchung gewagter Spekulationen (wie etwa die Gemeinde Neuwied) einer übergeordneten Lenkung und Hilfe bedurften. Die Vermögens- und Besitzfrage wurde in typisch brüderischer Weise gelöst. Man redet, anders als bei der Synode von 1769, nun nicht mehr von den Besitzverhältnissen im einzelnen, denn alle Verwalter von »Diaconien« und Gewerben, Unität und Einzelgemeinde sind nur »Haushalter über ein anvertrautes Gut«. Aller Besitz dient der Diakonie (»Diakonievermögen«), darum sollen auch alle Überschüsse der Gesamtheit dienen und entweder zu übergreifenden Aufgaben oder für Notfälle verwandt werden. Es wird den Anwesenden eingeschärft, daß sich der Segen Gottes in den Überschüssen ausweist, die darum nicht für eigene Zwecke, sondern »zum Dienst des Herrn und zu Aufrechterhaltung und Förderung Seiner Sache« eingesetzt werden müssen. Der Zusammenhang von geistlicher und wirtschaftlicher Einheit wurde eindringlich verdeutlicht: »So wie die Brüdergemeinen alle zusammen, von der Seite des Herzens, eine Unität sind, so sollen sie eben auch in ihrer ganzen öconomischen Einrichtung eine Unität sein, d.h. sie sollen dabey alle einen und denselben Zweck haben.«

Die straffere Organisation der Unitäts-Ältesten-Konferenz bewährte sich. Über die Ortsgemeinden, nun auch die nordamerikanischen und englischen, übte sie Leitungsfunktionen aus. Einzelheiten wurden in den Gemeindestatuten jeder Gemeinde geregelt. Die mährischen Weihegrade und das Bischofsamt wurden beibehalten, doch hatte der Bischof kein kirchenleitendes, sondern ein Seelsorge- und Ordinationsamt.

Das Ergebnis dieser drei konstituierenden Generalsynoden fand seinen Niederschlag nicht, wie man erwarten könnte, in einer Kirchenordnung oder ausgearbeiteten Verfassung. Vielmehr wurden die Beschlüsse jeweils in einem »Verlaß« nach systematischen Gesichtspunkten zusammengefaßt. Die »Verlässe« der einzelnen Synoden nehmen aufeinander Bezug, so daß sie zusammen die Verfassungsgrundlage bilden.

Die innere Entwicklung der Brüdergemeine bis zum Ausgang des 18. Jahrhunderts

Schon ein Blick in die Protokolle oder Verlässe der Synoden zeigt eine deutliche Tendenz: Die Unitätsleitung strebte eine Annäherung an die Landeskirchen und die herkömmliche Theologie an. Sie wollte auf keinen Fall unter das Odium der Sektenbildung geraten. Das heißt: Die Brüderunität bekannte sich erneut zur Augsburger Konfession und lehnte jeden Versuch eines eigenen Bekenntnisses ab. »Wer etwas gegen die Augspurgische Confeßion behauptet, der kan nicht unter uns lehren, das ist fest.« Aber gleich der folgende Satz bekundet die bekannte philadelphische Auffassung dieses Bekenntnisses in der Brüdergemeine: »Übrigens sind uns alle Kinder Gottes lieb, und die werden von uns in fundamentalibus nie differiren.« Das entsprach der Linie Zinzendorfs, neu war aber das vorsichtige Abrücken von einseitigen theologischen Formulierungen Zinzendorfs. So wollte man im Gebrauch des Wortes »Mutter« für den Heiligen Geist »behutsam« sein, an der Sache aber festhalten und erklärte nach Losbefragung den ersten Pfingsttag zum »Fest der Mutter-Pflege des heiligen Geistes«. Vor allem aber sollte dem Vaternamen Gottes mehr Gewicht gegeben werden, und die Synode bestimmte den 1. Oktober 1764 zu einer »solennen Introduction der Lehre und Liturgie vom Vater im Himmel«. Gegenüber dem Christozentrismus Zinzendorfs strebte die Brüderunität zu stärkerer trinitarischer Ausgeglichenheit. In der Sache blieb sie freilich bei Zinzendorfs Kreuzestheologie, aber diese müsse vor allem gelebt werden: »Wir müssen Christum *ganz* predigen d.h. alles aus dem Verdienst Jesu herleiten, was zum Leben und göttlichen Wandel dient.« Die Folgen eines unbedachten Schwelgens in barocker Wundenfrömmigkeit waren bewußt: »Nichts hat der Brüderunität, von innen und außen her, mehr Schaden gethan, als das ungesalbte Blutgeschwäz.«

Die Synode von 1769 schärfte ein verstärktes Bibelstudium ein. Die ehemaligen öffentlichen Bibellektionen wurden wieder eingeführt, bei denen möglichst ohne längere Erläuterungen einfach die Bibel gelesen werden sollte. Die Gemeine sollte sich »der Bibelsprache befleissigen«, der Jugend wurde empfohlen, sich ähnlich wie im kirchlichen Katechismusunterricht in besonderen kleinen Gruppen mit der Bibel zu befassen. Zu diesem Zweck erhielt Samuel Lieberkühn, der eine besondere Gabe der Kinderunterweisung besaß, den Auftrag, ein Spruchbuch für die Jugend zu erstellen, das den »Zusammenhang der Heilswahrheiten« verständlich darbot. Dieses Büchlein erschien, von der Unitäts-Ältesten-Konferenz herausgegeben, unter dem Titel: »Die Lehre Jesu Christi und seiner Apostel zum Unterricht der Jugend in den evangelischen Brüdergemeinen« (Barby 1774) und fand solchen Anklang, daß bald davor gewarnt werden mußte, es wegen der Ähnlichkeit mit einem Katechismus (allerdings ohne Fragen, aber mit ausgedruckten Bibelstellen) als Bekenntnis der Unität anzusehen.

Die Synode von 1775 bekannte sich zu vier »in diesen Zeiten sehr angefochtenen Punkten«:
1. zur Lehre von dem Versöhnungsopfer und der Genugtuung Jesu für uns,
2. zur Lehre vom allgemeinen Verderben der Menschen,
3. zur Lehre von der Gottheit Jesu,
4. zur Lehre vom heiligen Geist und seinen Gnadenwirkungen.

Nun wurde ausdrücklich gewarnt vor den neueren religiösen Schriften, die den Geschmack an der »einfältigen Bibelsprache« verdarben und auf die Kraft des Menschen vertrauten. Die Aufklärung wurde also deutlich als Herausforderung gesehen, der gegenüber die Brüdergemeine einen klaren Auftrag hatte. Die vier Hauptpunkte der Verkündigung wurden auf den folgenden Synoden bestätigt und 1801 noch einmal wiederholt und bekräftigt.

Man hat diese Phase mit Recht als die »Ära Spangenberg« bezeichnet. War Johannes von Watteville noch 1764 Präses der Synode, so in den folgenden Jahren Spangenberg. Sein ruhiger und klarer Verstand, seine Fähigkeit, Kollegien zu leiten und durch Sachargumente zu überzeugen, seine theologische Position der Mitte und Vermittlung zwischen Zinzendorfs Extravaganzen und der kirchlichen Orthodoxie machten ihn zum gerne anerkannten spiritus rector, ohne daß es dazu eines besonderen Titels oder Amtes bedurft hätte. Er war Mitglied der Ältestenkonferenz und Bischof mit der großen Gabe der Seelsorge unter seinen Mitarbeitern.

War er in den 50er Jahren Zinzendorfs Apologet, so jetzt sein Biograph. Er regte eine große Materialsammlung an und erhielt den offiziellen Auftrag für die Darstellung. Tatsächlich formte er das Zinzendorfbild für die nächste Generation, indem er all das vernichtete, was der Unität hätte schaden können, und in seinen Formulierungen oft mehr verschwieg als aussprach. Seine Ausarbeitung wurde für den Druck gekürzt und das vorbereitete Material kassiert, um keine unnötigen Fragen zu provozieren. So zeichnete er einen verkirchlichten Zinzendorf, der der Brüdergemeine die Anerkennung in den Landeskirchen erleichterte. Neu aufgelegt wurden die Schriften Zinzendorfs, die er oder andere nach 1750 revidiert hatten. Das Interesse daran war allerdings nicht besonders groß, denn schon auf der Synode von 1769 fragte Gottfried Clemens, ob er seine Auszüge aus Zinzendorfs Reden fortsetzen solle.

Mehr Anklang fanden nun die Schriften Spangenbergs, vor allem seine Entfaltung der brüderischen Glaubenslehre: »Idea fidei fratrum oder kurzer Begrif der Christlichen Lehre in den evangelischen Brüdergemeinen« (Barby 1779). Es war die erste größere systematische Darstellung der brüderischen Theologie. Spangenberg wollte hier nicht das Zinzendorfische, sondern das allgemein Kirchliche und Biblische der Brüderlehre entfalten. Nicht einmal der Aufbau stammte von ihm, denn er lehnte sich völlig an das von der Synode approbierte Spruchbuch von Lieberkühn an. Er vermied alle »theologischen

Kunstwörter« und übernahm von Zinzendorf nur, was sich deutlich als biblisch erkennen ließ. Man wird heute sein Hauptwerk unbefriedigt zur Seite legen, weil ihm die Originalität und farbige Sprache Zinzendorfs fehlt, aber es verhalf damals dazu, die Unität in ruhigere Bahnen zu lenken und sie »vor einer Entwicklung ins Sektenhafte« zu bewahren. Spangenberg war der »Ordner der Unität«.

Was Spangenberg in praktisch-theologischer Hinsicht erreichte, die Festlegung der Gemeine auf eine schlichte biblische Sprache, das unternahm Christian Gregor in hymnologischer und liturgischer Hinsicht. Er überarbeitete und verkirchlichte die Lieder Zinzendorfs, dichtete auch selbst in schlichter Gemeinsprache und gab 1778 das für die Folgezeit grundlegende »Gesangbuch zum Gebrauch der evangelischen Brüdergemeinen« heraus. In ähnlicher Weise vereinfachte er auch die liturgischen Formulare.

Es ist bezeichnend, daß man nun auch Aufträge zur Darstellung der Missionsgeschichte vergab, so an David Cranz über Grönland, an C.G.A. Oldendorp über die karibischen Inseln und an Georg Heinrich Loskiel über die Indianermission in Nordamerika. Cranz war so erfolgreich, daß er daraufhin mit der Darstellung der gesamten Brüdergeschichte beauftragt wurde. Er hat auch dies anhand von Archivstudien meisterhaft bewältigt. Die Synoden von 1764 und 1782 haben den Predigern den Auftrag erteilt, die Geschichte ihrer Gemeinde niederzuschreiben. Die Epoche Zinzendorfs galt ganz offensichtlich als abgeschlossen und sollte nun dokumentiert und für die Zukunft bewahrt werden. Zugleich sollte den Zeitgenossen das Geleistete in sachlicher Retrospektive und, wie bei den Missionsgeschichten auffallend, unter deutlicher Berücksichtigung der Sozial- und Naturgeschichte des Landes vorgeführt und zur Beurteilung offengelegt werden. Man warb um Gunst und Anerkennung durch die Leser.

Freilich tauchten nun auch die typischen Probleme der zweiten Generation auf: ein Nachlassen der ersten Kraft, Gleichgültigkeit und mangelnde Disziplin bei der Jugend, eine festgelegte Sprachform, ein Nachlassen der Kirchenzucht. Für die Brüdergemeine besonders charakteristisch ist die nun anhebende und sich bis in die Mitte des 19. Jahrhunderts hinziehende Diskussion über den Gebrauch des Loses als eines Mittels des unsichtbaren Regiments des Heilandes. Das Los wurde zum regelmäßigen Tagesordnungspunkt auf den Synoden und durch ständige Ermäßigung des ursprünglichen Gebrauchs allmählich ausgehöhlt. Die auf der Synode von 1769 festgelegten 20 Regeln, die schon eine Eingrenzung bedeuteten, mußten weiter interpretiert und ergänzt werden. Sie hatten eine »langsame Erstarrung« zur Folge. 1789 wurde das Los bei Heiraten auf den Missionsfeldern abgeschafft, noch nicht in der Unität. Aber auch hier wurde es nun bei äußeren Dingen wie Besitz oder Kauf und Verkauf freigestellt. 1818 wurde das Heiratslos für die amerikanischen Gemeinden, 1819 für die europäischen Ortsgemeinden beseitigt. Das galt aber nicht für die in den Gemeinden tätigen Arbeiter. Hier wurde es erst 1825 den Mitarbeitern und 1848 den Missionaren freigestellt. Spangenberg hatte schon 1769 anläßlich der aufkommenden Probleme gefragt, ob es nicht besser sei, das Los abzuschaffen, da es nicht mehr in Einfalt gebraucht werde.

Mit der zunehmenden Verbürgerlichung der Gemeinen, mit ihrer konservativen theologischen und kirchenpolitischen Einstellung öffneten sich der Unität die Türen, was freilich ebenso an der wachsenden Toleranz und säkular-merkantilistischen Denkweise der Gesprächspartner lag. Mit dem Regierungsantritt der Zarin Katharina II. bot sich 1764 in Rußland die Möglichkeit zur Niederlassung und Begründung der Kolonie Sarepta an der Wolga in Astrachan. In Preußen wurde die ältere Konzession von 1763 erneuert, in Oberschlesien der Ankauf des Gutes Pawlowitzke zur Gründung der Gemeinde Gnadenfeld (1780) genehmigt. 1767 konnte in Verhandlungen mit der sächsischen Regierung das Vorwerk Döben bei Barby in Erbpacht erworben und der Anbau der Siedlung Gnadau begonnen werden. Dänemark machte unter Christian VII. das Angebot zur Niederlassung, und 1772 konnte der Bau von Christiansfeld in Angriff genommen werden. Die Verhandlungen mit Württemberg führten schließlich zum Erfolg, und 1806 unterzeichnete der König die Fundationsurkunde für die Brüdergemeinde Königsfeld im Schwarzwald. Daß sich Länder wie Rußland, Dänemark und Württemberg nun der Brüdergemeine öffneten, zeigt deutlicher als vieles andere ihre zunehmende Akzeptanz und den Wandel der allgemeinen politischen Situation.

Diasporaarbeit und Herrnhuter Predigerkonferenz

Zinzendorfs philadelphisch-ökumenisches Streben erhielt auf den Synoden 1749/1750 einen neuen Leitbegriff: Diasporaarbeit. Damit meinte er nicht wie üblich die Betreuung der unter anderen Kirchen lebenden Angehörigen der eigenen Konfession, sondern die Pflege der Gemeinschaft mit den in allen Konfessionen lebenden Kindern Gottes. Er setzte also das Vorhandensein von wahren Christen in allen Kirchen voraus, suchte aber nach Formen der Gemeinschaft mit diesen Christen. Otto Steinecke unterscheidet drei Perioden: Die erste Periode setzt er 1727 mit der Beauftragung der Boten Gottlieb Wried und Jakob Neißer an und läßt sie bis zur Ausweisung Zinzendorfs aus Sachsen 1736 und zum Konventikelpatent von 1737 reichen. Die zweite Periode rechnet er von der Rückkehr des Grafen 1749 und dem sächsischen Versicherungsdekret bis zum Ende des Jahrhunderts, da dann ein Stillstand in dem Wachstum der Freundeskreise eingetreten sei. Eine dritte Periode beginne mit dem Anfang der Erweckungsbewegung um 1820, als die Versammlungen trotz einschränkender Konventikelpatente einen deutlichen Aufschwung erhielten. Diese Einteilung ist freilich in der Abgrenzung von der ersten zur zweiten Periode zu stark an Sachsen orientiert, aber sie markiert doch deutlich die Höhepunkte.

Die Gemeinschaftspflege, d.h. die Gründung von Sozietäten lag Zinzendorf von Jugend an am Herzen, und sie wurde nach seinem Tod von der Unitätsleitung als »Beruf« der Brüdergemeine bewußt fortgeführt. Man glaubte, daß ohne sie die Brüdergemeine sich selber aufgäbe. Sie stand selbständig neben dem Missionstrieb und darf mit diesem nicht verwechselt oder vermischt werden, so als ziele die Diasporaarbeit auf eine Erweiterung der Brüdergemeine. Vielmehr war sie nur deshalb erfolgreich, weil sie die Erweckten nicht aus ihren eigenen Kirchentümern herausholte, sondern den Kirchen im Ringen gegen ein verweltlichtes Christentum half. Sie wurde daher verschiedentlich, wie in Sachsen nach 1754, von den Konventikelverboten ausgenommen. Die Diaspora gliederte sich in die verschiedenen Konfessionen ganz entsprechend der Tropenidee innerhalb der Brüdergemeine. Entscheidend war für Zinzendorf die biblische Begründung mit Joh 17, dem hohenpriesterlichen Gebet Jesu, und Joh 11,52. Er wurde aber auch, wie wir sahen, von der philadelphischen Bewegung und der spiritualistischen Vorstellung der einen Herzensreligion beeinflußt. Beides verband sich im Diasporagedanken. Doch trat für ihn seit der Entfaltung der Tropenidee der Wille zur Zusammenarbeit mit den Kirchen hervor, und er empfahl darum die aktive Mitarbeit der Diasporaglieder in ihren Kirchen. Die Sammlung der Gläubigen erfolgte in Verbindung mit den Kirchen, wobei gelegentlich auftretende separatistische Tendenzen z.B. durch die Synode von 1836 ausdrücklich verworfen wurden. Zinzendorf glaubte an eine »letzte Einheit der Bekenntnisse« in Christus und bejahte darum die unterschiedlichen Konfessionen. Die Diasporaarbeit war der Versuch, die unsichtbare Einheit der universellen Kirche zeichenhaft, nicht in einer verfaßten Kirchenunion, sondern in der gelebten Bruderschaft als »Union der Kinder Gottes« darzustellen, dies freilich in dem Wissen um Schuld und Versagen der Christen in dieser Welt. »Die Absicht scheinet nicht auf die Reformation der Welt, sondern auf eine Conservation der Seelen des Heilands und deren Sammlung, auf seine näher herannahende Zukunft zu gehen.«

Dieses Arbeitsfeld nahm einen erheblichen Teil der Brüder in Anspruch. Im Jahre 1769 wurden 170 Diasporaarbeiter eingesetzt, die 800 Orte in Deutschland besuchten. Da die Diasporapfleger häufig unterwegs waren, wurden an den einzelnen Orten Helfer benötigt, die aber keine selbständigen Predigten oder Vorträge halten durften. Mehrere Diasporageschwister an einem Ort trafen sich zur gegenseitigen Erbauung und Seelsorge. Wurden diese Häuflein oder kleinen Gesellschaften größer, so wurden sie als *Sozietäten* organisiert, die einer Ortsgemeinde ähnelten. Doch wurden diese schon von Zinzendorf nicht begünstigt, da sie zu leicht in Spannung mit den örtlichen Kirchengemeinden und Behörden gerieten.

Innerhalb Deutschlands waren die Oberlausitz und das angrenzende Schlesien Schwerpunkte, da hier die Zahl der Ortsgemeinden dichter und insofern eine Betreuung von diesen Stützpunkten aus leichter möglich war. Grundsätzlich wurde die Diasporaarbeit in ganz Deutschland unternommen, doch gab es Regionen, in denen sie kaum gelingen wollte, wobei die Gründe nicht nur politischer Art (Konventikelverbot) waren. So blieb beispielsweise der Widerstand der Tersteegenianer am Niederrhein nach der Ablehnung Zinzendorfs durch Gerhard Tersteegen immer spürbar. Auch in Württemberg gab es eine starke Reserve gegen die Brüder bis zum Aufkommen der Erweckungsbewegung.

Insgesamt dürfte die brüderische Diasporapflege außerhalb Deutschlands die bedeutendere gewesen sein. Auf der Diasporakonferenz des Jahres 1785 in Herrnhut wurde die Arbeit in 20 Bezirke geteilt, von denen die folgenden 7 im Ausland lagen: Durch den Livländischen Plan Zinzendorfs und die Arbeit unter Esten und Letten stieg die Zahl der im Baltikum zu Betreuenden um 1775 auf ca. 15 000 an, womit die Tätigkeit im Baltikum das gleiche Ausmaß erreichte wie die gesamte Arbeit in Deutschland. Das Baltikum gehörte mit den Sozietäten von St. Petersburg und Moskau zum russischen Distrikt. Die skandinavischen Länder bildeten drei Bezirke. Der älteste war Dänemark mit Schleswig, Fünen und Kopenhagen. Norwegen hatte Stützpunkte in Christiania (= Oslo), Drammen und Bergen. In Schweden bildeten sich Sozietäten in Stockholm und Göteborg. Diasporapflege wurde auch im ungarischen Gebiet in der Nachfolge Halles ausgeübt. Die Arbeit in den Niederlanden ist trotz der Feindschaft der reformierten Staatskirche im Stillen weitergegangen und führte zu Sozietäten in Haarlem (ab 1740) und Amsterdam (1738-1806). Eine ganz beachtliche Tätigkeit entfalteten die Diasporapfleger in der Schweiz. Der Einfluß der Brüder erstreckte sich nicht nur auf die deutsche Schweiz mit Graubünden, Basel, Zürich und Bern, sondern von Montmirail aus auch auf die französische Schweiz bis nach Genf. Die Versuche, den Protestanten in Südfrankreich unterstützend die Hand zu bieten, verdeutlichen zugleich einen Nebenaspekt, nämlich das Ziel, den protestantischen Minderheiten und den verfolgten Christen zu Hilfe zu kommen, freilich nicht durch materielle Unterstützung, sondern durch die Botschaft von Christi Marter und Sieg. Die Brüder betreuten drei Regionen: Nordfrankreich mit dem Schwerpunkt um Lille, das Mömpelgarder Land um Montbéliard und Südfrankreich mit Stützpunkten in Bordeaux, Montauban, Nîmes und St. Hypolite.

Im folgenden soll eine Sonderform der Diasporaarbeit vorgestellt werden: die Herrnhuter Predigerkonferenz. Es handelt sich dabei um einen Zusammenschluß von Pfarrern aus den Landeskirchen, die den Kontakt zur Brüdergemeine suchten und durch Korrespondenz und ab 1765 auf jährlichen pastoraltheologischen Konferenzen aufrechterhielten. Die erste Besprechung fand auf dem Schloß Zinzendorfs in Berthelsdorf am 5. Juni 1754 statt. Die 15 Anwesenden wußten, daß es bereits solche Predigertreffen in Livland, im Dänischen und im Elsaß gab. Franz Christian Kampmann war früher selbst Pfarrer im Elsaß gewesen und berichtete über die dortigen Konferenzen der Pfarrer, die sich untereinander und die die Brüdergemeine von ihrem Studium in Jena her kannten. Auch in der Lausitz hatten sich die Pfarrer Carl Rudolph Reichel und Christian Gottfried Löwe schon seit 1752 zu Aussprachen über ihre Amtsführung getroffen. Neu war lediglich die Tatsache, daß hier landeskirchliche Pfarrer die regelmäßige Begegnung mit Herrnhut suchten.

Die Durchführung der Konferenzen war denkbar einfach. Ein Prediger der Brüdergemeine eröffnete die Sitzung. Dann besprach man gern ein Thema anhand eines eingereichten Aufsatzes. Eingegangene Briefe wurden vorgelesen und daraus sich ergebende Fragen behandelt. Anwesende berichteten aus ihren Gemeinden. Die Konferenz dauerte nur einen Tag. Über die Besprechungen wurde ein Protokoll verfaßt, das auch die eingesandten Briefe, soweit sie erörtert wurden, enthielt. Diese Protokolle wurden an alle Mitglieder, die einzelnen Brüdergemeinden und Missionsstationen versandt. Eingegangene Briefe wurden ferner von dazu bestimmten Brüdern schriftlich beantwortet. Die Zahl der anwesenden Pfarrer bewegte sich bis 1775 um 10, stieg dann langsam an – 1787 auf 30, 1798 auf 60, 1804 auf 80, 1814 auf 99 Prediger und 18 Kandidaten (die Höchstzahl) – und schwankte in der ersten Hälfte des 19. Jahrhunderts zwischen 50 und 70 Predigern und 5 bis 20 Kandidaten.

Im Mittelpunkt der Erörterungen standen nicht theologische, sondern praktische Fragen der Verkündigung und der Seelsorge. Die Aussprachen hatten eine deutliche Frontstellung gegen den Deismus und Rationalismus der Zeit, gegen die neologische Predigt, gegen den Pelagianismus, oder undifferenzierter: gegen den »Verfall« der evangelischen Kirche. Demgegenüber berief man sich 1773 mit der Confessio Augustana auf die vier Kardinallehren: die Lehre von der heiligen Dreieinigkeit, von der Erbsünde, von der wahren Gottheit und Menschheit Christi und von der Gerechtigkeit vor Gott allein durch den Glauben aus Gnade.

Obwohl man zunächst die Übereinstimmung mit der lutherischen Kirche und ihrem Bekenntnis betonte und es so aussah, als solle nur eine nähere Verbindung unter den die lutherische Kreuzestheologie verkündigenden Predigern zuwege gebracht werden, so wurde doch ab 1775 die Korrespondenz mit reformierten holländischen Christen und ab 1785 mit reformierten Schweizern begrüßt. »Man freute sich, daß der Consensus Sendomiriensis, der in der erneuerten Brüder-Kirche, als einer freiwillig-uniirten Kirchen-Gemeinschaft, schon längst zu finden gewesen, vielleicht nun auch unter den verschiedenen Abtheilungen der großen Evangelischen Kirche in Erfüllung zu gehen anfangen werde.« Auf der Synode in Sendomir/Polen hatten sich polnische Lutheraner, Reformierte und Brüderunität im April 1570 in einer Lehrformel über das Abendmahl geeinigt und gegenseitige Kirchen- und Abendmahlsgemeinschaft beschlossen, was nun als Vorbild evangelischer Ökumene galt. In Frankreich entstand 1805 in Marsillargues bei Lunel nach Herrnhuter Vorbild die Conférence Pastorale Evangelique in Verbindung mit Herrnhuter Diasporapflegern. Die Predigerkonferenz wurde den Zeitgenossen bald zum leuchtenden Beispiel einer ökumenischen Annäherung unter den Christen, was etwa Jung-Stilling bezeugt.

Sie war ein Sammelbecken der die Aufklärung ablehnenden, auf eine innere Erneuerung der Kirche hinarbeitenden Prediger in ganz Europa und darüber hinaus. Um 1800 hatte sie Verbindung mit der Londoner Missionszentrale, insbesondere mit Karl Friedrich Adolf Steinkopf, mit den Predigern in den Wolgakolonien Südrußlands, mit Österreich (Pfarrer Wehrenfennig), mit Ungarn und Siebenbürgen (Cornelius Vitalgos), mit Schweden und Norwegen und natürlich mit Nordamerika. Johann Friedrich Oberlin korrespondierte seit 1806 mit Herrnhut, Johannes Goßner ab 1808. Der Begründer der Altlutheraner Johann Gottfried Scheibel und der später zu diesen übergetretene schlesische Pfarrer Ludwig Feldner gehörten einige Jahre zu den korrespondierenden Mitgliedern. Die Predigerkonferenz war ein Organ internationaler christlicher Bruderschaft und verdeutlicht eindrücklich die Kontinuität zwischen dem älteren Pietismus und der mit den Bibel- und Missionsgesellschaften anhebenden Erweckungsbewegung.

Die Entwicklung der Brüdermission

Christliche Mission war im 18. Jahrhundert auf die Träger der Kolonisation angewiesen. Ohne die Genehmigung und Unterstützung der Handelskompanien hätten Missionare kaum ausreisen, arbeiten und überleben können. Es gehörte daher zu den Voraussetzungen, mit diesen Gesellschaften einen günstigen Vertrag abzuschließen. In gleicher Weise waren Missionare von den Genehmigungen der Regierung abhängig. Als sich Zinzendorfs Beziehungen zum dänischen Staat verschlechterten, wirkte sich das sofort auf die Mission aus. Daher bevorzugte er seit 1736 Gebiete im niederländischen Einflußbereich, bis auch hier nach der Veröffentlichung des Amsterdamer Hirtenbriefes 1738 die brüderische Mission behindert wurde. Die Anerkennung der Unität durch England 1749 begünstigte die Missionsunternehmungen in englischen Kolonien, wie z.B. den Ankauf von Siedlungsgelände für die Anlage einer Missionsstation. Um überleben zu können, waren Missionare gelegentlich auf den Handel angewiesen, wie z.B. in Labrador.

Trotz der Notwendigkeit einer Zusammenarbeit mit den Trägern der Kolonisation lag das Besondere der Herrnhuter Mission darin, daß sie sich weitgehend diesen kolonialen Einflüssen zu entziehen vermochte. Sendende Behörde war ja nicht eine Staatskirche, sondern eine unabhängige Gemeinde. Diese sicherte den Inhabern der staatlichen Gewalt Anerkennung und Neutralität zu, versuchte aber, sich möglichst einen Freiraum zu erhalten. Die ausgesandten Boten lebten von ihrer Hände Arbeit und suchten, sobald wie möglich, Ansiedlungen nach Herrnhuter Vorbild einzurichten, die finanziell autark waren. In diesen Stationen galten die Gesetze der christlichen Theokratie. Sie wurden zu Inseln der Menschlichkeit in einer Welt der Sklaverei und wirtschaftlichen Ausbeutung. Das Modell der Herrnhuter Gemeinde war natürlich geprägt durch europäische Gewohnheiten und durch moralische und religiöse Vorstellungen des deutschen Pietismus. Wenn Georg Schmidt in Südafrika Hottentottenjungen bestrafte, weil sie nackt herumliefen, so war ihnen das sicherlich unverständlich. Die Ablehnung des Tanzens war pietistisches Allgemeingut. Insofern konnte das Herrnhuter Muster auch als ein Export deutscher religiöser Lebensform nach Übersee erscheinen. Und doch waren die liebevolle Fürsorge der Brüder für die Heiden und ihre schlichten, aber eindrücklichen gottesdienstlichen Versammlungen ein Zeugnis für den Geist Jesu, das viele anzog.

Zur Finanzierung der Mission konnten die Heimatgemeinden nur wenig beitragen, doch bildeten sich 1741 Hilfsgesellschaften in London unter James Hutton und in Amsterdam aus Mitgliedern und Freunden der Brüdergemeine, um die durchreisenden Missionare zu verpflegen und auszurüsten. Die Londoner Gesellschaft nahm sich später insbesondere der Labradormission an und unterhielt dazu eigene Missionsschiffe. Die Bethlehemer Society for Propagating the Gospel among the Heathen, 1787 gegründet, unterstützte besonders die Indianermission; die 1793 errichtete Zeister Missionsgesellschaft förderte die Mission in Suriname. Erwähnenswert ist die London Association in Aid of Moravian Missions, die von Mitgliedern der englischen Staatskirche 1817 gegründet wurde und der Brüdermission mit erheblichen Mitteln half.

Die Missionare wurden angewiesen, so wie die Prediger in ihren Gemeinden Diarien zu führen. Nur diese regelmäßige Berichterstattung, die teilweise in die Beilagen des Jüngerhaus-Diariums aufgenommen wurde, ermöglichte nach Zinzendorfs Tod die Niederschrift der oben genannten Missionsgeschichten. Eine zusammenfassende Kurzdarstellung schrieb Spangenberg auf Veranlassung des Göttinger Professors Christian Wilhelm Franz Walch. Hier schilderte der Bischof Anlaß und »Maaßregeln« der Brüdermission und – das ist der längste Abschnitt – die Missionsmethode der Brüder, wobei er seine langjährigen Erfahrungen in Amerika und auf späteren Visitationsreisen auswertete. Er war es auch, der auf Beschluß der Synode von 1782 zum ersten Mal eine Art Lehrbuch für die ausgehenden Boten schrieb. Freilich enthält dieses keine didaktisch entwikkelten, methodischen Grundsätze im modernen Sinn, sondern, wie es im Vorwort heißt, »die erfahrungsmäßige(n) Puncte zum Dienst unsrer Geschwister«. Immerhin liegen hiermit so etwas wie die Anfänge einer Missionstheologie vor.

Schon Zinzendorf versah die ausgehenden Boten mit Instruktionen, Regeln und Briefen und gedachte ihrer in seinen Ansprachen und Liedern. Das eigentlich treibende Motiv war für Zinzendorf die Gestalt des Gekreuzigten, seine Liebe und Kondeszendenz, sein Leiden und Opfer bis zum Tode am Kreuz. In Jesu Liebeshingabe wurzelte der ›Zeugentrieb‹ der Missionare. Umfassendster Ausdruck für die Gemeinschaft mit Christus war seit 1741 der Satz: »Mein Schöpfer – mein Heiland.« Da diese Erkenntnis mit der Vernunft nicht einsichtig zu machen war, mußte sie gepredigt und vorgelebt, erfahren und besungen werden.

Der Unterschied der Brüdermission zu vergleichbaren angelsächsischen Evangelisationsformen lag in ihrer Zurückhaltung. Der eigentliche Missionar ist Christus, nicht sein Bote. Darum durfte auch die Predigt nichts Gewalttätiges haben. Der Zeuge folgte nur den Spuren Christi, der selbst die Herzen der Menschen vorbereitete. Aus dem Liebesopfer Christi ergab sich nicht nur die Verpflichtung zur Mission, sondern auch zur Toleranz gegenüber dem Mitmenschen. Dieses Grundmotiv erklärt die weltweite Ausdehnung und Ausdauer der Brüdermission, aber auch ihre Zurückhaltung und Bereitschaft zum Rückzug. Dies soll hier an wenigen Beispielen verdeutlicht werden.

Einen besonderen Stellenwert nahm Zinzendorfs Verhältnis zu Israel ein. Nicht aus chiliastischen Gründen wie bei Spener, sondern weil Jesus ein Jude war, brachte er den Juden, denen er auf seinen Reisen begegnete, eine besondere Achtung entgegen. Als Zwanzigjähriger wurde er Taufpate des von Theodore von Castell unterwiesenen Judenmädchens Anna Mose, die später in Herrnhut wohnte. 1738 wurde Leonhard Dober speziell zur Mission unter den Juden in Amsterdam abgeordnet. Er erhielt den jungen Theologen Samuel Lieberkühn 1739 zur Hilfe, der als der bedeutendste Judenmissionar Herrnhuts gilt und der Studien bei einem Rabbiner aufnahm. Lieberkühn erhielt später auch andere Aufträge, war beispielsweise von 1751–1759 Prediger in Zeist und stets ein großer Freund Israels. Bei ihm findet man nicht nur Reflexionen über die Situation der Juden, sondern auch über die anzuwendende Methode im christlich-jüdischen Dialog, gegen die Zinzendorf Einwendungen hatte. Er legte es nicht auf Bekehrungen an und war insofern erfolglos. Zinzendorf hätte gerne eine »Judengemeine« innerhalb der Brüderunität, einen jüdischen Tropus, eingerichtet, und er segnete zu diesem Zweck feierlich die Ehe der beiden Judenchristen Esther Grünbeck und David Kirchhof ein, doch zu einer judenchristlichen Brüdergemeine kam es nicht. Das Gebet für Israel wurde aber in die Liturgie aufgenommen, und die Generalsynode von 1789 empfahl, in der Zeit des Versöhnungstages eine Gebetsversammlung für Israel zu halten.

Pädagogische Arbeit und theologische Ausbildung

Zinzendorfs erzieherische Versuche, zunächst in Nachahmung der Hallischen Einrichtungen, hatten lange Zeit einen experimentierenden Charakter. Nachdem er seine ersten Pläne, ein Pädagogium zu gründen, 1723 mit der Gründung einer Armenschule und eines ›Mädchenhauses‹ in Berthelsdorf sowie eines bereits 1727 wieder aufgelösten Adelspädagogiums in Herrnhut verwirklicht hatte, setzte er 1727 anläßlich der Herrnhuter Erweckung in den Sommermonaten noch einmal ein, und zwar mit der Gründung des Herrnhuter Waisenhauses, das sowohl ein Knabenwaisenhaus als auch ein Mädchenstift beherbergte. Während der Blütezeit der Anstalt um 1738 wurden 78 Knaben und 53 Mädchen aufgenommen. Ihr bedeutendster Leiter war der Schwabe Matthäus Gottfried Hehl, der sich seelsorgerlich-liebevoll der Kinder annahm. Daß neben der eher sozialen Einrichtung mit dem Ziel der Versorgung und geistlichen Leitung armer Kinder immer mehr das Bedürfnis nach einer Bildungseinrichtung in Erscheinung trat, zeigte die 1735 in Verbindung mit dem Waisenhaus gegründete Lateinschule, ebenfalls unter der Leitung Hehls. An ihrem Unterrichtsplan hatte der mit Herrnhut befreundete Zittauer Rektor Polykarp Müller mitgewirkt. Dieser lebte nach der Aufgabe seines Amtes in Herrnhut und diente mit seinem Rat. Für Zinzendorf standen freilich die religiösen Interessen im Vordergrund, und er wehrte sich gegen ehrgeiziges Bildungsstreben. Er nahm den Kindern das Versprechen ab, »keine Herren oder Gelehrte zu werden«.

Nach Zinzendorfs Niederlassung in der Wetterau erfolgte ein pädagogischer Neuansatz mit der Einrichtung einer Mädchen- und einer Knabenanstalt, die bald von dem für diese Zeit typischen spielerischen Geist erfaßt wurde. 1739 wurde auch hier eine Lateinschule gegründet, deren obere Klassen, später als Pädagogium bezeichnet, von der Kinderanstalt unterschieden wurden. Das Pädagogium wurde 1749 mit der Preisgabe des Herrnhaag nach Hennersdorf bei Herrnhut und 1760 nach Niesky verlegt, wo es eine nicht unbeachtliche Ausstrahlung ausübte. Neben den genannten zentralen Einrichtungen entstanden bald auch in den Ortsgemeinden Schulen, so u.a. 1741 in London und in 's-Heerendijk, 1746 in Haarlem. Polykarp Müller wurde 1743 nach Peilau in Schlesien abgeordnet, um dem

Wunsch der schlesischen Gemeinden und Adeligen nach einem eigenen Pädagogium nachzukommen.

Hier soll dargestellt werden, wie sich Zinzendorfs pädagogische Ansichten und die seiner Mitarbeiter von dem übermächtigen Vorbild Halles lösten und zu einer eigenen Konzeption fanden. Bis etwa 1735 war das Unterrichtsziel auch in Herrnhut die Erweckung oder Bekehrung der Kinder und Jugendlichen. Der Geist der Einrichtungen entsprach pietistischer Zucht. Die Kinder konnten bis 1735 nach dem Grad ihrer geistlichen Reife eingeteilt und auf Stuben verteilt werden. Ab 1735 erfolgte dann die Gliederung der Stuben nach Jahrgängen. Doch fällt im Vergleich zu Halle auf, daß die Schulen nicht die zentrale Rolle in der wachsenden Gemeinde spielten. Vielmehr wurde die durch liturgische Versammlungen und Einrichtungen gegliederte Gemeine das pädagogische Arbeitsfeld Zinzendorfs. Weil die Kinder an dem intensiven Gemeindeleben partizipierten, konnte die religiöse Unterweisung im Lauf der Jahre zurückgedrängt werden und in der Lateinschule sogar eine völlig untergeordnete Bedeutung haben. Man hat von der »totalen Gemeine« gesprochen, die in den nach Alter und Geschlecht unterschiedenen Chören durchorganisiert war. So durchschritt ein Mitglied der Gemeine das Chor der Kinder, der jungen Knaben bzw. Mädchen, der ledigen Brüder bzw. Schwestern usw. und erfuhr damit die natürliche Entwicklung als inneren, geistlichen Fortgang, den Zinzendorf jeweils vom Leben Christi her anhand der Bibel in den Chorversammlungen deutete.

Das Erziehungsziel war in Herrnhut nun nicht mehr die Bekehrung wie in Halle, sondern der »kontinuierliche Umgang mit dem Heiland«. Was Zinzendorf darunter verstand, entfaltete er in seiner einzigen größeren pädagogischen Schrift, den »Kinderreden«. Dort äußerte er sich kritisch über die »Erweckungen«, die in großen Kinderversammlungen »unvermeidlich« seien, aber nicht viel bewiesen. Entscheidend sei vielmehr die »glükliche stunde, da uns der Heiland erscheint, wie wir Ihn im geist sehen müssen, in der Leidensperson«. Das erst bewirke »eine gänzliche veränderung des herzens und gemüths und der ganzen denkweise« und also einen bleibenden Wandel. Die auf den stellvertretenden Tod Christi gegründete kontinuierliche Christusgemeinschaft, die Bekanntschaft mit Christus in Person ist das beherrschende Thema seiner Reden und die Aufgabe des Erziehers. Wo ein Kind die »personelle Konnexion mit Christus« hat, da übersieht Zinzendorf gern kleine Verfehlungen, weil ohnehin das Gewissen des Kindes schlägt und demütig zur Vergebung Christi treibt. Im Umgang mit Christus erfährt das Kind das Verdienst von Christi Leiden. Zinzendorf legte keinen großen Wert auf christliche Erkenntnis und das Lernen des Katechismus, sondern auf die emotionale Bindung, das Gebet, das Anschauen des leidenden Christus, die existentiell erfahrene Nähe Christi. Daher ließ er Kinderlieder, Kinderlosungen, Kinderliturgien drucken, die er seinen Kinderreden zugrunde legte.

Im Unterschied zu Halle konnte Zinzendorf gegenüber der Anstaltserziehung recht kritisch sein. Er äußerte sich insbesondere nach seiner Rückkehr aus Amerika 1743 ganz negativ über die brüderischen Kinderanstalten. Er wollte keine Pensionsanstalten für fremde Kinder, keine Eliteschulen, er wollte den Eltern ihre Erziehung nicht abnehmen. Den großen Zulauf, den die Einrichtungen in der Wetterau in den 40er Jahren hatten, hielt er für eine Gefahr für die Gemeine. Zinzendorf gab sich der Hoffnung hin, daß Kinder von Mitgliedern der Gemeine behüteter, dem Einfluß des Satans entzogener und der Gnade näher aufwuchsen, wurde darin aber immer wieder enttäuscht. Er war andrerseits realistisch genug, auch im Blick auf seine eigenen Kinder, die Macht der Sünde nicht zu unterschätzen. Der gute Erfolg der brüderischen Anstalten hat seine Einstellung zur Anstaltserziehung nach 1755 positiv gewandelt. Insbesondere sah er für Kinder der Mitarbeiter keine andere Möglichkeit, wenn die Eltern in der Mission oder in der Diasporaarbeit unterwegs waren. Dennoch empfahl er den Ortsgemeinden die Erziehung durch die Eltern als den Regelfall. Aus diesem Grund wurden in den Gemeinden »Kindereltern« angestellt, deren Aufgabe es war, die Eltern zu beraten und die Kinder regelmäßig zu besuchen. Wir erkennen aus diesem Schwanken Zinzendorfs zwischen Anstalts- und Elternerziehung, daß letztlich die lebendige Gemeine im Zentrum seines Denkens stand. Welche pädagogischen Mittel diesem Ziel am besten dienten, das ergab sich für ihn aus den jeweiligen Umständen und Erfahrungen.

Man hat in Zinzendorf den Entdecker der »Kindlichkeit und Kinderfreude« gesehen. Er nahm den Geist des 18. Jahrhunderts in sich auf und dachte über die natürliche Entwicklung und die geschichtliche Besonderheit des Individuums nach. Doch darf man seinen Satz:

»Kinder sind kleine Majestäten, die Taufe ist ihre Salbung« nicht aufklärerisch mißverstehen. Er ist vielmehr ganz und gar religiösbiblisch begründet. »Unser Lieben und Hassen der Kinder hat eben die Ursachen; mit Jesu liebt man, was er liebt, mit Jesu haßt man, was er haßt, es betreffe, wen es nur wolle ... Das ganze Betragen gegen sie [sc. die Kinder] ist ernsthaft wie gegen Brüder und Schwestern.«

So prägend Zinzendorfs Gedanken in der Brüdergemeine waren, auf dem pädagogischen Gebiet hatte er durchaus ein Gegenüber. Polykarp Müller war in der Gemeine angesehen, doch wurde er mit seiner Entsendung nach Schlesien weitgehend ausgeschaltet. Zu größerer Wirkung gelangte Paul Eugen Layritz (1707-1788), der von 1731 bis 1742 neben Johann Adam Steinmetz Konrektor, dann Leiter der fürstlichen Stadtschule in Neustadt a.d. Aisch gewesen war. Kontakte zu den Herrnhuter Brüdern und die wachsende Anfeindung einer antipietistischen Partei in Neustadt veranlaßten Layritz, sich den Brüdern anzuschließen. Der in Leipzig der Aufklärung zugetane Student war in Jena durch die Brüder für den Pietismus gewonnen worden und bekannte sich bei seinem Fortgang von Neustadt bewußt zu der Bildungstradition des Johann Amos Comenius. Er wurde in Marienborn als Nachfolger von P. Müller Leiter des Pädagogiums (1743-1747, 1749-1760) und zunächst auch des theologischen Seminars und konnte als »Direktor« aller Kinderanstalten bezeichnet werden. Seinem von der Synode 1767 in Auftrag gegebenen Ratgeber für die Eltern gab er den Titel »Gedanken von einer vernünftigen und christlichen Kindererziehung« und knüpfte bei Grundsätzen und Beobachtungen von Comenius an. So sehr er sich mit Zinzendorf in dem lutherischen Verständnis des Evangeliums als freier, durch Christus erworbener Gnade eins wußte und sich ihm bei Konflikten unterordnen konnte, so war doch sein planmäßiges, geordnetes Vorgehen und seine schulische Erfahrung von eigenem Charakter und besonderem Nutzen für die Gemeine. Der zäh verfolgte Ausbau des Pädagogiums war in erster Linie sein Verdienst. Im Gegensatz zu Zinzendorf sah er die Bildungsaufgabe der Gemeine und den sachgemäßen Gebrauch der Vernunft als wichtigen Teil der christlichen Lebensgestaltung an.

Nachdem das Pädagogium unter Layritz von 1749 bis 1760 in Großhennersdorf seine Prägung erfahren hatte, führte es dessen Schüler

Georg Leonhard Stock nach der Verlegung nach Niesky bis 1769 im Geiste von Layritz fort. Unter Theodor Christian Zembsch, der es von 1770 bis 1805 leitete, kehrte der Geist des Humanismus und des deutschen Idealismus ins Pädagogium ein. Aus der Lateinschule entwickelte sich »unmerklich das humanistische Gymnasium«. Die griechische Antike und die Naturwissenschaften bildeten die Schwerpunkte des Unterrichts. Charakteristisch waren die kontinuierliche Begleitung und die Aufsicht je eines Theologen über eine Stube, d.h. über ca. 8 bis 12 Schüler, sowie die internationale Zusammensetzung der Schülerschaft aus ganz Europa und Amerika. Es kam zu intensiven Freundschaften, aber die Spannung zwischen der strengen Führung und dem Drang nach zunehmender Selbständigkeit und Freiheit bestand permanent. Gerade die selbständigeren Geister verließen die Gemeine, wie der spätere Theologe Friedrich Ernst Daniel Schleiermacher und der spätere Philosoph Jakob Friedrich Fries. Der idealistische Geist prägte das Pädagogium im Grunde bis zum Jahre 1841, als eine Erweckung die Schüler erfaßte und eine stärker erweckliche Atmosphäre Platz griff, was sich auch auf den Stundenplan auswirkte.

Die Synode von 1782 öffnete sich dem von Zinzendorf wenig geschätzten Wunsch, »Pensionsanstalten« für Kinder von außerhalb der Gemeine gegen ein Kostgeld einzurichten. So bildeten sich in zahlreichen Gemeinden Knaben- und Mädchenanstalten, unter denen sich beispielsweise die Knabenanstalt in Neuwied oder das Mädcheninstitut in Montmirail/Schweiz bis ins 20. Jahrhundert eines guten Besuchs erfreuten. Selbst der Versuch eines Adelspädagogiums wurde 1784 in Uhyst, ab 1802 in Großhennersdorf unternommen, doch ging die Anstalt 1832 wieder ein.

Schließlich sei noch ein Blick auf die Ausbildung der brüderischen Theologen und die Entstehung und Entwicklung des theologischen Seminars der Brüdergemeine geworfen. Die Anfänge gehen auf die Wetterau und das Jahr 1739 zurück. Der erste Direktor, der das neue theologische Seminar organisierte und einen systematischen Unterricht einführte, war Polykarp Müller. Ziel des Unterrichts war die »lebendige Erkenntniß der Wahrheit und Seeligkeit in Jesu Christo, dem Gekreuzigten«. Für Müller hielten sich das religiöse und das Bildungsziel die Waage. Er konnte formulieren: »Dabey ist ein General-Maxim a) zu verhüten, daß die studia nicht das Reich Christi und Hertzens- und Geist-Sache unterdrucken oder verhintern; b) zu verhüten, daß die Sache des Reichs Christi nicht die studia gantz verächtlich mache, und die Studiosos dadurch der Studien, und die Gemeine des Nutzens davon, beraube.« Konnte Müller sich das Seminar ähnlich wie A. H. Francke als »Academie der Kinder Gottes« denken, um die »Religionen mit Kindern Gottes zu besetzen«, so wehrte sich Zinzendorf gegen den Akademieplan, gegen das »scrupuliren« der Seminaristen, denn er befürchtete: »Sonst bringen sie uns um unsere Einfalt.« Ziel und Hoffnung der Gemeine war es, daß die auf den Universitäten gebildeten Studenten in der Gemeine von ihren Nöten mit der Wissenschaft kuriert und zu lebendigen Zeugen Christi erzogen würden, denn »dazu kan man auf Universitäten nicht gemacht werden«. Es ist bezeichnend, daß der religiös-geistliche Einfluß Johann Nitschmanns als Ältester auf die Studenten größer war als der des Seminarleiters Müller.

Bei Auflösung des Herrnhaags wurde das Seminar 1749 in das neu erworbene Schloß Barby verlegt und auf Drängen und unter der Leitung des dortigen Predigers Gottfried Clemens 1754 mit Billigung Zinzendorfs neu eröffnet. Hauptzweck war es nun, den Nachwuchs der weitgehend selbständigen Brüdergemeine auszubilden. Gedacht war an die Bereiche des Theologicum, des Civile und des Oeconomicum, ja selbst an die Medizin. Es ging also nicht nur um die Ausbildung von Missionaren und Predigern, sondern auch von Gemeinrichtern, Syndici, Wirtschaftsgehilfen u.a. Die Studenten kamen jahrgangsweise und fast ausschließlich aus dem Pädagogium. Die »Akademie«, wie Clemens sagte, hatte im Grunde die Aufgaben einer kleinen Universität zu erfüllen, wie sich aus den Stoffplänen ergibt. Damit war sie aber überfordert, und 1770/1771 wurden die Fächer reduziert und die theologische Ausbildung verstärkt. Die Akademie wandelte sich zum theologischen Seminar. Zugleich zog die Unitätsleitung nach Barby um, so daß sie auf die Studenten in regelmäßigen Unterredungen Einfluß nehmen konnte. Dennoch nahmen die Klagen über den Mangel an geistlichem Leben, über Zügellosigkeit, Gleichgültigkeit gegenüber der Gemeine, ja gegenüber dem Heiland noch zu. Dahinter muß man mit Kölbing den Einfluß des Zeitgeistes, den freieren Geist der Aufklärung vermuten. Zunächst waren es mehr die Naturwissenschaften, auch das griechische Altertum, dann war es die Philosophie, die die jungen Menschen anzogen. Die Dozenten, der sprachlich begabte Carl August Baumeister für Exegese und Dogmatik (1779-1792 am Seminar) und der kränkliche Schweizer Johann Jakob Bossart für Philosophie und Geschichte (1764-1789 am Seminar), lehnten die Neologie ab, vermochten aber die Neugier der Studenten nicht zu befriedigen. Der mit Schleiermacher befreundete Engländer Okely bekannte offen seinen Unglauben, Schleiermacher konnte die Gottheit Jesu nicht glauben und floh 1787 nach Halle.

Im Jahre 1789 wurde das Seminar nach Niesky verlegt, in die Nähe des Pädagogiums, und 1808, aus Mißtrauen gegen die akademische Theologie, mit dem Pädagogium verbunden zu einer Präparandie für das geistliche Amt. Zugleich verkürzte Gottfried Cunow, dieser »Napoleon der Unität«, der einst mit großem Erfolg Naturwissenschaften gelehrt hatte, nun als Unitätsdirektor die Studienzeit von drei auf zwei Jahre. Dahinter verbarg sich die Abwehr gegen den übermächtigen Geist von Aufklärung und Idealismus, der selbst einzelne Dozenten des Seminars zu gewinnen vermochte. 1789 trat Karl Bernhard Garve, der später als Liederdichter bekannt wurde, in das Seminar ein und las Enzyklopädie, Logik, Universal- und Kirchengeschichte. Er glaubte seinen Studenten die Philosophie Immanuel Kants und insbesondere die Gefühlsphilosophie Friedrich Heinrich Jacobis nicht vorenthalten zu dürfen, schien sie doch eine Grundlage für den Glauben zu liefern. Sein Einfluß war erheblich, aber weil seine Vorlesungen nach dem Urteil Cunows von »so bemerkbar nachteiligem Einfluß für die Herzensstellung unsrer jungen Brüder« waren, wurde er 1797 abberufen und als Archivar nach Zeist versetzt. Unter seiner Anleitung studierte Jakob Friedrich Fries die Philosophie Kants, er entzog sich jedoch 1795 durch seinen Weggang dem Dienst in der Gemeine, der er menschlich weiterhin verbunden blieb.

Die Brüdergemeine zwischen Aufklärung und Erweckung

Unter den Kräften, die das 18. Jahrhundert prägen, ist wohl keine so beherrschend gewesen und hat das Klima Europas bis in alle Lebensbereiche so verändert wie die Aufklärung. Daß sich Zinzendorf und seine Gemeinde ihr gar nicht entziehen konnten, wurde mehrfach angedeutet. Suchte Zinzendorf noch in den 20er Jahren das Gespräch mit der Aufklärung, wie seine Freude an Pierre Bayle und der religionsphilosophische Ansatz in seinem »Sokrates« belegen, so führte ihn sein Lebensweg doch in einen immer schärfer werdenden Gegensatz zu ihrem Moralismus, ihrem einseitigen Vernunftchristentum, ihrem deistisch-mechanischen Gottesbild. Die Herrnhaager Frömmigkeit war ein leidenschaftlicher Protest gegen einen rationalen Kopfglauben ohne Herz. Die brüderische Generation nach Zinzendorfs Tod wuchs in dieser Frontstellung auf. »Dieses Gift ist nicht nur in moralischen, sondern auch in vielen historischen Schriften, Journalen, Bibliotheken, gelehrten Zeitungen usw. verborgen.« Darum sollten solche Schriften gar nicht erst gelesen werden. Die Unitätsleitung versuchte mit begrenztem Erfolg, die Gemeinden gegen diesen neuen Geist abzuschirmen.

Um so auffallender ist es, wie anziehend die Brüdergemeine dennoch auf die Aufklärer wirkte. Man kann das an der Ausstrahlung Spangenbergs verdeutlichen, die offenbar in seiner Tugend der Einfalt, der Toleranz und in der praktischen Ausrichtung seiner Theologie bestand. Johann Salomon Semler besuchte ihn und die Brüder 1773 in Barby, und diese nahmen ihn liebevoll auf, obwohl sie sich der theologischen Unterschiede bewußt waren. Zu Johann Bernhard Basedow und seinem philanthropischen Institut in Dessau, zu Christian Gotthilf Salzmann und Rudolph Zacharias Becker bestanden Kontakte. Basedow hätte seine Kinder gerne der Erziehung der Brüder anvertraut, obwohl er wußte, daß man ihn nicht für ein Kind Gottes hielt. Es war das »Empfinden einer vollendet harmonischen Seelenstimmung« (Reichel), die diese Männer zu Spangenberg zog, oder in den Worten von Becker: die »Entdeckung einer Vollkommenheit, nach der ich selbst lange vergebens gestrebt und sie eben so vergebens bei andern gesucht hatte«. Salzmann fand, als er Spangenberg besuchte, in dessen Gesicht »nichts als Gesundheit und Seelenruhe« und bewunderte die Sparsamkeit der Brüder und ihre Schlichtheit in der Lebensführung, den Ernst und die Würde ihrer Gottesdienste, ihre selbstlose Erziehungsarbeit unter Grönländern und Negersklaven.

Noch bekannter ist Goethes zeitweise Sympathie für die Brüdergemeine. Er lernte sie durch die Freundin seiner Mutter, Susanne Katharina von Klettenberg kennen, die er in »Wilhelm Meister« als

»schöne Seele« charakterisierte, um damit ihre trotz ihres Leidens sie nie verlassende »Heiterkeit und Gemütsruhe« auf einen Begriff zu bringen. Das Anziehende der Brüdergemeine sah er in ihrer Anknüpfung an das urchristliche Leben, darin, »daß sie jenen ersten Zustand fortzusetzen, ja zu verewigen schien«. Er bezeugte »Verehrung« für die leitenden Männer der Unitätssynode von 1769, deren abschließende Versammlung er besuchte. Aber er erlebte die Enttäuschung, daß man ihn nicht als einen Christen anerkannte. Noch einmal besuchte Goethe die Brüdergemeine, und zwar die Gemeinde Barby im Dezember 1776 als Berater von Herzog Karl August von Sachsen-Weimar, wobei ihn wohl vor allem das mit Ausstellungsstücken aus den Missionsgebieten bestückte Naturalienkabinett interessierte. Das Aufschlußreiche bei Goethe besteht nun darin, daß er über die ihm widerfahrene Kränkung, nicht als Kind Gottes anerkannt zu werden, nachdachte und so auf den wesentlichen Unterscheidungspunkt zwischen seinem aufgeklärten und dem brüderischen Glauben geführt wurde. Er konnte nicht einsehen, daß der Mensch auf seine eigenen Kräfte verzichten und alles von der Gnade erwarten müsse, und wurde deshalb von den Brüdern des Pelagianismus bezichtigt. Hier liegt in der Tat der entscheidende Gegensatz der Gnadenlehre der Brüder zu der moralischen Denkweise des aufgeklärten Menschen.

War also das Interesse der Aufklärer an der Brüdergemeine vielleicht nur ein Mißverständnis, hervorgerufen durch die großartigen Werke der Mission und Erziehung, die sie als moralische Leistungen mißverstanden? Das wäre doch wohl zu kurz gegriffen. Was sie bewunderten, war die Gemütsruhe, die heitere Gelassenheit, die innere Harmonie. Goethe verwunderte sich darüber, »wie Spangenberg so einfältig kindisch, so vergnügt und so weise und klug beisammen sein könnte«. Becker wollte den »Grundsatz« kennenlernen, der Spangenberg in allen Lebenslagen immer »die gleiche Fassung der Heiterkeit des Gemüts« zu geben vermochte, und erblaßte über dessen Antwort: »Das habe ich meinem Heiland zu danken.« Daß solche Heiterkeit aus dem täglichen Umgang mit Christus entstehen, daß darin die absolute Existenzgewißheit des Menschen gründen könnte, das konnte ein aufgeklärter Geist nicht mehr nachvollziehen.

Goethe erkannte einen weiteren Anziehungspunkt der Brüdergemeine darin, »daß man die religiöse und bürgerliche Verfassung unzertrennlich in eins zusammenschlang«. Dabei dachte er an die brüderischen Ortsgemeinden, die für den Außenstehenden ungewöhnlich waren: »Die schöne Ruhe, wie sie wenigstens das Äußere bezeugte, war höchst einladend.« Aus den Reiseberichten der Zeit erfährt man, wie die brüderischen Siedlungen damals wirkten. Hauptattraktion bildeten die Chorhäuser, weil sie als eine Parallele zu den katholischen Klöstern erschienen. Auffällig waren die Disziplin, die Sauberkeit und Ordnung und insbesondere der große Fleiß und die Geschicklichkeit der Bewohner – alles Ideale der Aufklärung. Daneben zog die Schlichtheit der Gottesdienste, der einfache Gesang, auch die Ebenmäßigkeit der Friedhöfe an. Unter den Negativa werden die klösterliche Isoliertheit, die Geschlechtertrennung, der Losgebrauch und die Beschneidung individueller Entfaltung genannt. Waren die Gemeinden ursprünglich als Sammelplätze der Kinder Gottes gegründet, so erlebten sie um 1800 ihre größte Blüte als bürgerliche soziale Gemeinwesen. Die »Ortsgemeinde«, d.h. die geschlossene Brüdersiedlung, wurde zum Inbegriff für die Brüdergemeine und ihren Lebensstil überhaupt. Männer wie Goethe erkannten den Grund in der Organisation des gesamten Lebens aus der einen geistlichen Mitte heraus, aber sahen wohl auch schon die Gefahr der Isolation und Erstarrung in festen Formen.

Anziehungskraft übten die Brüdersiedlungen mit ihren vielfältigen Wirtschaftsbetrieben auch auf absolutistische Herrscher aus, die die fortschrittliche Einstellung, die gewissenhaft gearbeiteten Produkte und die weltweiten Beziehungen zu schätzen wußten. So regte Justizrat Karl August Struensee beim dänischen König die Gründung einer Herrnhuter Niederlassung an, um »einige Fabriquen« ins Land zu holen. »Die Herrnhuter aber würden in einem Jahr, ohne der königlichen Kasse zur Last zu fallen, es mit Fabriken weiter bringen, als andere in 10 Jahren trotz allen Vorschüssen und Geschenken, die man ihnen werde geben müssen.« Aus ähnlichen Gründen besuchte Kaiser Joseph II. im Jahre 1766 Herrnhut und seine Betriebe und Chorhäuser. Seiner Bitte, eine Gemeinde in Böhmen zu gründen, wurde dennoch nicht entsprochen. Große Ausstrahlung hatte die Gemeinde Sarepta in Rußland, deren Vorsteher um 1790 zum Korrespondenten der Freien Ökonomischen Gesellschaft in St. Petersburg ernannt wurden. Die Gemeinde unterhielt Handelshäuser in St. Petersburg, Moskau und Astrachan.

Ihren guten Ruf verdankte die Gemeine einzelnen hervorragenden Unternehmern, unter denen Abraham Dürninger an erster Stelle stand. Er hatte 1747 den Kramladen in Herrnhut übernommen und aus ihm in wenigen Jahren ein Unternehmen mit Spinn-, Web-, Druck- und Bleichereibetrieb aufgebaut, das weltweite Beziehungen bis nach Mexiko besaß. Auch scheute er sich nicht, im Anschluß an Versuche seines Vaters Schnupftabak herzustellen, der bald sehr beliebt war. Zinzendorf war solchen Privatunternehmern gegenüber mißtrauisch, und Dürninger mußte ihn erst durch seine auf die Hilfe für den Nächsten bedachte sowie auf Arbeitsbeschaffung ausgerichtete Wirtschaftspolitik überzeugen. Unternehmerpersönlichkeiten wie Dürninger waren eine Ausnahme, denn die ökonomischen Grundsätze der Gemeine setzten der Privatinitiative Grenzen. Aber sie waren auch nicht singulär. Die Schreinerwerkstatt von Vater und Sohn Abraham und David Röntgen in Neuwied genoß europäischen Ruf. Typischer für den Herrnhuter Wirtschaftsgeist war der sozialisierte Wirtschaftszweig der »Gemein- und Chorhausdiakonien«. Diese Chorhäuser mit den fleißig arbeitenden Brüdern bzw. Schwestern vermittelten dem Besucher um 1800 den Eindruck eines ›arbeitenden‹ Klosters, der so gut dem protestantischen Wirtschaftsgeist zu entsprechen schien.

Was hat die Brüdergemeine zu einem so fortschrittlichen Wirtschaftsorganismus gemacht? Vier Gründe möchte ich nennen:

1. Die Brüder waren nicht wie die ortsansässigen Handwerker an den Zunftzwang gebunden. Die Ausrichtung auf die Aufgaben der Gemeine war ihnen von Anfang an vorrangig. Die ökonomischen Fragen wurden in der Handwerker-Konferenz oder im Aufseher-Kollegium der Gemeine beraten.
2. Die Gemeine hatte neben Vermächtnissen, Spenden und Güterrevenuen keine anderen Einkünfte als die aus ihren Gewerben erarbeiteten. Zu bäuerlichem Landbesitz fehlten die Voraussetzungen. Auch Neuhinzugezogene mußten sich diesen Gegebenheiten anpassen und möglicherweise den Beruf wechseln.
3. In der Tradition des lutherischen Berufsethos war es selbstverständlich, daß der weltliche Beruf dieselbe Dignität wie der geistliche Auftrag hatte. Die tägliche Arbeit wurde darum als »Liturgie« getan, d.h. in der Nähe und vor den Augen Christi. Der wirtschaftliche Bereich war in die Christusgemeinschaft miteinbezogen.

So wurde Abraham Dürninger am 4. Juni 1747 »zum Dienst des lieben Heylands angenommen«.
4. Wirtschaftlicher Erfolg wurde als Segen Gottes verstanden, der darum auch der gesamten Unität und ihren Aufgaben zugute kommen sollte. Solcher Segen galt freilich auch als Bestätigung Gottes für die Gemeine. Er würde »dem ganzen Lande zu erkennen geben, daß Gott mit uns ist«.

So sehr die wirtschaftlichen Unternehmungen für die Brüder zweitrangig waren und im Grunde nur der Existenzsicherung dienten, doch gerade ihr Fleiß, ihr Unternehmergeist, ihre auf das Wohl des Nächsten ausgerichtete Wirtschaftsethik machte sie für den aufgeklärten absolutistischen Staat attraktiv, der dafür sogar auf die Bedingungen der Brüder, den Verzicht auf Eidleistung und Militärdienst, einging.

Da solche Attraktivität nur zu leicht von dem christlichen Auftrag ablenken konnte, schärften die Synoden immer deutlicher den eigentlichen Zweck der Gemeine ein. Es ist kein Zufall, daß auf der Synode von 1818 neue »Unitäts-Statuten« formuliert wurden, die »das der Brüder-Unität von Gott geschenkte Kleinod heiliglich bewahren« wollten. Hier wird der Charakter der Brüdergemeine als Theokratie folgendermaßen beschrieben:

Die Brüdergemeine ist überzeugt, daß sie die Absicht Gottes mit ihr nicht erreichen würde, wenn sie nur eine kirchliche Gesellschaft, die blos durch Übereinstimmung in der Lehre und den Kirchengebräuchen verbunden wäre, ausmachen wollte, sondern daß ihr hoher Beruf dahin geht, einen Theil der auf der Erde zerstreuten lebendigen Gemeine Jesu darzustellen, das ist, eine Gesellschaft von wahren Kindern Gottes, eine Familie Gottes, die Jesum zu ihrem Haupte hat, deren Glieder sich als Brüder und Schwestern lieben, und in der genauesten Verbindung unter einander stehen.

Dieser Satz wollte nicht den Anspruch erheben, daß die Brüdergemeine die reine, vollkommene Gemeine sei, aber er machte die Erfahrung der Erweckung zum Kriterium der Mitgliedschaft. »Leibliche Geburt und Abstammung« aus der Brüdergemeine wurden ausdrücklich für nicht ausreichend erklärt. Die Verpflichtung der Gemeine auf die Kreuzestheologie und die Heiligung des Lebens, auf die Verkündigung in Diasporaarbeit und Mission und die Treue im

Glauben, bekundet den Willen, die Erweckung der Anfangszeit festzuhalten. Und tatsächlich war die Brüdergemeine um die Jahrhundertwende ein Sammelbecken der Erweckten im Lande und bereitete so das, was wir später die Erweckungsbewegung nennen, vor.

Zu den prägenden religiösen Gestalten und Wegbereitern der Erweckungsbewegung gehörte Jung-Stilling, der die Brüdergemeine hoch schätzte. In seinen apokalyptischen Erwartungen stellte sie einen ganz entscheidenden, tragenden Pfeiler dar. Sie war ihm in Anschluß an Bengel ein Beispiel der wahren Gemeinde, die Gott von der Urkirche an bis zur Gegenwart erhalten hat, eben die »paulizianisch-böhmisch-mährisch-waldensisch-herrnhutische Brüdergemeine«, in der er eine »Pflanzschule des Reiches Gottes« erkennen konnte. In seiner Auslegung der Offenbarung konnte er den Sendbrief an die Gemeinde zu Thyatira (Apk 2, 18-29) auf sie beziehen, und er identifizierte sie mit dem Weib, das mit der Sonne bekleidet ist (Apk 12,2). Die Fundamentalartikel seiner Frömmigkeit, die völlige Erlösungsbedürftigkeit des Menschen, die Gottmenschlichkeit Christi und sein versöhnender Opfertod, fand er bei der Brüdergemeine deutlich vertreten. Ein besonderer Beweis ihrer Christlichkeit aber war ihm, dem Professor für Nationalökonomie, ihre Verfassung und Kirchenzucht sowie ihr ökumenisch überkonfessioneller Charakter, weshalb er zahlreiche Ortsgemeinden besuchte. Freilich – auch wenn Jung-Stilling von den Brüdern gern gelesen wurde, die Leitung der Brüderunität hat ihm gegenüber eine gewisse Distanz bewahrt, war von seinen »Lobeserhebungen« wenig beglückt und hielt seine apokalyptischen Erwartungen, soweit sie die Brüdergemeine betrafen, nicht für biblisch.

Man kann an dem komplizierten Verhältnis der Brüdergemeine zu Jung-Stilling den Unterschied zwischen brüderischer und typischer Erweckungsfrömmigkeit verdeutlichen. Beide sind sich einig in der Beurteilung des Zeitgeistes, in der Verwerfung der Vernunftreligion, in den Fundamentalartikeln, in der ökumenischen Gesinnung und in dem Willen, eine wahre Gemeinde Jesu darzustellen, aber den Brüdern fehlt das prophetische Bewußtsein Jung-Stillings, sein evangelistisch werbender Ton, seine apokalyptische Spekulation.

Beispielhaft für den Einfluß der Brüdergemeine auf die werdende Erweckungsbewegung ist ihre Ausstrahlung nach Schlesien und Berlin. Baron Ernst von Kottwitz, gebürtig aus Tschepplau in Schlesien, fand nach Umwegen über das Freimaurertum seine geistige Heimat in der Brüdergemeine und beantragte 1789 seine Aufnahme. Auch wenn diese nach Losbefragung abgelehnt wurde, so blieb er der Brüdergemeine doch in seiner Frömmigkeit treu, las täglich die Losung, übernahm die Herrnhuter Dialektik des armen Sünder- und doch Seligseins durch Christi Tod, die Kritik am leeren Wissen, die ökumenische Weite und das Leben in der Christusgemeinschaft. Daß die Erweckten Berlins in ihm ihren Vater und Patriarchen erkennen konnten, lag sicherlich nicht nur an der Art seiner Frömmigkeit, sondern auch an seinem praktisch-sozialen Einsatz in der von ihm begründeten »Freiwilligen Beschäftigungs-Anstalt« in Berlin und dem mutigen Eintreten für die neue Bewegung in den höchsten Regierungskreisen. Er zählte zur Berliner Sozietät der Brüdergemeine ebenso wie der Kirchenhistoriker August Neander. Der aus der böhmischen Brüdergemeine stammende Berliner Pfarrer Theodor Jänicke, der Begründer der ersten Berliner Missionsanstalt, hatte zuvor im theologischen Seminar in Barby unterrichtet und war Mitglied der Herrnhuter Predigerkonferenz; seine Frau war ebenfalls Sozietätsmitglied. Johannes Goßner, der spätere Begründer der Goßner-Mission, wurde noch als katholischer Geistlicher 1803 von einem Diasporaarbeiter besucht, korrespondierte mit der Predigerkonferenz und vollzog seinen Übertritt zur evangelischen Kirche im Hause eines Herrnhuter Bruders. So übte die Brüdergemeine starken Einfluß auf die Erweckungsbewegung in Schlesien und Berlin aus.

Innerhalb der Brüdergemeine war das Verhältnis zu den geistigen Strömungen der Zeit trotz grundsätzlich antiaufklärerischer Haltung durchaus nicht einheitlich. Während die Diasporaarbeiter und Missionare im allgemeinen eine enge Verbindung zu den Kreisen der Erweckungsfrömmigkeit suchten, öffneten sich die Bildungsinstitute weit eher dem Idealismus und der deutschen Romantik. Der Dozent Karl Bernhard Garve, der von der deutschen Philosophie begeistert war, glaubte so eine flache Aufklärung überwinden zu können. Der Jugendfreund Schleiermachers Johann Baptist von Albertini, der durch die praktische Predigt- und Unterrichtstätigkeit wieder zum Glauben seiner Jugend zurückgefunden hatte, wurde zur Mitte eines Kreises, der sich dem Geist des Idealismus geöffnet hatte und sein Interesse an klassischer Literatur, an Botanik und Philosophie mit einem Idealbild der Anfänge Herrnhuts verband. Zu dieser Gruppe gehörten Samuel Christlieb Reichel, der Freund des Philosophen Jakob Friedrich Fries, der seit 1821 Mitglied der Unitäts-Ältesten-Konferenz war, und Johannes Plitt, seit 1818 Dozent des Theologischen Seminars, der durch seine Geschichte der Brüdergemeine zum wichtigsten Repräsentanten der historischen Rückbesinnung der Gemeine wurde. Sie waren überzeugt, daß sich Humanität, Jesusähnlichkeit, alles, was ihnen sittlich wertvoll erschien, in der Brüdergemeine in idealer Weise verwirklichen ließe. Diese war ihnen das »Asyl«, das »moralische Krankenhaus«. Die liturgischen Brüderversammlungen und die Möglichkeiten zu einem intensiven Freundschaftskult verbanden sich ihnen zu einem Idealherrnhutianismus.

Man kann an dieser Verklärung der Geschichte Herrnhuts studieren, wie sich herrnhutische Frömmigkeit und Idealismus miteinander verbinden konnten. Tatsächlich gingen von Albertini und den anderen starke Impulse auf die Gemeine aus, wie etwa die Rede Albertinis bei der Gedenkfeier zum 100jährigen Bestehen der Brüdergemeine in Herrnhut 1822 und die aus diesem Anlaß von Friedrich Ludwig Kölbing verfaßten »Gedenktage der erneuerten Brüderkirche« zeigen. Für den Geist dieses Herrnhutianismus sind die damals verbreiteten und von Schleiermacher geschätzten Gedichte Albertinis und die Lieder Garves, die auch die Gesangbücher der Landeskirche eroberten, charakteristisch. Erwecklicher und idealistischer Geist wurden in der Brüdergemeine fest zusammengehalten von der Klammer einer lebendigen Christusgemeinschaft, die aus dem Erbe Zinzendorfs und der Entstehungszeit Herrnhuts ihre Nahrung sog.

Stillstand und neues Leben (1801–1899)

Stillstand, Erweckungen und neue Missionsunternehmungen

Das 19. Jahrhundert erfährt in der Beurteilung Herrnhuter Historiker eine ganz unterschiedliche Bewertung. Schaut man auf die Entwicklung der Ortsgemeinden und ihrer Einrichtungen, so ist das Bild dunkel gefärbt. Die Gemeinden wollten Zufluchtsorte wahren christlichen Lebens sein und sie wurden immer mehr zu Plätzen frommer Beschaulichkeit und religiöser Enge. Die Chorhäuser der Brüder und Schwestern, einst die »Pflanzschulen« der jungen Generation, die die Missionare und Sendboten stellten, wurden nun zu klosterähnlichen Anlagen mit strenger Disziplin, erfreuten sich aber immer geringeren Zuspruchs und Ansehens. Der Prozeß der Auflösung der Ortsgemeinden setzte in Amerika schon früh mit der Aufgabe der Ortsgemeindeverfassung in Bethlehem im Jahre 1844 – die Auflösung des Chors der ledigen Brüder erfolgte schon 1814 – ein, in Europa hielt man an dem Ideal fest, war aber zu ständigen Kompromissen gezwungen oder geriet in Konflikt mit den Gesetzen des modernen Staates.

Andererseits erscheint das 19. Jahrhundert für die Brüdergemeine keineswegs als eine dunkle Zeit, sondern beeindruckt durch die Expansion in Europa und auf den Missionsgebieten. Die Gemeine erlebte nach 1840 eine Zeit zahlreicher Erweckungen und erfreute sich eines großen Vertrauens in den frommen Kreisen. Sie wirkte anregend und beispielgebend auf die Erweckungsbewegung in den Kirchen, auch auf Männer der Inneren Mission wie Theodor Fliedner und Friedrich Wilhelm Raiffeisen sowie auf die Gemeinschaftsbewegung. Als Förderin der Erneuerung in der evangelischen Kirche kam ihr eine weit über ihren eigenen Bereich hinausgehende Wirkung und Bedeutung zu, und es ist verlockend, diesem Einfluß näher nachzugehen. Doch wollen wir uns auf die Brüdergemeine selbst und die in ihrer Mitte gemachte Erfahrung der Erneuerung beschränken.

Die beiden ersten Jahrzehnte des 19. Jahrhunderts wurden in den älteren Darstellungen als »Zeit des Stillstandes« beurteilt. Die Zahlen der Mitglieder waren rückläufig. Beklagt wurde die zunehmende Verweltlichung der Gemeinden und die wachsende Zügellosigkeit der Jugend. Daß einzelne Gemeinden wie Barby (1809) oder Amsterdam (1806) aufgegeben wurden, schmerzte, war aber nichts Ungewöhnliches im Vergleich zum 18. Jahrhundert. Neu war aber, daß sich nun ein Geist bürgerlicher Opposition gegen die Unitätsleitung in den eigenen Reihen regen konnte, so in der Gemeinde Herrnhut durch den Juristen Friedrich Philipp Jacob Riegelmann. In dem Bewußtsein, dem ursprünglichen Zweck der Gemeine nicht mehr wirklich gerecht zu werden und nicht mehr »eine Sammlung lebendiger Glieder am Leibe Jesu Christi« zu sein, fand auch die erste Generalsynode im neuen Jahrhundert (1801) statt. Die Verhandlungen leitete der auch literarisch durch eine Biographie Spangenbergs hervorgetretene Bischof Jeremias Risler (gest. 1811). Die Opposition war durch 2 Teilnehmer vertreten und kämpfte entschlossen gegen die Beibehaltung des Heiratsloses. Als sich Riegelmann zu Wort meldete, fuhr ihn ein Mitglied der Unitätsleitung an: »Riegelmann, du schweigst!« Und er schwieg. Die ältere Generation sah zwar den Rückgang, aber wehrte Neuerungsversuche ab.

Repräsentant dieses repressiven, rückwärtsgewandten Kurses war der 1802 in die Unitätsleitung berufene Gottfried Cunow (gest. 1824), der als der prägende Kopf der Brüdergemeine bis zu seinem Tod galt. Er leitete die Generalsynode im Jahr 1818, ein früherer Termin war durch das Los jeweils abgelehnt worden. Diese Synode leitete dennoch einen Wandel ein, da sich auf ihr jene jüngere Generation von Theologen um Albertini durchsetzte, der in romantisch-idealistischer Weise an einer Erneuerung des Brüdertums lag. Ein Kennzeichen für den Wandel der Einstellung war die Entscheidung, der theologischen Ausbildung im Theologischen Seminar wieder eine größere Bedeutung zuzumessen, sie vom Pädagogium zu trennen und wieder als eine selbständige Einrichtung unter Johannes Plitt in der Gemeinde Gnadenfeld in Oberschlesien einzurichten.

Für die weitere Entwicklung wurde entscheidend, daß die Brüdergemeine in ihren eigenen Einrichtungen die Erfahrung der *Erweckung* machte, zunächst in Deutschland, dann in England und Amerika. Ausgangspunkt der Erweckung war das Pädagogium in Niesky.

Der überraschende Tod des Fürsten Heinrich LXIII. von Reuß-Köstritz, Vater eines Schülers, im September 1841 brachte den Sprecher der Primaner, den sportlichen William Verbeeck in Verlegenheit bei dem Versuch, seinen Kameraden zu trösten. Das führte ihn und bald auch andere zu Aussprachen über das Gebet und den eigenen Herzenszustand mit seinen Mitschülern, auch über die Klassengrenzen hinweg, und zu Gesprächen mit dem einfühlsamen Mitinspektor Gustav Tietzen (1809-1882). Den Höhepunkt dieser Wochen bildete das Ältestenfest am 13. November mit Abendmahl und Gedenkfeier an die Ereignisse vor 100 Jahren. Es geschahen keine außerordentlichen Erlebnisse und es ließen sich auch nicht alle Schüler oder Erzieher in diesen Aufbruch hineinziehen – der für die Antike begeisterte Schulleiter Carl Friedrich Schordan blieb ausgesprochen distanziert und kritisch –, aber viele konnten nun offen und begeistert von der »Liebe des Heilands« reden und wollten auf den neu eingeführten täglichen Abendsegen nicht verzichten. Der neue Geist griff auf die Knabenanstalt über, und er wurde vor allem in das Theologische Seminar ab 1843 hinübergetragen.

Die Erweckung der Schüler war vorbereitet worden durch den seit 1832 angestellten Mitinspektor Friedrich Emanuel Kleinschmidt, Missionarskind aus Grönland, der in England eine Bekehrung erlebt hatte, unerbittlich gegen sich selbst war und die Kinder bei der Abendmahlsvorbereitung gewissenhaft zur Beichte ermahnte. Nach zunächst völliger Ablehnung öffneten sich ihm einzelne, insbesondere als er 1839 bis August 1841 zweiter Prediger in Niesky wurde. Seine anspruchsvolle Predigt lebte aus seiner Erfahrung. Um 1840 setzte auch sonst eine »Aufbruchstimmung« (Erbe) in der Brüdergemeine ein. Der preußische König Friedrich Wilhelm IV., 1840 an die Macht gekommen, hob das Turnverbot auf, und in Niesky konnte nun endlich nicht nur verbotenerweise geturnt werden. Bei einem Besuch des Königs 1841 in den nahegelegenen Königshainer Bergen durfte das in demselben Jahr in der Knabenanstalt gegründete »Nieskyer Regiment« mit Holzgewehren paradieren.

Den theologischen Gehalt der Nieskyer Erweckung suchte Hermann Plitt (1821-1900), seit 1743 Lehrer am Pädagogium und seit 1847 Dozent am Theologischen Seminar in seinen Schriften zu erfassen. Seine Darstellung »Evangelische Glaubenslehre nach Schrift und Erfahrung« (2 Bände, Gotha 1863-64) und die volkstümlichere

Fassung »Die Gnade und Wahrheit in Christo Jesu« (Niesky 1883) wollten die Erfahrung der Erweckung mit der Bibel zusammendenken und für die Gemeine normieren. Er verstand sich als der Theologe der Brüdergemeine, der in bewußter Anlehnung an Spangenbergs Idea Fidei Fratrum nach etwa 100 Jahren die neu gewonnene Schrifterkenntnis zusammenfaßte und der »christlichen Glaubensgemeine« in zeitgemäßer Form darbot.

In praktisch-theologischer Hinsicht wurde Theobald Wunderling (1826–1896) der Hüter der Nieskyer Erweckung. Er erlangte durch seine Predigten in Gnadenfrei und Niesky und sein Wirken in den Gemeinschaftskreisen auch über die Brüdergemeine hinaus hohes Ansehen. 1866 lud er zum ersten Mal zu dem Gemeinschaftsfest auf dem Rummelsberg ein, das zu einem weit ausstrahlenden Sammelpunkt der Erweckten in Schlesien wurde.

In der zweiten Hälfte des Jahrhunderts hören wir nun immer öfter von Erweckungen in Amerika, zumeist im Südbezirk. Sie stehen im Zusammenhang der *Home Mission,* dem großen Missionsunternehmen der amerikanischen Gemeinden im Zuge der Ost-West-Wanderung der Bevölkerung und der Gründung der Home Missionary Societies für den Nord- (1849) und Südbezirk (1835). Eine besondere »Gnadenzeit« erlebten im Süden die Gemeinde Bethanien (1884) und die Gemeinde Salem (1886), wo täglich Gebetsversammlungen stattfanden, die auch die Jugend ergriffen. Die Sonntagsschularbeit, die seit dem Jahre 1793 in der englischen Gemeinde Fairfield betrieben wurde, wirkte sich auch in Irland und Amerika förderlich aus und hatte im amerikanischen Süddistrikt unter ihrem Vorsitzenden James Leinbach auch in unkirchlichen Gegenden um Salem beachtliche Erfolge. Amerikanische Prediger griffen jetzt die anderswo längst geübte Form der Evangelisation auf.

Auch der Nordbezirk Amerikas berichtete 1887 von einer »Geistestaufe, durch welche viele Totengebeine lebendig geworden sind«, so in der Gemeinde Gnadenhütten in Ohio unter Prediger Henry Bachmann und in der Indianergemeinde New-Fairfield in Canada. Eine neue Gemeinde entstand in der »fast ganz deutschen Stadt« Milwaukee in Wisconsin. Seit 1889 tauchen in den Berichten immer häufiger die »Societies of Christian Endeavour« auf, die unter den jungen Leuten große Anziehungskraft ausübten. Diese in Deutschland als »Entschiedenes Christentum« bezeichnete Gruppe war 1881 in Amerika entstanden und hatte starken Einfluß. Die äußerlich gesehen aufsehenerregendste Erweckung erlebten die Indianer an der Moskitoküste in dem heutigen Nicaragua. Auf der Station Magdala und in Bluefields fielen Menschen 1881 in eine lang andauernde Starre oder heftiges Zittern aus Angst vor dem Zorn Gottes, das erst durch die beglückende Erfahrung der Sündenvergebung gelöst wurde. Das Verlangen nach christlicher Unterweisung und Versammlung konnte bei den wenigen Missionsarbeitern gar nicht gedeckt und in rechte Bahnen gesteuert werden.

Dieses erfreuliche christliche Leben wirkte sich in verschiedenster Weise aus, am sichtbarsten in der Aufnahme neuer missionarischer Unternehmungen. Auf Anregung des Chinamissionars K. Gützlaff bei einem Besuch in Herrnhut 1850 wurde der alte Plan einer Mongolenmission wieder aufgenommen. Zwar konnten die Missionare nicht nach China gelangen, eröffneten aber eine Mission im heutigen indischen Ladakh und damit in einem Gebiet des Lamaismus. Die Arbeit fand zwar nur wenige Anhänger, aber geschah mit viel Ausdauer und Liebe und leistete durch die Volks- und Sprachforschungen der Missionare Heinrich August Jäschke und August Hermann Francke einen bedeutenden Beitrag zur Kulturgeschichte, auch für die Übersetzung der Bibel ins Tibetische.

Als 1867 Alaska von Rußland an Amerika abgetreten und die Anfrage zur Eröffnung einer Mission 1883 an die Brüder gerichtet wurde, begann die amerikanische Provinz eine vielversprechende Arbeit und gründete 1885 die erste Station Bethel. Eine solche Zuordnung einer Region zu einer Unitätsprovinz war unüblich. Die Mission war die Aufgabe der Gesamtunität und das Band, das alle Provinzen finanziell, personell und vor allem in der geistlichen Verpflichtung miteinander verband. Die Misssion war die Hauptaufgabe der Unität, in der sie ihre Existenzberechtigung erkannte. Die Erfolge und Nöte der Missionare in den einzelnen Gebieten waren das Glück und die Last aller, denn sie waren ja zugleich ein Hinweis auf den Weg und Willen Christi mit seiner Gemeine. Die Arbeit auf der Mission war also der Gradmesser für das Recht der Weiterexistenz der Brüdergemeine.

Zwar war die Brüdergemeine nur eine von vielen missionarisch aktiven Kirchen im 19. Jahrhundert, hatte aber den Vorteil jahrelanger Erfahrung. Sie erfreute sich bei vielen eines besonderen

Ansehens und wurde finanziell von zahlreichen Freunden unterstützt.

Ein Zeichen für die ständig wachsenden Ansprüche, die die Missionsgebiete stellten, war das Verlangen nach einer verbesserten Ausbildung der Missionare. Die Synoden bis 1848 – vorsichtig abratend noch 1857 – lehnten die Gründung eines besonderen Instituts ab, da sie der Erziehung in den Brüder- und Schwesternhäusern den Vorzug gaben. Erst die deutsche Provinzialsynode von 1868 gab den Mangel der bisherigen Ausbildung zu und beschloß die Errichtung einer Missionsschule in Niesky, die August von Dewitz am 1. Februar 1869 mit 7 Schülern eröffnete. Im Gegensatz zum Theologischen Seminar legte der Leiter neben den biblischen Fächern auf die Missionsgeschichte und -geographie, auf die englische Sprache, auf medizinische und musikalische Übungen wert. Die Einrichtung mit dreijähriger Ausbildung entwickelte sich gut und machte 1892 die Gründung einer Missionsvorschule in Königsfeld, dann Ebersdorf, ebenfalls mit dreijähriger Ausbildung, nötig. In Amerika erfolgte die Ausbildung auf dem 1807 errichteten Theological Seminary in Bethlehem, Pa., auch in England nahm das Theologische Seminar in Fairfield seit 1860 diese Aufgabe wahr. Ende des Jahrhunderts verlagerte sich der Wunsch nach besserer Ausbildung auf die Missionsfelder im Interesse der Heranziehung eines einheimischen Nachwuchses und der Selbstunterhaltung des Missionsgebietes. Die Synode 1899 beschloß die Errichtung bzw. den Ausbau von theologischen Seminaren in Westindien, Südafrika-Ost, Surinam und Himalya im Sinne der schon 1838 begründeten Gehilfenschule von Genadendal/Südafrika-West.

Als das heutige Gebiet von Tanzania in dem Verteilungskampf um die Gebiete Afrikas 1891 zur Kolonie »Deutsch Ostafrika« wurde, baten führende Missionstheologen wie Gustav Warneck die Brüdergemeine, dort ihre Arbeit aufzunehmen. Die J.D. Crakau-Stiftung verschaffte ihr dazu die Möglichkeit und die ersten Missionare konnten noch in demselben Jahr in das Gebiet nördlich des Nyassa-Sees ausreisen. Als sich daraufhin die Londoner Missionsgesellschaft, die seit ca. 20 Jahren in dem Gebiet von Unyamwezi arbeitete, zurückzog und die Brüdergemeine um Übernahme bat, entschied sich die Missionsdirektion 1897 nach einer Sonderspende von 30 000 Mark auch dazu. Aus diesen Anfängen erwuchs die heute mitgliederstärkste junge Brüderkirche, die inzwischen vier Provinzen mit insgesamt ca. 410.000 Christen bildet.

Aus der Erweckung innerhalb der Brüdergemeine hatte die Mission neue Impulse empfangen, die Mission wußte sich der Theologie der Erweckung verpflichtet. Diese Verbindung von Mission und Erweckung verdeutlicht eine Resolution der Generalsynode im Jahr 1914:

> *Synode ist dankbar für eine jede Erweckung, die der Herr uns auf der Mission und in der Heimat in den letzten Jahren geschenkt hat und legt es der neuen Direktion jedem Superintendenten gegenüber, und den Superintendenten einem jeden Missionar gegenüber ans Herz, die Notwendigkeit einer solchen Neubelebung und, soweit dies bei Menschen steht, ihre Förderung immer wieder zu betonen. Auch empfiehlt die Synode, diesen Gegenstand der besonderen Fürbitte der heimischen Missionsgemeinen, auf daß durch Gottes Gnade überall Erweckungen in Zukunft stattfinden mögen.*

Zinzendorf hätte sicherlich so nicht auf »Erweckungen« als stets neuen, geistlichen Impuls gedrängt, ihm lag vielmehr daran, daß die einmal erfahrene Erweckung im Schwange gehalten würde durch die tägliche Gemeinschaft mit Christus, in der er die eigentliche Gnade sah. Nun setzte sich eine angelsächsisch geprägte Theologie der Erweckung in der Unität durch.

Theologische Lehre und Erziehung zwischen Bibelfrömmigkeit und moderner Wissenschaft

Die Ausbildung der brüderischen Theologen gewann im Laufe des 19. Jahrhunderts zunehmend an wissenschaftlicher Vertiefung und fand den Anschluß an die theologische Forschung an den Universitäten. Sie geriet so freilich auch in die Auseinandersetzung um die »moderne« historisch-kritische Theologie. Dabei spitzte sich die von den Gemeinden besorgt verfolgte Entwicklung immer mehr zu der Frage nach der Aufgabe der Theologie innerhalb der Brüdergemeine und damit nach Charakter und Wesen der Brüdergemeine überhaupt zu. Dieser Weg soll hier verfolgt werden.

Mit der Berufung Johannes Plitts als Inspektor des Seminars im Jahre 1818 hatte die Unitätsleitung einen Mann mit weitem Horizont und historischem Sachverstand in der Brüdergeschichte gewonnen. Er stand mit dem Berliner Kirchenhistoriker August Neander in Verbindung, dem er in Aufsätzen zur brüderischen Verfassung historisch zuarbeitete. Er suchte Zinzendorf und die Brüdergeschichte in Wechselwirkung mit der Geistesgeschichte des 18. Jahrhunderts zu verstehen, schrieb die bis heute umfassendste Darstellung in 12 Bänden aus den Quellen des Unitätsarchivs und vermochte diese Liebe zur Theologiegeschichte auch seinen Schülern zu vermitteln. Sein Kollege Friedrich Ludwig Kölbing sah seine Aufgabe mehr in der Verbreitung der Brüdergeschichte bis in die Gemeinden, schöpfte dabei aber auch aus den historischen Quellen.

Mit der Dozentur von Hermann Plitt, Sohn von Johannes Plitt, seit dem Jahr 1847 verlagerte sich das Schwergewicht auf das systematisch-theologische Gebiet. Plitt hatte in Berlin und Halle studiert, Kontakte zu württembergischen Gemeinschaften gewonnen und fühlte sich der Erweckungsbewegung in Deutschland verpflichtet. Dabei läßt sich an seiner Gestalt die Verbindung der Erweckung mit einem zunehmenden Konfessionalismus beispielhaft demonstrieren. Bei seiner pädagogisch etwas trocken-doktrinären Art wandte sich die Aufmerksamkeit der Studenten bald jüngeren Dozenten zu. Als 1865 Gustav Claß (1836–1908) als Dozent für Kirchen- und Brüdergeschichte eintrat, zog der junge, methodisch an den Stoffen der allgemeinen Geistesgeschichte geschulte Lehrer mit wachem Sinn auch für die geistigen Bewegungen seiner Zeit das Interesse auf sich. Claß verstand sich durchaus als Schüler Plitts: »Nur daß ich stets von der Erde ausging, du aber vom Himmel«. Seine »geschichtliche Methode« hatte er an dem griechischen Geschichtsschreiber Thukydides erlernt und sah die Aufgabe des Historikers in einer kritisch-künstlerischen Verarbeitung des historischen Stoffes. Wie er das verstand, zeigte er in einem Aufsatz über Zinzendorf. Dessen Bedeutung für den Protestantismus bestehe in der Ausbildung einer gegenüber dem Pietismus neuen Bewegung, dem »Brüdertum«, das aus einer Verbindung von Zinzendorfs Universalismus mit der Ortsgemeinde erwachsen sei und sich in der »Gemeine« verwirkliche. Im Ältestenamt Jesu erkannte Claß einen symbolischen Ausdruck für die universale Bedeutung des Brüdertums als Gesinnung, als Personalisierung und Ethisierung des Christentums. Als er im Wintersemester eine Vorlesung zur Geistesgeschichte allgemein anbot, wechselte er zur Philosophie über, die fortan sein eigentliches Interessenfeld wurde. Daß Plitt in solchen Gedanken einen Angriff auf seine eigene Erfahrungstheologie und das Erbe der Brüdergemeine erblickte, läßt sich leicht verstehen. Es kam 1872 zu einem Zusammenstoß, in dem Plitt seinen Kollegen nach dessen Verständnis der Schrift und der Person Christi, nach dessen Festhalten am Bekenntnis der Brüdergemeine fragte und zugleich die Unitätsleitung einschaltete, so daß sich Claß gezwungen sah, das Seminar zu verlassen und seinen Lebensweg in einer Professur für Philosophie an der Universität zu suchen.

Mit Claß verließen auch die beiden Kollegen Paul Kölbing und Theodor Geißler das Seminar, aus Protest gegen den zu autoritären Führungsstil des Inspektors und seine einseitige theologische Ausrichtung. Plitt wußte, daß der Geist seiner Zeit gegen seine Absicht, das Erbe der Erweckung zu retten, stand und wirkte gerade darum mit Unterstützung einzelner Unitätsdirektoren auf eine genauere Festlegung der Lehre in den Synodalverlässen hin (so die Erweiterungen der Lehrpunkte auf den Synoden 1857, 1869, 1879). Wenn die Synode von 1889 den Satz anfügte, daß diese Lehrpunkte kein streng formuliertes Bekenntnis seien, daß der »Hauptinhalt der christlichen Lehre« vielmehr in der Litanei am Ostermorgen feierlich bekannt werde, so wird man dies als weitere Festlegung der brüderischen Lehre verstehen müssen, die gegen eine liberale Theologie gerichtet war. Natürlich hat diese Entwicklung die Frontenbildung innerhalb der Brüdergemeine nur verschärft.

Nach dem Ausscheiden Plitts (1880) übernahm der von der Erweckungstheologie geprägte, aber sich nicht als Schüler Plitts verstehende Otto Ferdinand Uttendörfer die Leitung des Theologischen Seminars, nach ihm Bernhard Becker, ein ausgleichender, geachteter Brüderhistoriker von hohem wissenschaftlichen Niveau. Beide haben dem Seminar zu Ansehen und Achtung bei den Schülern und Gemeinden verholfen, konnten es aber nicht aus der seit 1892 in der evangelischen Kirche entbrannten Auseinandersetzung um den Apostolikumsstreit heraushalten, zumal nach dem frühen Tod von Becker der mit Claß befreundete Paul Kölbing, ein wissenschaftlich hochsensibler und kenntnisreicher Neutestamentler, wieder an das Seminar zurückkehrte und bald die Leitung übernahm. Eine Schrift des am Basler Missionshauses lehrenden Dozenten Adolf Kinzler über »Recht und Unrecht der Bibelkritik« (1894) löste unter den Freunden der Basler Mission starken Unwillen aus, der sich bald auch auf die Gnadenfelder Dozenten und ihre historisch-kritische Forschung ausdehnte. Plitt sah sein Lebenswerk in Gefahr und glaubte, hier nicht schweigen zu können. Die Unitätsleitung fürchtete das Ausbleiben der Missionsgaben und nahm in einem »Offenen Brief« 1895 Stellung. Doch weder diese beschwichtigende Darlegung noch eine Aussprache der Dozenten mit den Predigern der Brüdergemeine vermochte die Wellen zu glätten.

An die deutsche Provinzialsynode von 1897 gingen zahlreiche Anträge ein, die bis zu einer Auflösung des Seminars reichten. Der entscheidende Antrag 31 warf der Gnadenfelder »Theologie« – man meinte natürlich bestimmte Dozenten wie Paul Kölbing – vor, daß sie »geradezu den ursprünglichen Lebensgrund der Brüdergemeine zu untergraben wie den gedeihlichen Fortgang der ihr von Gott dem Herrn anvertrauten Arbeiten zu gefährden geeignet scheint«. Darum forderten die Antragsteller, daß das Seminar erstens »eine entscheidener auf das praktische geistliche Amt vorbereitende Zuspitzung erhalte«, daß zweitens einer der beiden biblischen Lehrer »durch einen Mann ersetzt werde, der die nötige Befähigung mit einem ausgesprochen bibelgläubigen Standpunkt verbindet, er gehöre im übrigen der Brüdergemeine an oder nicht«. Bei Ablehnung dieser Forderungen beantragte man die Aufhebung und Ersetzung des Seminars durch ein zu gründendes Predigerseminar. Der Antrag wurde von 11 Unterschriften unterstützt, aber hinter ihm stand ein großer Teil der Gemeinden, Missionare und Laienmitarbeiter.

Die Dozenten des Seminars konnten verdeutlichen, daß sie ihre Forschungen auf dem Boden der Schrift und des brüderischen Christentums trieben. Die Synode ging auf die genannten Forderungen ein und öffnete damit den Weg zu einer Lösung, der in einer Rückbesinnung auf das »Spezifisch-brüderische«, den »Herzens- und Heilandsglauben« bestand (Antrag 32 von Paul Dober und H. Jahn). Die Brüdergemeine dürfe sich nicht in den Streit der großen Parteien innerhalb der Landeskirchen hineinziehen lassen, sondern müsse eine »innerlich freie« Stellung bewahren. Dober erkannte den Sinn der damaligen Krise in der Herausforderung, wieder nach der besonderen Eigenart des brüderischen Christentums zu fragen. Damit hatte er einen entscheidenden Punkt getroffen, denn tatsächlich hatte sich die Brüdergemeine theologisch immer stärker den Landeskirchen angeglichen. Sie war ein Spiegel der Kämpfe in der evangelischen Kirche geworden, so daß ihr die Frage, ob ein Lehrer am Seminar aus der Brüdergemeine stamme oder nicht, ohne Bedeutung erschien. Darum hatte sie sich nun mit den Problemen einer fundamentalistischen Bibeltheologie und ihres Konfessionalismus einerseits und andrerseits mit der Forderung nach freier Forschung und dem Aufgehen der biblischen Lehre in Ethik und Humanität zu plagen. Dober zeigte ihr den Ausweg, aber der Hinweis auf das zinzendorfische Herzens- und Heilandschristentum hätte auf Seiten des Seminars einen Dozenten wie Bernhard Becker erfordert. Die Frage nach der eigenen Identität wurde zu einer Kernfrage der Zukunft.

Als Paul Kölbing 1906 die Schrift »Die geistige Einwirkung der Person Jesu auf Paulus« veröffentlichte, rief er damit erneut Kritik auch außerhalb der Brüdergemeine, besonders in den theologischen Kreisen Badens hervor. Die Gemeine sah sich dem Vorwurf einer »christuslosen« Theologie ausgesetzt und beriet auf der deutschen Synode von 1908 und der Generalsynode von 1909 erneut über die Lehrfrage, ohne in der Sache zu neuen Lösungen zu kommen.

Die Anpassung an den Geist der Zeit machte sich aus heutiger Sicht noch viel gravierender in ethisch-politischer Hinsicht bemerkbar. Ich denke dabei an die politisch konservative Einstellung, die das ganze 19. Jahrhundert hindurch zu einer patriotisch-vaterländischen Haltung führte, wie sie den Protestantismus allgemein prägte. Die Synode von 1789 diskutierte in den Tagen der französischen Revolution die Stellung der Brüdergemeine zur Revolution und gab die Antwort: »Sich so viel möglich heraushalten, am wenigsten Parteiführer an seinem Orte zu sein. ... Gehorsam der Obrigkeit, welche die Gewalt hat.« Ganz ähnlich unterstützten die Gemeinden in der Mehrzahl auch 1848 die herrschenden Fürsten- und Königshäuser. Die Ethik der Gewaltlosigkeit der alten Brüderkirche, auch die Ansätze, die sich aus der Eides- und Militärdienstverweigerung der erneuerten Brüderkirche hätten entwickeln lassen, fanden im 19. Jahrhundert keine Stimme und deutlichere Reflexion.

Erst die Generalsynode von 1909 nahm einen Antrag des Engländers Clarence H. Shawe u.a. zur Unterstützung der Friedenskonferenzen und Beeinflussung der öffentlichen Meinung gegen den Krieg an. Eine weitere Generalsynode im Jahre 1914 kurz vor Beginn des Weltkrieges gab nach leidvollen Erfahrungen auf den Missionsfeldern dem

»Friedensantrag« von Theodor Marx u.a. statt, erkannte die Notwendigkeit einer grundsätzlichen Neufassung des bisherigen Abschnitts der Kirchenordnung (Synodalverlaß) über die Obrigkeit und ergänzte ihn vorläufig durch den Zusatz:

Der internationale Charakter der Unität sowie unser Missionswerk, das durch ungezügelte Selbstsucht der Völker und kriegerische Verwickelungen schweren Schaden leiden müßte, legen uns im besonderen die Pflicht auf, für den Friedensgedanken einzutreten. Wir wollen dahin arbeiten, daß das Handeln der Völker untereinander von dem Geiste gerechter Anerkennung und gegenseitigen Verständnisses erfüllt werde. Die Welt soll auch darin die Herrschaft unseres Heilandes erkennen und seine Macht, das Menschenleben umzuwandeln.

In seiner Begründung des Antrags hatte Marx noch deutlicher formuliert: »Es muß zu einer Völkerethik kommen, sonst macht der Geist Christi bankrott.«

Blicken wir von hier aus auf die Entwicklung im Erziehungswesen allgemein. Die erste Hälfte des Jahrhunderts brachte die brüderischen Schulen zu voller Blüte. Fast jede Ortsgemeinde besaß nicht nur eine Ortsschule für die Einwohner sondern auch zwei Pensionsanstalten, die Knaben- und die Mädchenanstalt, die starke Attraktivität für auswärtige Schüler besaßen. Besondere Anziehungskraft hatten Knabenanstalt und Pädagogium in Niesky sowie die Knabenanstalten in Gnadenfrei und Neuwied, deren Schüler zu einem Teil aus England kamen. Erbe zählt im 19. Jahrhundert 30 Anstalten in der deutschen Provinz, 15 in Großbritannien und 4 in Amerika. Den brüderischen Schulen ging der Ruf voraus, daß sie eine christliche Erziehung durch bewußt christliche Lehrerpersönlichkeiten in der Atmossphäre einer christlichen Gemeinde vermittelten. In besonders glücklicher Weise verbanden sich pädagogische und missionarische Erfahrung auf den Missionsfeldern. Die Brüder haben auf den Missionsstationen möglichst bald auch Schulen eingerichtet und für die Ausbildung der Lehrer Gehilfenschulen errichtet, so 1838 in Gnadendal in Südafrika, 1847 das Lehrerseminar Cedarhall auf Antigua, 1854 ebenda das entsprechende Lehrerinnenseminar.

Während das Schulwesen auf den Missionsfeldern in der zweiten Hälfte des Jahrhunderts aufblühte, setzte in Europa eine Entwicklung durch die staatliche Gesetzgebung ein, die ihm trotz seines guten Rufes zu schaffen machte. Schon das Allgemeine Preußische Landrecht von 1794 forderte die staatliche Aufsicht über private und öffentliche Schulen (§ 1,II,12 und § 4,9), aber während bis 1848 die kirchliche Mitwirkung in der Schule erwünscht war, mehrten sich dann die Stimmen für die Abschaffung der geistlichen Schulaufsicht. Die qualifizierte Lehrerbildung durch Seminare und pädagogische Akademien sowie das preußische Schulaufsichtsgesetz vom März 1872 zwang die Unitätsleitung zu einer Umgestaltung des Schulwesens. Sie gründete 1872 ein eigenes Lehrerseminar in Niesky und 1875 eine Lehrerinnenbildungsanstalt in Gnadau, wo später (Niesky 1880) staatlich anerkannte Prüfungen abgenommen werden konnten. Die Anpassung an die staatliche Gesetzgebung wurde zu einem Dauerproblem des Erziehungswerks. Dem Pädagogium in Niesky und der Realschule in Gnadenfrei gelang es, die in Preußen wichtige Berechtigung zur Ausstellung von Zeugnissen für den Einjährig-Freiwilligen-Dienst zu erhalten. Aber der Unitätsleitung fiel es schwer, Lehrer mit der nötigen Qualifikation heranzuziehen oder anzuwerben und litt an ständigem Lehrermangel. Sie sah deutlich: Das christliche Erziehungsziel wurde unter solchem Druck zweitrangig im Vergleich zur wissenschaftlichen Qualifikation der Lehrer und stemmte sich dagegen. Dabei kam der Staat der Unität durchaus entgegen und gewährte dem Nieskyer Pädagogium 1890 eine Frist von vier Jahren zur Ausbildung eines eigenen akademisch und staatlich geprüften Nachwuchses. Es waren die staatlichen Gesetze, die das Erziehungswerk so einschnürten, zumal auch Renovierungen und Neubauten anstanden, die an die Grenze der finanziellen Möglichkeiten der Gemeinden gingen. Dabei stiegen Ende des Jahrhunderts die Schülerzahlen eher an.

Einen gewissen Vorsprung hatte die Brüdergemeine auf dem Gebiet der Mädchenerziehung. Die Schwesternhäuser betrieben schon um 1800 Töchterheime für Auswärtige. Um 1900 verlegte sich die Unitätsleitung bewußt auf die Mädchenerziehung und ergriff auf der Synode von 1912 eingreifende Maßnahmen. Die Töchterheime wurden zu Haushaltungs- und Frauenberufsschulen ausgebaut und erfreuten sich als Internate eines guten Rufs, die Mädchenanstalten wurden Lyceen oder Mittelschulen. Neben den Gymnasien in Niesky und Gnadenfrei und dem Lyceum in Gnadau schafften die Schulen in Königsfeld und Kleinwelka den Aufstieg zu Realschulen.

Diasporawerk, Innere Mission und Gemeinschaftsbewegung

Ziel der Diasporaarbeit war es, innerhalb der Kirchen die »Herzensreligion zum Heiland«, »das Geheimniß der Gottseligkeit in Christo zu verbreiten«, nicht also, Christen für die Brüdergemeine zu sammeln. Die zu den unterschiedlichen Kirchen gehörigen Glieder, die sich durch die Diasporaarbeiter ansprechen ließen, bezeichnete man als Freunde der Brüdergemeine. Die Arbeit entwickelte sich freilich in den drei Unitätsprovinzen unterschiedlich. In der deutschen Provinz hielt man im 19. Jahrhundert noch streng an der zinzendorfischen Konzeption fest, während man in der amerikanischen Provinz in dem ganz unterschiedlichen Kontext Amerikas, das keine Landeskirchen kannte, seit 1830 die sog. Home Mission als missionarisch-evangelistische Aufgabe betrieb. In der britischen Provinz hatte die Arbeit von Anfang an den Charakter der Evangelisation und man errichtete fest eingerichtete »Predigtplätze«; in Irland stellte man zusätzlich »Schriftleser« zur Verbreitung des Wortes Gottes unter den Armen an.

Erlebte die Diasporaarbeit der Brüdergemeine nach den Befreiungskriegen einen neuen Aufschwung, so ging sie in der zweiten Hälfte des 19. Jahrhunderts zurück. Damit soll freilich nicht gesagt sein, daß es nun nicht auch neue Impulse und Arbeitsfelder gegeben hätte. In gewisser Weise erntete die Brüdergemeine die Früchte ihrer früheren Arbeit ein, indem einige der Sozietäten nun formal als Gemeinden anerkannt wurden. Das gilt in Schlesien für die seit 1785 bestehende Diasporapflege in und um Breslau, die sich 1880 als Gemeinde verselbständigte, für die Arbeit in Goldberg, wo 1859 eine Gemeinde entstand, und für die durch den Beitritt des Grafen Eberhardt von Pfeil begünstigte Gemeinde Hausdorf bei Glatz, die sich 1874 aus katholischen Christen bildete und 1884 selbständig wurde. Ähnlich erwuchs aus der um 1820 entstandenen Sozietät Guben in der Niederlausitz 1885 und aus den Diasporagliedern um Dresden 1904 eine selbständige Gemeinde. Besonders hingewiesen sei auf die Entwicklung in der Schweiz. Als sich im Kanton Neuchâtel wie im Waadtland eine freie Kirche bildete, regten die dortigen Diasporaglieder 1873 die Gründung von drei neuen Gemeinden an: Chaux-de-Fonds, Le Locle und Peseux. Ob man freilich mit dieser Entscheidung in jedem Fall eine gute Wahl getroffen hatte, mag bezweifelt werden, da zwei Schweizer Gemeinden sowie Goldberg bereits um die Jahrhundertwende wieder aufgehoben wurden.

Überraschend erfolgreich war die Arbeit in dem östlich der Oder liegenden *Warthe- und Netzebruch,* ein Gebiet, das erst durch die Kolonisation unter Friedrich II. zugänglich wurde. Die brüderische Arbeit hatte 1802 in Gerlachsthal begonnen und unter ihrem ersten Arbeiter Johann Heinrich Gottlieb Jahr einen guten Boden gefunden. Sie wurde nach 1850 in das weiter östlich liegende Netzebruch ausgedehnt und erlebte eine Erweckung. Im Warthebruch wurden 1846 an 44 Orten 1846 Mitglieder, im Netzebruch 1869 an 66 Orten 1041 Mitglieder betreut. Das Besondere dieser Region bestand in der Tatsache, daß die Landeskirche hier auf eine eigene Betreuung verzichtete und sich die brüderischen Organisationsformen der Versammlungen mit Chorordnung und Chorfesten, Missionsfest, Posaunenchor und anderem durchsetzten. Das galt auch für das benachbarte sog. »Ansiedlungsgebiet« um Bromberg mit dem Mittelpunkt in Groß-Reichenau, wo die brüderische Arbeit auch von den Behörden unterstützt wurde.

Als das geschlossenste Diasporagebiet konnte das von *Russisch-Polen* bezeichnet werden, das sich von dem ersten Stützpunkt Neusulzberg aus erschloß. Die Arbeit war hier freilich völlig von der Haltung der russischen Regierung abhängig. Während sie vor 1881 gern gesehen war, änderte sich die Lage mit dem Tod von Zar Alexander II. völlig. Die Diasporaarbeiter galten nun als Ausländer, die oft jahrelang vergeblich auf eine Aufenthaltsgenehmigung warten mußten.

Einen geradezu tragischen Verlauf nahm das große Diasporawerk im *Baltikum.* Es entwickelte sich in den ersten Jahrzehnten von den vier Zentren Wolmar im lettischen Livland, Dorpat im estnischen Livland, Arensburg auf der Insel Ösel und Reval im Estland, begünstigt von der Politik der Zaren, zu beachtlicher Höhe und erreichte um 1850 seine größte Ausdehnung. 1854 gab es ca. 270 Bethäuser, die als schlichte, in Eigenleistung entstandene Bauten gleichsam »Symbol nationaler Selbstbehauptung« (Philipp) des estnischen und lettischen Volkes wurden, mit 6.751 »National-Gehülfen« und 70.172 Mitgliedern. Doch schon durch das Allgemeine Kirchengesetz von 1832 waren Versammlungen zu Privatandachten von der Genehmigung des lutherischen Konsistoriums und der Zivilobrigkeit abhängig. Die erheblichen Auseinandersetzungen mit den Konsistorien – der Generalsuperintendent des livländischen Provinzialkonsistoriums Bischof Ferdinand Walter machte seit 1855 ebenso wie die theologische Fakultät in Dorpat mit Professor Theodosius Harnack Front gegen die Brüdergemeine –, aber auch die seit der Herrnhuter Synode von 1857 beschlossene Aufhebung der brüderischen Ordnungen und Exklusivität der Versammlungen im Baltikum führte zur Auflösung der brüderischen Gemeinschaften und enttäuschte die national Gesinnten. Der Ausweg, eine von der lutherischen Kirche unabhängige Brüderkirche zu organisieren, hätte das Grundprinzip der Diasporaarbeit, Hilfe für die Landeskirche zu sein, verletzt. Seit 1890 sah sich die Unitätsleitung gezwungen, einen großen Teil ihrer Immobilien an die lutherische Kirche zu verkaufen, so daß Anfang des 20. Jahrhunderts nur noch die beiden Stützpunkte Riga und Dorpat bestehen blieben, die die verstreuten, sich in den Bethäusern sammelnden kleinen Häuflein nur ungenügend betreuen konnten.

Für die deutsche Provinz gewann die evangelistische Arbeit in *Böhmen und Mähren,* das »böhmisch-mährische Werk«, eine besondere Bedeutung, denn diese Arbeit konnte die Ursprünge in der Alten Brüderunität sichtbar machen. Interesse an einer Ansiedlung der Brüder von österreichischer Seite gab es schon Ende des 18. Jahrhunderts, doch bezog sich das Toleranzpatent von 1781 nur auf lutherische und reformierte Christen. Erst ein Religionspatent von 1861 schaffte die rechtlichen Voraussetzungen, so daß die deutsche Provinzialsynode von 1862 das »Böhmisch-mährische Komitee« mit der Sondierung und Durchführung der neuen, nicht als Missions-, sondern als Diasporaarbeit verstandenen Aufgabe betraute. Auf Drängen der amerikanischen Mitglieder wagte man aber dort die Gründung einer Gemeinde, wo Christen in einer kirchlich unterversorgten Gegend darum baten. So entstand 1870 die Gemeinde Potstejn in Mähren, 1872 die deutsche Gemeinde Dauba. Aus diesen Anfängen erwuchs »Die Brüderkirche in der Tschechoslowakische Republik« mit 14 Gemeinden und zahlreichen Predigtplätzen im Jahre 1931, als sie den Status einer »werdenden Provinz der Brüder-Unität« erhielt. Nach dem Zweiten Weltkrieg erlangte sie als Jednota bratrská volle Selbständigkeit.

In der zweiten Hälfte des Jahrhunderts setzte in der Diasporaarbeit ein Wandlungsprozeß ein. Es war nicht zu übersehen, daß sich das kirchliche Leben in den Landeskirchen gegenüber dem 18. Jahrhundert deutlich verbessert hatte, daß durch die Kirchen eine Erneuerungsbewegung ging, die den ursprünglichen Sinn der Diasporaarbeit als überholt oder anmaßend erscheinen ließ. Ich denke besonders an das aufblühende kirchliche Vereinswesen und die überall entstehenden Einrichtungen der Inneren Mission. Die Verbindung zur Inneren Mission war von Anfang an freundschaftlich und gegenseitig befruchtend.

Die beiden bedeutendsten Werke Innerer Mission in der Brüdergemeine seien an dieser Stelle wenigstens genannt: das *Heinrichsstift* in Gnadenfeld, ein »Krankenhaus« oder zunächst eine Krankenpflegestation, deren Name von Hermann Plitt in Erinnerung an den Tod des Fürsten Heinrich LXIII. von Reuß-Köstritz, der am Anfang der Erweckung in Niesky 1841 stand, gewählt wurde. Als 1885 in Niesky der Neubau eines Krankenhauses für Probeschwestern eröffnet wurde, entstand der »Diakonissenverband in der evangelischen Brüdergemeine« mit dem Namen Emmaus, dessen Schwestern bald an vielen Orten innerhalb und außerhalb der Brüdergemeine arbeiteten. – Das andere, von der Gesamtunität getragene Werk war das *Aussätzigen-Asyl Jesushilfe* in Jerusalem, das auf Anregung der Familie von Keffenbrink anläßlich einer Orientreise 1867 mit einem brüderischen Hausvater begründet und 1881 ganz der Brüdergemeine übergeben wurde. Der Geschichte dieses Hauses und der mühsamen, aufopferungsvollen Arbeit der dort tätigen Diakonissen und Brüder nachzugehen, fehlt hier der Platz. Es bestand bis nach Ende des Zweiten Weltkriegs (1950) und wird heute in einem Heim für Behinderte in Ramalla fortgesetzt.

Kehren wir zurück zur Arbeit der Brüdergemeine für und in der evangelischen Kirche. Sie geriet gegen Ende des Jahrhunderts in eine spannungsvolle Auseinandersetzung durch die Gründung und den Zusammenschluß der Gemeinschaftsbewegung in den Pfingsttagen des Jahres 1888. Die Gründungsversammlung fand nicht zufällig in der Brüdergemeinde Gnadau, allerdings nicht in den Räumen der Gemeinde, sondern in der Gaststätte unter den führenden Männern der im einzelnen sehr unterschiedlichen Bewegung wie Jasper von Oertzen, Jakob Gustav Siebel und Theodor Christlieb statt. Ihre dort festgestellten Ziele, die gemeinschaftliche Privaterbauung, die Gemeinschaftspflege, die Evangelisation und die Laientätigkeit durch brüderliche Gemeinschaft und Gebet innerhalb der Landeskirchen schienen fast völlig denen der brüderischen Diasporapflege zu entsprechen. Auch erstreckte sich die Bewegung über das ganze Gebiet des Deutschen Reiches. Dem 1897 geschaffenen »Deutschen Verband für Gemeinschaftspflege und Evangelisation« gehörten 39 Landes- und Provinzialverbände an. Man sollte vermuten, daß die Brüdergemeine zu den Gründern und wichtigsten Förderern gehörte, doch das war nicht der Fall. Trotz vielfacher Berührungen arbeiteten beide getrennt und in Konkurrenz zueinander. Die deutsche Brüdersynode von 1901 diskutierte das Verhältnis beider und nahm eine »Erklärung über die Stellung der Brüdergemeine zur Gemeinschaftsbewegung unserer Tage« an. Charles Buchner beobachtete ein meistens »vernichtendes Urteil« der Bewegung über die Brüdergemeine, das er aus einer unterschiedlichen theologischen Position ableitete. Die Bewegung trage »einen subjektivistischen und antikirchlichen Charakter«, der sich auch gegen die Brüdergemeine als »kirchliche Organisation« richte. Vor allem kontrastiere ihre Vollkommenheitslehre der brüderischen »Armen-Sünder-Lehre«, die er als die Lehre von der totalen Abhängigkeit vom Heiland beschrieb. Andrerseits gaben mehrere Abgeordnete die Machtlosigkeit brüderischer Diasporapflege gegenüber dieser Bewegung zu, von der die brüderischen Gemeinschaften »mehr und mehr aufgesaugt« würden. Sie sei ein Ruf zur Buße. »Sie ist uns vom Herrn gegeben, um uns aufzurütteln, aber auch, um uns anzuregen«. Hermann Reichel bezeugte für Schlesien, daß sich das Verhältnis zueinander bessere. Man habe erkannt, daß dort »kein anderes Evangelium geboten werde als in der Gemeine«. Das Fazit der Besprechung war darum, daß man sich positiv zur Gemeinschaftsbewegung stellen wolle, ohne das eigene Erbgut aufzugeben: »Wir haben eine Kirche, die zugleich Gemeinschaft ist.« Die gedruckte Erklärung begann sehr positiv: »Wir sehen in der Gemeinschaftsbewegung unserer Tage im großen Ganzen eine von Gottes Geist gewirkte, heilsame, von mancherlei Segen für unsere gesamte evangelische Kirche begleitete Bewegung.« Die angedeuteten Gegensätze lassen sich in der Erklärung kaum noch erkennen.

Das Verhältnis beider zueinander gestaltete sich im einzelnen und an den unterschiedlichen Orten sehr differenziert. Die Unitätsleitung äußerte sich in den Jahresberichten regelmäßig über das spannungsvolle Nebeneinander. Einzelne Vereine wie der »Missionsbund für

Ost-Europa«, der seinen Sitz in die Brüdergemeine Hausdorf verlegte, galt der Unitätsleitung als Beispiel für kirchenspaltende Tendenzen, andrerseits freute sie sich über den neu erwachten Gemeinschaftstrieb, der den brüderischen Diasporapflegern mehr Arbeit und Interesse verschaffe. Schwierig war die Situation dort, wo ein der Landeskirche nahestehender Verein wie der pfälzische »Verein für Innere Mission« die Gemeinschaftspflege intensiv betrieb und sich die Brüdergemeine gemäß ihrer eigenen Richtlinien nur zurückziehen konnte. Gegenüber der Pfingstbewegung wußte man sich durch einen tiefen theologischen Graben getrennt.

Die Verfassungsentwicklung bis zur Generalsynode von 1899

Die für die Verfassung grundlegende Synode von 1769 hatte die »Unitäts-Aeltesten-Conferenz« (UAC) als zentrale Leitungsbehörde mit drei Abteilungen (= Departements) eingesetzt: das Helfer-Department für die inneren Angelegenheiten, das Aufseher-Departement für die Rechtsaufsicht und das Diener-Departement für die Finanzen. Die auf den folgenden Synoden beschlossenen Ergänzungen der Verwaltungsstruktur deuten an, welche Aufgabengebiete für die Brüdergemeine ein zunehmendes Gewicht erhielten und daher eine intensivere Verwaltung benötigten. So beschloß die Synode von 1789 die Errichtung eines zusätzlichen Missions-Departements als 4. Abteilung. Dieses gewann im 19. Jahrhundert eine noch steigende Bedeutung, da hier die für die Gesamtunität zentrale Aufgabe koordiniert wurde. Die Brüdergemeine wollte in erster Linie eine »Missionsgemeine« sein. Die Synode von 1818 ergänzte als 5. Abteilung das »Erziehungs-Departement« und zeigte damit die große Bedeutung der brüderischen Schulen im 19. Jahrhundert an.

Auf der Synode von 1848 vollzog sich ein Wandel in eine andere Richtung, die insbesondere durch den Selbständigkeitsdrang der amerikanischen Gemeinden veranlaßt wurde. Ihr Unabhängigkeitsstreben führte auf der Generalsynode von 1857 zur Gliederung der Gesamtunität in die drei Provinzen: amerikanische, englische und deutsche Provinz. Der englischen und amerikanischen Provinz stand je eine Provinzial-Ältesten-Konferenz (PAC) als ständige Behörde vor, in der deutschen Provinz übernahm die Unitäts-Ältesten-Konferenz diese Aufgabe. Die Provinzialsynoden hatten in den provinziellen Angelegenheiten die letzte Entscheidung, sie sollten ferner die Generalsynoden vorbereiten. Dieser neuen Verfassung entsprach auch eine Aufteilung des Vermögens auf die Provinzen. Die Brüderunität gab damit ihre bisherige zentrale Organisation zugunsten einer dezentralen auf und die eigenständige Entfaltung der einzelnen Provinzen frei, was sich sehr fruchtbar auswirken sollte.

Doch die Entwicklung war damit noch nicht zu ihrem Ende gelangt. Einerseits verlangten die außerdeutschen Provinzen eine Appellationsinstanz, so daß auf der Generalsynode von 1879 ein »Unitätsdepartement« aus der bestehenden UAC gebildet und durch die Synode gewählt wurde. Andrerseits verlangte die deutsche Provinz die gleiche Behandlung wie die anderen Provinzen, also eine eigene deutsche Provinzial-Ältesten-Konferenz, was die Generalsynode von 1889 in *der* Form ermöglichte, daß die UAC in zwei selbständige Abteilungen geteilt wurde, die deutsche PAC und das allgemeine Missionsdepartement.

Im letzten Jahrzehnt des Jahrhunderts wurde die Verfassung noch einmal von einer andern Seite her in Frage gestellt. War die brüderische Ortsgemeinde bisher zugleich eine Kommunalgemeinde, so nahm der moderne Staat in seiner Gesetzgebung auf die konfessionelle Situation keine Rücksicht und zwang zu einer scharfen Trennung von politischer Gemeinde und Kirchengemeinde. In Preußen wurde 1850 eine Gemeindeordnung publiziert, 1891 die Landgemeindeordnung, die die brüderischen Ortsgemeinden unmittelbar betraf. So kam es in Niesky 1879 zu einem ersten Versuch der Trennung, endgültig 1891 durch eine vertragliche Regelung. Damals wurden der politischen Gemeinde überschrieben: der Platz, die öffentliche Wasserleitung mit Quellen und Brunnen, die öffentlichen Fahrstraßen, die Bürgersteige u.a., während die im Grundbuch auf die Brüdergemeine eingetragenen Grundstücke und Gebäude, auch der Wald, die Schulfelder und der Kirchplatz bei der Brüdergemeine verblieben. Für die politische Gemeinde bedeutete das einen schwierigen Anfang, für die Brüdergemeine einen Verzicht auf bisheriges Eigentum und Pflichten, zugleich die Entlastung von ihrer Sorgepflicht um die kommunalen Belange. Die theokratische Einheit von Bürger- und Christengemeinde war formal aufgehoben.

Einen kritischen Sonderfall stellte die Entwicklung der Gemeinde Sarepta an der Wolga dar. Hatte sich die Gemeinde bis 1874 einer Sonderstellung im russischen Reich erfreuen können, so wurden diese Vorrechte nun aufgehoben und die allgemeine Gemeindeordnung mit einigen Zugeständnissen eingeführt. Kommunal- und Gemeindeordnung bestanden parallel, bis 1891 der Landeshauptmann nur noch die Kommunalordnung akzeptierte, den brüderischen Vorsteher entließ und die Hand auf das Gemeindevermögen legte. Die Gemeinde wurde damit faktisch enteignet. Die Reaktion der Gemeindeglieder war gespalten, einige nahmen Partei für den russischen Staat, andere waren empört. Der Unitätsältestenkonferenz in Herrnhut blieb schließlich nur übrig, am 20. Februar 1892 die Aufhebung der Brüdergemeine Sarepta festzustellen.

In den Jahren 1881–1884 war Wilhelm Kölbing Prediger und Schulinspektor in Sarepta gewesen und hatte die Folgen des 1877 durch die russische Regierung eingeführten Statuts Sarepta deutlich gesehen. Zurückgekehrt nach Deutschland erkannte er auch hier die unklare Vermögensverwaltung in den Ortsgemeinden und arbeitete in Gnadau mit anderen eine Denkschrift aus, die der Prediger von Gnadau, Paul Dober, 1892 vorlegte. Die Unitätsleitung handelte sofort und setzte unter Kölbing als Geschäftsführer eine Synodalkommission ein. Auf Vorschlag dieser Synodalkommission beschloß die Synode von 1893 die klare Scheidung des Eigentums der Gesamtunität und der Einzelgemeinde. Die Gesamtunität war danach Eigentümer der Unitätsgüter, der Erziehungsanstalten, der Chorhäuser der Einzelgemeinden mit ihren Grundstücken, auch der von den Gemeinden betriebenen Geschäfte. Eigentum der Einzelgemeinde waren der Betsaal, Gottesacker, Schule, Gasthof sowie die ihr gehörenden Grundstücke und Wohnhäuser. Grundsätzlich sollte die Gemeinde so ausgestattet sein, daß ihre Selbständigkeit garantiert und die lokalen Bedürfnisse befriedigt werden konnten.

Auch die Verwaltung der Ortsgemeinden wurde geändert. Während bisher die für das Geistliche verantwortliche Ältestenkonferenz, die aus den von der UAC angestellten Gemeindienern bestand, und das Aufseher-Kollegium, das von der Gemeinde gewählt wurde und für die äußeren Angelegenheiten zuständig war, der Gemeinde vorstanden, sollte nun der »Ältestenrat« die Gemeinde in geistlicher und vermögensrechtlicher Hinsicht vertreten. Den Vorsitz führte der Prediger.

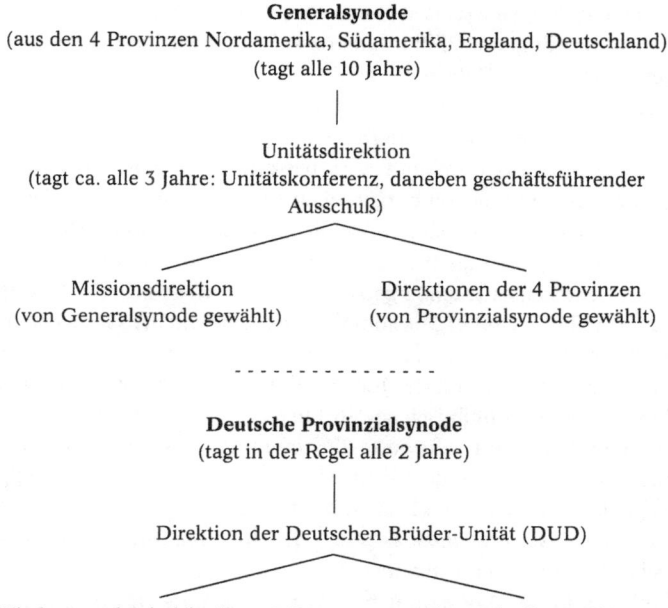

Schließlich wurde die Verfassung der Gesamtunität durch eine durchsichtigere Struktur und modernere Begriffe den Rechtsvorstellungen der Zeit angepaßt und die Selbständigkeit der Provinzen gestärkt. Darüber gibt die »Kirchenordnung« (1894/97), die nun anstelle der »Synodalverlässe« trat, mit ihren beiden Teilen »1. Die Grundsätze« und »2. Die Verfassung« Auskunft. Das beigefügte Schema möge den weitgehend bis heute gültigen Aufbau verdeutlichen.

Überschaut man die Entwicklung der Brüderunität im 19. Jahrhundert, so erkennt man eine zunehmende Stärkung der Befugnisse der einzelnen Provinzen, und damit einen Rückgang des deutschen Einflusses. War noch zu Beginn des Jahrhunderts die UAC eine fast rein deutsche Behörde, so wurde in der Kirchenordnung von 1897 auf strenge Gleichbehandlung der Provinzen geachtet: jede Provinz entsandte 4 Vertreter in die Unitätsdirektion. Die Zusammensetzung der Generalsynode um 1911 zeigte deutlich den wachsenden Einfluß der außereuropäischen Länder, die freilich der wirklichen Zahl der

Gemeindeglieder noch immer nicht entsprach: Deutschland entsandte 9 Vertreter, England 9, Nordamerika 7, Südamerika 2, Jamaika 1, Westindien-Ost 1, Österreich 1.

Auch läßt sich die Öffnung hin zu demokratisch-bürgerlichen Verfassungselementen seit 1848 beobachten. Während die Synoden bis 1836 ganz aus Gemeindienern bestanden, empfahl die Synode 1848 die Benennung von bürgerlichen Abgeordneten. Dieses Eingehen auf den Geist der Zeit bedeutete zugleich den Abbau der theokratischen Verfassungsstruktur der Gemeine. An der zentralen Frage des Generalältestenamtes gab man freilich nichts nach. Doch konnte nun ein brüderischer Missionar in einer anonym herausgegebenen Schrift in der Lehre vom Ältestenamt Jesu und der damit verbundenen Theologie Zinzendorfs eine grundsätzliche Fehlentwicklung erblicken, weil sie unbiblisch sei. Er blieb eine Einzelstimme. Die begründete und längst geforderte Trennung des Loses vom Ältestenamt Jesu auf der Synode 1818 machte den Weg frei für die völlige Aufgabe des Loses gegen Ende des Jahrhunderts (1889 Aufgabe des amtlichen Losgebrauches, s. Seite 69). Doch das Ringen um diese Preisgabe verbrauchte manche Kraft, und die nordamerikanische Provinz griff den Losgebrauch früher und schärfer als in Deutschland an. Das Bewußtsein, daß Christus in wichtigen Entscheidungen seine Stimme durch das Los kundgeben kann, galt der Unitätsleitung als ein besonderes Erbe Zinzendorfs. Es sollte ja nicht einer entscheidungs-ängstlichen Leitung zur Tat verhelfen, was gelegentlich durchaus der Fall sein mochte, sondern sie daran hindern, eigene, selbstgewählte Wege zu gehen. Die letztliche Preisgabe des Loses erfolgte aus der Einsicht, daß ein verfassungskonformes Verhalten wie zum Beispiel die Wahl von Vertretern zu Körperschaften sich nicht mit einer Bestätigung durch das Los vertrug.

Der Abbau der theokratischen Struktur der Brüdergemeine läßt sich an der langsamen Auflösung der Ortsgemeinde verdeutlichen. Darin bestand ja eine Eigentümlichkeit der Brüdergemeine, daß ein politisches, wirtschaftliches Gemeinwesen wie die Ortsgemeinde nach biblischen, christlichen Grundsätzen gelenkt wurde. Wie aber ließ sich die geistliche Gemeinde mit der Kommunalgemeinde zusammendenken? Gottfried Cunow, der Leiter der Synode von 1818, entfaltete den Plan, zwischen dem freien Brüderbund (»dem treuen Teil«) und der sichtbaren Brüderkirche zu unterscheiden. In die Brüderkirche gelangt man durch Taufe bei Gliedern der Brüdergemeine bzw. durch Erlaubnis ohne Los, in den Brüderbund nur mit Zustimmung durch das Los. Nur die Letzteren haben die vollen Rechte eines Mitgliedes. Auf der Synode von 1825, nun unter der Leitung von Albertini, kam von England der Vorschlag, die Ortsgemeinde ganz aufzuheben zugunsten einer freien christlichen Gemeinschaft. Die Synode hat weder die Entscheidung von 1818 bestätigt noch die Auflösung der Ortsgemeinden beschlossen, sondern eine Stufenfolge festgelegt: in die Brüderkirche gelangt man durch die Konfirmation oder Annahme, zur vollen Mitgliedschaft in die Gemeine erst durch Aufnahme nach der Bestätigung durch das Los. Hier wurzelt also der bis heute durchgehaltene Akt der Aufnahme in die Gemeinde im Alter von etwa 18 Jahren, der die Konfirmationshandlung im Unterschied zur Landeskirche relativiert. In diesem Kompromiß zeigt sich der Wille, an der Gemeindeidee Zinzendorfs und ihrer theokratischen Verfassung festzuhalten, ohne die Realitäten einer zunehmend weltlicher werdenden Gesellschaft aus den Augen zu verlieren. Ein solches Zugeständnis an die Zeit war schon 1818 die Erlaubnis an Fremde, sich in einer Ortsgemeinde niederlassen zu dürfen, wenn sie in einem Revers die besonderen Statuten und Grundsätze anerkannten.

Die Synode von 1857 öffnete die Tür für Ortsfremde noch weiter. Die Entwicklung der Einpassung der Ortsgemeinden in das deutsche Rechts- und Gesetzessystem ging weiter und fand ihren Abschluß in der Kirchenordnung von 1894/1897. Die Unitätsleitung beschrieb diesen Vorgang 1901 so: »Das neue deutsche bürgerliche Gesetzbuch, die Grundbuchordnung, das neue Handelsgesetzbuch, die inzwischen erschienen sind, forderten geordnete Verhältnisse, denen die unsern, teils auf veralteten Rechtsordnungen, teils auf brüderlichem Einverständnis ruhenden, durchaus nicht entsprachen, so daß die Sicherheit unsers Besitzes auf allen Seiten bedroht war. Ganz zu schweigen von den inneren Gefahren, deren Größe uns vielfach erst nachträglich, aber doch in jüngster Zeit so recht klar geworden ist.« Die Verfassungssynoden von 1893/1894 und 1897 erschienen der Direktion rückblickend als Bewahrung »in dem letzten Augenblick, wo es noch ohne schwereren Schaden möglich war«, wofür sie sich Wilhelm Kölbing zu großem Dank verpflichtet wußte.

Gewerbe, Handel und Fabriken

Die in Herrnhut entstandene Gemeinde war von Anfang an nicht nur eine religiöse Gemeinschaft, sondern zugleich eine wirtschaftliche Organisation, die Handwerk, Gewerbe und Handel betrieb und darauf angewiesen war, daß sich die in Europa und auf den Missionsfeldern errichteten Gemeinden und Stationen möglichst selbst finanzierten. Der Unterschied zu einer landeskirchlichen Gemeinde war ganz wesentlich diese Einheit von geistlicher Verpflichtung und wirtschaftlicher Selbsterhaltung. Die Frage aber, woher die Einnahmen einer Gemeinde zu erlangen und wie beides, die Vielzahl der geistlichen Unternehmungen und die wirtschaftliche Basis in das rechte Verhältnis zu bringen waren, beschäftigte die Synoden in erheblicher Weise. Für uns gehört heute das Kapitel über das »Oeconomicum« in den Synodalverlässen (Kirchenordnungen) zu den spannendsten Abschnitten.

Die Spezialisierung der Brüder auf Handwerk und Manufakturen war eine klare Folgerung aus ihrem religiösen Auftrag. Eine bodenständige Landwirtschaft hätte die Mobilität und Anpassungsfähigkeit, die von Missionaren und Diasporapflegern erwartet werden mußte, verhindert. Um nicht in Abhängigkeit von nichtbrüderischen oder gar unchristlichen Fabrikherren und Kolonialgesellschaften zu geraten, mußten die Gemeinden alle Anstrengung darauf richten, ihre Mitglieder innerhalb der Gemeinde zu beschäftigen. Daß sich für eine christliche Gemeinde, die aus der Bibel und in ständiger Gemeinschaft mit Christus leben wollte, strenge ethische Maßstäbe und Grundsätze auch für ihr Wirtschaftsleben ergaben, verstand sich von selbst. Treue im Kleinen, Bewährung der Nächstenliebe innerhalb und außerhalb eines Betriebes, Ehrlichkeit, feste Preise, zuverlässige Qualität entsprachen der christlichen Gesinnung. Dies galt für beide Bereiche, für die Handwerksbetriebe und für den von Zinzendorf zunächst beargwöhnten Handel. Dabei durfte das oberste Ziel nicht sein, Gewinn für ein Geschäft zu erzielen. »Das reich werden wollen und Geld gewinnen wollen muss eine Brüderhandlung ganz evitieren«. Vielmehr sollte die Ware gute Qualität haben, der Preis gerecht sein und die brüderische Handlung das Ansehen eines zuverlässiger Partners genießen. Wo dennoch Gewinn erzielt wurde, galt er als Gottes Segen, der der gesamten Unität zugute kam.

Das Besondere der Brüdergemeine lag nun darin, daß sie neben den individuellen Handwerkern und Kaufleuten einen sozialisierten Wirtschaftszweig in ihren Chorhäusern ausbildete. Da sich die Chorhäuser selbst erhalten sollten, lag es nahe, daß die jungen, leistungsfähigen Insassen der Brüder- und Schwesternhäuser eigene Betriebe aufbauten, so daß ein solches Chorhaus meist eine eigene Bäckerei, Fleischerei, Schneiderei, Schusterwerkstatt usw. besaß. Im Brüderhaus von Niesky arbeiteten noch im Jahre 1860 Gerber, Schneider, Schumacher, Tischler, Weber, Böttcher, Bäcker und Sattler. Es ist nun nur natürlich, daß die Chorhäuser in Konkurrenz zu den Privatbetrieben standen. Freilich wurden beide zusammengehalten durch die Leitungsgremien der Gemeinde, die Ältestenkonferenz, das Aufseherkollegium und den Gemeinrat. Diese legten den Rahmen für die Gewerbe fest, bemühten sich aber auch, falls nötig, um gute Handwerker von auswärts, verschafften Kredite oder erteilten Auflagen. Dennoch erließen die Unitätssynoden Bestimmungen, um eine nachteilige Konkurrenz der »Diakonien«, d.h. der Dienstleistungen mit eigener Haushaltführung untereinander auszuschließen. »Es gehört hierher zuvörderst, daß *alle* Diaconien in einer Gemeine sich als Theile *Eines Ganzen* ansehen, und nur Ein gemeinschaftliches Interesse vor Augen haben, nemlich das oeconomische Bestehen und Wohl der Gemeine und ihrer Chöre. Die nachtheiligen Folgen eines getheilten, oder wohl gar entgegengesetzten Interesse der Gemeine- und Chor-Diaconien sind nur allzu offenkundig, sowie die großen Gefahren bey einer, unter uns nicht selten vorgekommenen beynahe völligen Unabhängigkeit der Chor-Diaconie-Vorsteher.« Darum werden die Vorsteher der einzelnen Diakonien angehalten, »als Diener *Einer* Sache in *Einem* Geiste zu handeln«, wobei sie dem Gemeinvorsteher Rechenschaft schuldig sind als demjenigen, der auf das Wohl der ganzen Gemeinde zu achten hat. Die Gewerbe der Chorhäuser und die »Branchen« der Gemeindeökonomie unterstanden der Aufsicht des Aufseherkollegiums. Jede Diakonie zahlte einen bestimmten Gemeinbeitrag, dessen Höhe von der Ältestenkonferenz und dem Aufseherkollegium festgelegt wurde. Schulden in einer Diakonie sollten möglichst innerhalb einer Gemeinde abgedeckt werden.

Bei den zahlreichen Einzelregelungen, die wir hier nicht weiter verfolgen können, wurde stets der Sinn des Ganzen eingeschärft:

»Der gemeinschaftliche große Zweck der Brüder-Unität, ein auf den Heiland verbundenes Volk zu seyn und sein Werk auf Erden zu fördern, muß überall, auch bey den zum äußeren Bestehen der Gemeine getroffenen oeconomischen Einrichtungen, unsere Richtschnur seyn.« Daß dieser Zweck erhalten bleibe, dafür hatte das Unitätsvorsteher-Kollegium zu sorgen, damit »kein Segen Gottes verschwendet oder unrecht angewandt werde«, damit dem Verfall einer Diakonie rechtzeitig gewehrt oder einer in Bedrängnis geratenen Gemeinde geholfen werde. Aufschlußreich ist dabei etwa folgender Hinweis für die Chorhäuser der Brüder, die als »Pflanzschulen« »zu Vorbereitung künftiger Zeugen« den Hauptanteil der Missionare zu stellen hatten, deren Gewerbe aber durch die »Aushebung tüchtiger, oft an ihrer Stelle beinahe unentbehrlicher Brüder, empfindliche Verluste« erleiden mochten. Konnte dies nachgewiesen werden, so hatte das Chorhaus Anspruch auf die Hilfe der Gesamtunität, auch wenn dies zunächst dem Grundsatz widersprach, daß eine Gemeinde für sich selbst zu sorgen hat, »als ob sie außer sich selbst keinen Rückhalt hätte«.

Waren die Leistung, straffe Organisation und internationalen Verbindungen der brüderischen Gewerbe und Manufakturen im 18. Jahrhundert geradezu fortschrittlich und vorbildlich, so vollzog sich im 19. Jahrhundert ein deutlicher Wandel. Mit dem zunehmenden technischen Fortschritt, dem Vordringen der Maschinen und der Invention von Einzelunternehmern konnten die sozialisierten Wirtschaftsbetriebe in den engen Chorhäusern mit ihren festen Regeln schwer mithalten. Wer es finanziell konnte, benutzte seine im Brüderhaus gewonnenen Erfahrungen und machte sich selbständig. Nun wurde es mit der Gewerbefreiheit 1876 auch für Nichtbrüderische möglich, sich in Ortsgemeinden niederzulassen. Einzelne Gewerbe wurden an fähige und bewährte Mitarbeiter verpachtet. So läßt sich feststellen, daß bis zur Jahrhundertwende die meisten Gewerbe aus den Chorhäusern verschwanden.

Das 19. Jahrhundert eröffnete dem fähigen Unternehmer und Kaufmann große Chancen, und das galt auch für viele brüderische Gewerbetreibende. Theodor Zimmermann, Vorsteher in Gnadenfrei, erhielt 1869 den Auftrag, die Brüderhaus-Weberei aufzulösen. Er erkannte aber die Chance für eine Maschinenweberei, lieh sich das Geld und eröffnete, da die Gemeinde den Mut dazu nicht besaß,

1873 ein eigenes Unternehmen, das bald einen enormen Aufschwung nahm und zum größten Betrieb Gnadenfreis avancierte. Das zweite Textilhaus Gnadenfreis, die Firma E. Erxleben & Co., ging aus der 1750 gegründeten Leinwandweberei des Brüderhauses hervor.

Zur Gemeinde mit den größten Fabriken und Handelshäusern wurde Neusalz, eine verkehrsgünstig an der Oder gelegene Stadt, in die Friedrich II. die Brüder gerufen hatte. Im Brüderhaus stellte 1811 der Weber Johann David Gruschwitz (1776–1848) eine Zwirnmühle auf, machte sich 1815 selbständig und vergrößerte sein Unternehmen mit Hilfe englischer Spinnmaschinen zum größten Textilbetrieb der Stadt. Als die Söhne das Werk zu einem Großunternehmen ausbauten, lehnte die Brüdergemeine eine Teilhaberschaft ab, da sich dies nicht mehr mit ihren Zielen vereinen ließ. Auf ähnliche Weise entstand aus dem 1765 eröffneten Gemeinladen im 19. Jahrhundert das Handels-, Speditions- und Bankhaus Meyerotto, das für die Finanzierung der unterschiedlichen Betriebe von großem Nutzen war.

Nach Neusalz entfaltete sich die Ortsgemeinde Niesky zu einer Kleinstadt mit den für Unternehmen notwendigen größeren Absatzmöglichkeiten. Auch Neuwied und Zeist waren eingebettet in Kleinstädte, die den nötigen Markt für den Vertrieb besaßen. Demgegenüber waren die kleinen Ortsgemeinen, in denen die brüderische Bevölkerung weitgehend unter sich war wie in Gnadau oder Gnadenfeld, Kleinwelka oder Gnadenberg, eindeutig im Nachteil.

Nach der Gründung Nieskys 1742 warb das Aufseherkollegium um Handwerker für die junge Siedlung und fand in dem Schweden Gabriel Hörnberg einen Schlosser, der bald auch einen Blech- und Eisenwarenhandel betrieb. Der Däne Peter Birk konnte diesen Betrieb noch ausbauen, verkaufte ihn aber aus gesundheitlichen Gründen 1803 an die Brüdergemeine Niesky. Seit 1855 konnte der fähige Friedrich Julius Höpner das Geschäft zu beachtlicher Höhe führen und durch einen Kohlenhandel erweitern. Als überzeugter Christ hielt er sein Geschäft ab 1879 am Sonntag geschlossen, was ihm keinen Nachteil einbrachte. Das Geschäft blieb unter dem Namen von Julius Höpner im Gemeindebesitz, seit 1895 nach der Aufteilung des Vermögens ging es in Unitätsbesitz über. Als ein besonderer Arbeitszweig entwickelte sich die Herstellung von Lacken, bald in einem eigenen Gebäude in der Nähe des Bahnhofs, das die Unität 1919 als selbständige Firma unter dem Leiter Karl Leukefeld im Handelsregister eintragen ließ. Sie hat den Zweiten Weltkrieg und die Zeit der DDR überlebt.

Der Verlust des Besitzes der Petersburger Handlung 1890 stellte die Unität vor die Frage, ob die Finanzierung der Aufgaben über den Weg von Gewerbe- und Handelsbetrieben nicht eher ein aus der Not geborenes Übel sei. Doch gab es damals gar keine andere Möglichkeit zur Aufrechterhaltung des großen Missionswerkes. Auch konnte man in der über so viele Jahre bestehenden Indienstnahme der Gewerbe für die Gemeine keine den christlichen Zwecken widersprechende Tatsache sehen. »Kann ein Christ erwerben und besitzen, so kann es eine Gemeinschaft von Christen auch.« Vielmehr erkannte man in dieser Besonderheit der Brüdergemeine ein Stück göttlicher Führung. »Jedenfalls hat sich der Herr zu dieser Verbindung vielfach segnend bekannt, ja in Notzeiten sie dazu gebraucht, um die Gemeine als ein Ganzes zusammenzuhalten«.

Die Unitäts-Direktion hat sich darum auch in der ersten Hälfte des 20. Jahrhunderts trotz der Verluste durch den Ersten Weltkrieg und die Inflationszeit nicht davon abhalten lassen, die Unitätsbetriebe zu erhalten und zu fördern. Sie hat, wenn es ihr richtig erschien, unternehmerisch gehandelt und den Besitz erweitert und abgerundet. Als der Inhaber des Bankgeschäftes Carl Ferdinand Goerlitz aus Peilau, der Kassierer bei der Hauptkasse der Unitätsleitung und von 1894–1909 Vorsteher der Gemeinde Herrnhut gewesen war, sein Bankgeschäft 1909 der Brüderunität anbot, nahm sie dies wie selbstverständlich an. Im Falle des ehemaligen Brüderhausvorstehers von Gnadenfrei, Friedrich Heinrich Röchling, der ein privates Bankhaus eröffnet hatte, griff sie bei dessen Tode nicht ein und das Geschäft ging an den Schlesischen Bankverein in Breslau. Der Buchbindermeister August Francke aus Lüben trat der Brüdergemeine bei und eröffnete 1869 eine Buchbinderei in Neusalz, die sich angesichts des Bedarfs der Garnspinnerei an Verpackungen 1877 zu einer Kartonnagenfabrik wandelte. In den 30er Jahren des 20. Jahrhunderts kam eine Offset- und Steindruckerei hinzu. Diese Firma übernahm die Brüdergemeine 1936, wie sie schon 1916 die Firma Wetters in Sprottau, eine Fabrik für Knochenverarbeitung und Handel für Dünge- und Futtermittel, wegen ihrer geographischen Nähe zum Düngemittelgeschäft der Gebrüder Garve und der Leimfabrik in Neusalz gekauft hatte.

Zu den ältesten Betrieben der Brüdergemeine gehört die Unitätsbuchhandlung in Gnadau, deren Anfänge man in den mehrfachen Versuchen Zinzendorfs zur Errichtung einer Druckerei sehen kann, so in Ebersdorf von 1724–1726, in Marienborn 1740 und in London 1749. Mit der Verlegung des Theologischen Seminars nach Barby kam es 1755 zu einem neuen Versuch einer Druckerei mit angeschlossener Buchhandlung. Nach der Auflösung der Gemeinde Barby 1808 wanderte der Buchladen in die benachbarte Gemeinde Gnadau, die auch als Verlag firmierte. Hier erschienen nicht nur die Schriften vieler brüderischer Theologen, sondern auch die Zeitschrift »Nachrichten aus der Brüdergemeine« mit Missionsberichten, Lebensläufen, Predigten und vor allem die jährlichen Ausgaben der Losungen. Das Andachtsbuch erlebte eine erstaunliche Verbreitung, die als ein Zeichen der zunehmenden Akzeptanz der Brüdergemeine gewertet werden kann. Betrug die Auflage 1809 noch 10.380 Exemplar, so 1875 bereits 45.960 und 1913 gar 138.715 Exemplare. Die Herstellung erfolgte in einer eigenen Druckerei und Buchbinderei.

Hätte die Brüdergemeine nicht den Glaubensmut und das Vertrauen in eine christlich verantwortete Führung ihrer Betriebe und den auf dieser Arbeit liegenden Segen Gottes besessen, so wäre ihr eine so weit ausgreifende Tätigkeit in Erziehung, Diaspora und Mission nicht möglich gewesen. Sie hätte wohl auch kaum den Mut gehabt, 1920 ein Kurhaus in Bad Boll zu übernehmen, dessen wirtschaftliche Unterhaltung die Kenntnisse erfahrener Kräfte erforderte.

Die Brüdergemeine in Deutschland zwischen Bedrängnis und Hoffnung (1900 bis 2000)

Das kirchliche Leben bis zum Ende der Weimarer Republik

Das erste Drittel des 20. Jahrhunderts bedeutete wegen der Dichte der aufeinanderfolgenden Krisen mit Geldentwertung, Weltkrieg, Inflation und dem Zusammenbruch der Wirtschaft eine ernste Bedrohung für die kirchliche Arbeit in verschiedener Hinsicht. Eine »Denkschrift über die allgemeine Lage der Deutschen Brüder-Unität« für die Deutsche Synode von 1911 beschrieb die Probleme folgendermaßen: »Die neue bürgerliche Gemeindegesetzgebung mit Freizügigkeit und ähnlichen nivellierenden Einrichtungen hat die alte brüderische Selbständigkeit der Ortsgemeine zerstört.« Nicht nur standen Gewerbe und Kleingeschäfte in Kampf mit Massenproduktion und wirtschaftlichen Verbänden, sondern die überraschend schnelle Entwertung des Geldes führte in eine »Geld- und Gehälternot«. Der Unterschied zwischen den staatlichen und landeskirchlichen, gesetzlich geregelten Gehältern und den auf freiwilligen Beiträgen beruhenden Zahlungen in der Brüdergemeine wurde immer größer und führte in einen »bedenklichen Notstand«. Um diese Not zu lindern, wurden die auch heute üblichen Wege eingeschlagen: Verminderung der geistlichen Stellen, Drängen auf Selbsterhaltung der einzelnen Arbeitsgebiete (= Budgetierung), Steigerung der Mitgliedsbeiträge.

Die Synode von 1909 mußte die bis dahin »schwerste finanzielle Krisis« der Mission in den Griff bekommen, und sie beschloß, die jährlichen Ausgaben für die Mission um ca. 150.000–200.000 Mark zu senken. Das hatte eine inhaltliche Umstrukturierung zur Folge. Statt auf die »Missionsprovinz«, so beschrieb es Missionsdirektor Paul Hennig, wolle man auf die »Eingeborenenkirche« hin arbeiten, keine Kathedralen sondern die strohgedeckten Kirchlein errichten.

Innerhalb von 5 Jahren wurde darum die Zahl der ausländischen Missionare um 46 reduziert, dafür aber die der eingeborenen Arbeiter auf 14, die der einheimischen Evangelisten und Versammlungshalter auf 35 erhöht. Das führte zugleich zu einer beträchtlichen Vermehrung der Außenstationen von 122 auf 168 und der Predigtplätze von 690 auf 1449 im Jahre 1912. Die äußere Not beförderte den Prozeß der Selbständigwerdung der Missionskirchen sichtlich, was sich in den folgenden Kriegsjahren positiv auswirkte.

Der Erste Weltkrieg bedeutete nicht nur in Deutschland und Europa Zerstörung und erheblichen Verlust an Menschen, sondern betraf in unterschiedlicher Weise auch alle Missionsgebiete, am stärksten aber die Mission in Ost-Afrika. Die Missionsdirektion in Herrnhut hatte bald keinen Kontakt mehr zu den jungen Kirchen, die überwiegend in englischen oder amerikanischen, also feindlichen Gebieten lagen. Aber dank der Internationalität der Brüdergemeine und den seit einiger Zeit in England und Amerika bestehenden Provinzial-Missionsbehörden konnte die Betreuung von dort erfolgen. In Ost-Afrika halfen dänische Freunde der Brüdermission über die schlimmste Unterversorgung. Es dauerte noch Jahre nach dem Ende des ersten Weltkriegs, bis deutsche Missionare wieder vermehrt in die englischen Missionsgebiete ausreisen konnten. Die Unitätskonferenz im Jahre 1919 stellte die durch den Krieg erzwungene Aufteilung der Missionsgebiete fest: die amerikanische Provinz betreut Alaska, Kalifornien und Nikaragua, die englische Westindien, Labrador, Demerara, West-Himalya, Ostafrika und zunächst auch Südafrika, die deutsche Surinam, seit 1922 Südafrika. Die Missionssozietät in Zeist (heute: Zeister Zendingsgenootschap) erhielt 1927 die selbständige Verantwortung für Surinam. Es erschien eine Zeitlang fraglich, ob die Brüderunität überhaupt noch eine Einheit bilden wolle. Die erste Generalsynode nach Kriegsende, die erst im Jahre 1931 tagte, hielt zwar an der Einheit fest, machte aber die Aufteilung der Missionsgebiete nicht mehr rückgängig.

Für die Brüdergemeine als Wirtschaftsunternehmen war die Inflation von 1923 von katastrophaler Wirkung, denn sie hatte den Verlust des großen Missionsvermögens von ca. 5 Millionen Mark zur Folge, d.h. den Verlust der Stiftungen und Schenkungen, außer dem Morton-Legat auch die Nationalspende zum 25jährigen Regierungsjubiläum Kaiser Wilhelms 1913 und der Jubiläumsspende zum

200jährigen Bestehen Herrnhuts 1922. Hätten damals nicht die anderen Provinzen und Freunde geholfen, so hätte das Missionswerk gravierende Einschnitte vornehmen müssen. Die Sparmaßnahmen und Einschränkungen blieben das Schwerpunktthema der deutschen Synoden. 1923 mußten sechs Prediger entlassen werden, unter ihnen z.b. der literarisch verdiente Lehrer am Missionsseminar und Schriftleiter der Zeitschrift »Herrnhut«, Adolf Schulze (1872-1941), der dann eine Pfarrstelle in Woltersdorf bei Greiz fand. Die Gemeinde Guben wurde 1920 aufgehoben, Hauswald von einem Ruheständler besetzt und von Gnadenfrei aus betreut. Die Prediger von Breslau, Hamburg und Harlem wurden zur Hälfte in landeskirchlichen Diensten untergebracht.

Der Sparzwang wirkte sich auch auf die Ausbildungsstätten aus. Die drei Knabenanstalten in Gnadenfrei, Neuwied und Prangins wurden geschlossen. Das Theologische Seminar mußte während des Krieges zunächst vorübergehend, dann ganz schließen, weil fast alle Studenten eingezogen wurden. Nach Ende des Krieges wurde es wieder eröffnet, aber wegen der drohenden Abtrennung Oberschlesiens 1920 nach Herrnhut verlegt. Das Missionsseminar war ebenfalls nach Kriegsbeginn geschlossen worden und wurde als »Bibel- und Missionsschule« auf breiterer Basis in Herrnhut 1923 neu eröffnet, aber bald mit dem Theologischen Seminar durch Dozententausch verbunden. Die Wirtschaftskrise Anfang der 30er Jahre führte noch einmal zu Einsparungen, nicht nur in den Ausbildungsstätten.

Die finanzielle Bedrängnis machte die Gemeine erfinderisch und führte sie zu bis heute fortwirkenden Neuansätzen. Die Statistik zeigte deutlich, daß die jüngeren Gemeindeglieder aus beruflichen Gründen in die Städte abwanderten und für das Gemeindeleben weitgehend verloren gingen. Die »Auswärtigenfrage« wurde als Problem erkannt. Ein Siebtel der Mitglieder, das sind 1248 Personen, zählten 1902 zu den Auswärtigen, und ihre Zahl nahm ständig zu. Zu ihrer Betreuung wurde zunächst ein Mitarbeiter, nach Kriegsende ein zweiter eingesetzt, doch die Erfolge waren gering. Durch Heranziehung der Freunde der Brüdergemeine hoffte man Austausch und Gemeinschaft zu fördern, Gruppen zu bilden, um die Lethargie der Auswärtigen zu überwinden. Es bewährte sich die Durchführung von Gemeintagen nach der Art der »Wittenberger Tage«, die etwa den Gemeinschaftsfesten in der Diaspora entsprachen.

Während des Weltkrieges bedeuteten die »Losungen«, die in kleinen Vierteljahresausgaben verteilt wurden, dank ihrer Kürze und Prägnanz für viele Soldaten eine geistliche Hilfe. Der Leserkreis der Losungen wuchs auch nach dem Krieg, so daß die Deutsche Unitäts-Direktion deren Vertrieb zur Werbung nutzte. Auf der Synode 1922 konnte Samuel Baudert berichten, daß man inzwischen 9000 Adressen von Interessenten gesammelt habe. Diese für die Brüdergemeine aufgeschlossene Leserschaft lud man zu Treffen in verschiedenen Städten ein, in Hannover bildete sich sogar ein fester, rühriger Arbeitskreis.

Im Jahre 1931 unterschied der Herausgeber der Zeitschrift »Herrnhut« in einem kurzen Artikel zwischen der verfaßten Brüderkirche und der »vergrößerten Brüdergemeine«, die in vielen Kirchen lebt. Der geschäftstüchtige Kurt Marx aus der Finanzverwaltung regte an, diese weite »Brüdergemeine« als Verein mit einem Mitgliedsbeitrag zu organisieren. Und tatsächlich wurde noch in demselben Jahr unter Friedrich Schütz und Johannes Vogt der *Verein der Feunde der Herrnhuter Brüdergemeine* gegründet.

Zu einem neuen Aufbruch kam es in der Jugend von Herrnhut, wo sich 1913 ein *Brüderischer Jugendbund* bildete. Seine Anfänge liegen in einem Gebetskreis des Herrnhuter Brüderchors, auch in Bibelkreisen des Nieskyer Pädagogiums und den von diesen organisierten »Jugendtagen«. Der erste Jugendtag auf dem Sohlander Rotstein 1912 führte 50 Jungen zusammen, der zweite in Herrnhut bereits zusätzlich ca. 100 Auswärtige. Ziel des Zusammenschlusses zu einem Jugendbund war der Wille zu einer bewußt christlichen Jugendarbeit. Die Mitglieder dieses Bundes hielten auch während des Weltkrieges unter Bischof Reinhold Becker zusammen, der Gerhard Reichel ab 1914 in die Mitarbeit zog. Dieser übernahm ab 1923 die Schriftleitung des eigenen, 1912 gegründeten »Jugendblattes«, das ab 1926 den Titel »Auf der Hut des Herrn« führte, bis es 1928 einging. Der »Brüderische Jugendbund« hatte Gruppen in Herrnhut und besonders im Warthe- und Netzebruch. Die Synode von 1922 entdeckte viele erfreuliche Züge an der damaligen Jugendbewegung, von der auch die brüderische Jugend erfaßt wurde: »der Kampf gegen die Schundliteratur, das Nichtrauchen, nicht sich putzen wollen, Streben nach Höherem und Besserem, der Ruf nach Wahrhaftigkeit und Natürlichkeit, viel suchendes, ringendes Leben.« Gerhard Reichel kritisierte allerdings das Idealistische der Jugendbewegung, die keineswegs einheitlich sei und nur einen kleinen Teil der Jugendlichen erfasse. Ihm ging es um die Verkündigung des Evangeliums und ein Leben in Glaube und Gebet. Die Jugend der zwanziger Jahre bot ein vielschichtiges, zerrissenes Bild, organisierte sich in den verschiedensten Vereinen, blieb aber der Gemeine trotz heftiger Kritik weitgehend treu. Sie ließ sich nun nicht mehr gängeln und nahm ihre Fragen selbst in die Hand. Auf der Augustusburg im Erzgebirge trafen sich zu Pfingsten 1928 66 Jugendliche, männlich und weiblich, ohne verantwortliche Beteiligung von Jugendpflegern. Die Trennung der Geschlechter durch die Chöre wurde nicht mehr akzeptiert, auch nicht vom »Brüderischen Jugendbund«. Worum es den an diesem Treffen Beteiligten ging, deutete das Referat von Heinz Renkewitz an. Sein Thema lautete: »Die Gemeine, unsere Frage an sie und was sie uns zu sagen hat.«

Erstaunlich blieb die große Attraktivität der Schwesternhauspensionate, die es in fast allen Ortsgemeinen gab. Viele Eltern versprachen sich von diesen christlichen Lebensgemeinschaften innerhalb einer Brüdergemeine einen fördernden Einfluß auf die Entwicklung ihrer Töchter, die hier eine schlichte Ausbildung erhielten. Die Synode von 1919 sah darin »eine große Aufgabe«, »die unsere Gemeine jetzt an unserem Volke hat«. Hermann Bauer, der sich durch Arbeiten über die Jugendpflege einen Namen machte, warb dafür, daß die Schwesternhäuser sich öffnen und Zentren der weiblichen Jugendpflege werden.

Einzelne Schwestern nahmen Kontakte mit der Frauenbewegung auf und stritten für eine gediegenere Frauenausbildung und vielseitigere Berufsausübung. 1915 entstand in Herrnhut unter Lena Kücherer eine Ortsgruppe des Deutsch-evangelischen Frauenbundes. Hatten die Schwestern im 18. Jahrhundert aus seelsorgerlichen Gründen eine weitgehende Gleichstellung in ihren gemeindlichen Ämtern und Funktionen mit den Brüdern, so war ihnen diese im Lauf des 19. Jahrhunderts in der zunehmenden Anpassung der Gemeine an die Traditionen der Landeskirche verloren gegangen, so daß sie weder auf der Synode noch im Ältestenrat der Gemeine eine Stimme hatten. Nun lag der Synode von 1908 zum ersten Mal ein Antrag von dem »roten«, den religiösen Sozialisten nahestehenden Theodor Schmidt vor, die »Einführung des kirchlichen Frauenstimmrechts (aktives, nicht passives Wahlrecht)« zu prüfen. Die Synode von 1913 reagierte mit der Einsetzung eines Schwesternbeirates als beratendes Gremium neben dem Ältestenrat. Der Weg bis zur vollen Anerkennung des aktiven und passiven Wahlrechts war lang und mühsam, wurde aber von einzelnen Schwestern zäh verfolgt. Lena Kücherer, Katharina Wunderling und Gertrud Padel verfochten dieses Ziel durch Aufsätze, Synodalanträge und Schwesternversammlungen und erreichten schließlich auf der Synode von 1919 das aktive Wahlrecht der Schwestern zur Synode, 1926 das aktive und passive Wahlrecht zum Ältestenrat in den Gemeinden.

Die Nachkriegszeit war gezeichnet von weltanschaulichen Gegensätzen, konnten sich doch weite Kreise nur schwer mit der politischen Wandlung abfinden. Auch theologisch kam es zu neuen Angriffen auf das Seminar, und zwar speziell gegen den Dozenten Theophil Steinmann, dessen Schrift »Die geistige Offenbarung Gottes in der geschichtlichen Person Jesu« (1903) und andere für die konservativ-erwecklich geprägten Kreise ein Ärgernis war. Die Gegensätze beschäftigten die Deutschen Synoden bis 1924, obwohl sich die Direktion ausdrücklich hinter die Dozenten des Seminars stellte. Sein Direktor, der Alttestamentler Henry Roy, gebürtig aus Chaux-de-Fonds, war eine vielseitig gebildete, versöhnliche Natur, der unter den theologischen Spannungen und Anfeindungen litt. Gerhard Reichel, der Brüderhistoriker, zunächst von der liberalen Theologie geprägt, öffnete sich den Evangelisationen von Heinrich Stamm und erlebte eine innere Wandlung. Die moderne religionsgeschichtliche Schule, die Art, wie hier von Religion geredet wurde, erkannte er nun als eine Verleugnung des Evangeliums und »verkappten Atheismus«. Er sah sich genötigt, das Seminar 1923 zu verlassen, auch wenn er mit den Dozenten freundschaftlich verbunden blieb. Er unterrichtete vorübergehend an der Bibel- und Missionsschule und wurde 1925 Prediger in Dresden. Die theologischen Gegensätze innerhalb der Gemeine bestanden auch unter den Dozenten und ließen sich durch Synodalbeschlüsse nicht ausgleichen, doch fand sich die Gemeine schließlich mit dieser Tatsache ab. Daß der alte Anspruch, eine lebendige christliche Gemeinde zu sein, auch in allgemeiner Hinsicht nicht mehr aufrecht erhalten werden konnte, machte die Synode von 1928 deutlich: »Die Verpflichtung auf die Gemeinordnungen fällt in Zukunft fort.« (Beschluß 28).

Das Aufkommen der Dialektischen Theologie und die Kritik Karl Barths an der Frömmigkeit Zinzendorfs und der Brüdergemeine wurde nicht nur von Theologen wahrgenommen, sondern öffentlich in der Zeitschrift »Herrnhut« diskutiert. Hans-Walter Erbe vertrat in seinem Aufsatz »Das Ende der Brüderreligion« die Ansicht, daß die dialektische Wort-Gottes-Theologie einen Angriff auf die in dem Erlebnis des Abendmahls von 1727 verwurzelte brüderische Frömmigkeit bedeute, in der Glauben und Erleben eine innere Einheit bildeten. Demgegenüber nahm Friedrich Gärtner den reformatorischen Gehalt der dialektischen Theologie in seinem Aufsatz »Brüderische Frömmigkeit und Evangeliumsverkündigung« positiv auf. Es ging ihm nicht um brüderische, lutherische oder dialektische Theologie, sondern, wie schon Zinzendorf, um die »Botschaft der Vergebung der Sünde, des ›Wortes vom Kreuz‹«.

In wissenschaftlicher Hinsicht haben die Dozenten des Theologischen Seminars damals Hervorragendes geleistet, insbesondere auf dem Gebiet der Brüdergeschichte. Josef Theodor Müller löste den Synodalauftrag zu einer »Geschichte der böhmischen Brüder« mit einem glänzenden dreibändigen Werk ein (1922–1931). In der neubegründeten »Zeitschrift für Brüdergeschichte« (1907–1920) erschienen wichtige Beiträge und Quellenbearbeitungen aus dem Archiv. Gerhard Reichel brachte die Zinzendorfforschung durch quellengesättigte Einzelstudien und eine Spangenberg-Biographie erst eigentlich in Gang. Nun wurde die Missionsgeschichte über das 18. Jahrhundert hinaus von Karl Müller und Adolf Schulze aufgearbeitet. Anlaß für diese Studien waren, wenigstens zum Teil, die Jubiläen der Anfangszeit: 1900 Zinzendorfs Geburtstag, 1922 die Gründung Herrnhuts, 1932 die Anfänge der Mission.

Die Übernahme des Erbes der beiden Blumhardt in Bad Boll

Pfarrer Johann Christoph Blumhardt sen. war nach dem Sieg Christi über die Dämonen im Haus der Gottliebin Dittus in seiner Gemeinde Möttlingen kein unbekannter Mann, als er 1852 das zum Verkauf anstehende Bad von Bad Boll mit Unterstützung seiner Freunde erwarb, um sich der vielen Besucher und Ratsuchenden seelsorgerlich besser annehmen zu können. Der Festsaal des Bades wurde zu einer

Kirche umgebaut. Tägliche Morgenandachten mit der Losung, Mittag- und Abendsegen, dann die Abendandacht gestalteten den Tageslauf. Der Gottesdienst am Sonntag mit der Predigt von Blumhardt war der Höhepunkt und zog viele Menschen aus der Umgebung und darüber hinaus an. Nach dem Tode des Vaters 1880 übernahm der Sohn Christoph das Erbe und konnte das Haus für den wachsenden Besucherstrom noch ausbauen. Für Aufsehen sorgte sein Bekenntnis zur Sozialdemokratie, dem er das mit dem Kurhaus verbundene Pfarramt opfern mußte. 1913 legte er aus gesundheitlichen Gründen die Arbeit der Seelsorge in Bad Boll in die Hände seiner Freunde, insbesondere des Pfarrers Samuel Preiswerk und Eugen Jäckhs, und zog sich nach dem nahegelegenen Jebenhausen, wo er das Haus Wieseneck gekauft hatte, zurück.

Als er am 2. August 1919 starb, hinterließ er kein Testament mit der Regelung der zukünftigen Arbeit in Bad Boll, doch sahen sich die Freunde aus wirtschaftlichen Gründen bald gezwungen, das Anwesen zu verkaufen. Aber nicht der äußere Gewinn sollte den Ausschlag geben, sondern die Erhaltung des geistlichen Segens, der aus der Seelsorge der Blumhardts geflossen war. Die Freunde Blumhardts hatten in unterschiedlicher Weise Kontakt zur Brüdergemeine. Samuel Preiswerk kannte sie aus der Basler Sozietät, Eugen Jäckh war mit einer Tochter von Albert Glitsch verheiratet, der in der Brüdergemeine Sarepta eine Senffabrik besessen hatte. Andrerseits hatte Unitätsdirektor Samuel Baudert die Biographie von Friedrich Zündel über den älteren Blumhardt gelesen und fragte darum den Stuttgarter Missionsvertreter der Brüdergemeine Hermann Jannasch an, ob Bad Boll tatsächlich verkauft werden solle. Über diese Anfrage hoch erfreut, beschlossen die Freunde von Bad Boll am Pfingstdienstag 1920, »die Brüdergemeine zu bitten, daß sie Bad Boll als Geschenk übernehmen und im Sinne unseres Vaters Blumhardt fortführen soll«. So berichtet die langjährige Mitarbeiterin Blumhardts d.J., Anna von Sprewitz, in ihrem Lebenslauf. Am 14. August wurde der Schenkungsvertrag unterzeichnet, ein Ereignis, das man in Wieseneck als »Verlobungsfest« feierte (so Anna von Sprewitz). Damit war ein für die Brüdergemeine folgenreicher Schritt für die Zukunft vollzogen.

Die Verbindung zu Bad Boll bedeutete zunächst die Fortführung der seelsorgerlichen Betreuung des Freundeskreises der beiden Blumhardt und die Pflicht, das nach dem Weltkrieg finanziell in einer schwierigen Situation befindliche Bad wirtschaftlich so zu führen, daß es keine Schulden machte.

Die Unitätsleitung bewies eine glückliche Hand, indem sie 1920 Pfarrer Gerhard Heyde von Königsfeld nach Bad Boll versetzte. Heyde (1874–1939) war der jüngste Sohn des Tibetmissionars August Wilhelm Heyde, in Kyelang/Himalaya geboren, dann aber in Kleinwelka und Niesky erzogen und durch Bischof Wunderling erwecklich geprägt. Als Brüderpfleger von Basel (1904–1909) wuchs er in die Schweizer Freundeskreise hinein und konnte bald tiefe Wurzeln in Bad Boll schlagen. »Es war ihm ein Herzensanliegen, den Geist Zinzendorfs und das Erbe der Blumhardts zu vereinigen und weiterzugeben«, schrieb seine Frau Sophie geb. Christ, die aus Basel stammte. Er suchte die alten Mitarbeiter zu halten und den Tageslauf von Bad Boll zu übernehmen. Bad Boll blieb die Erholungsstätte für die Kurgäste, für den alten und neuen Kreis von Menschen, da Heyde die Gabe der Seelsorge besaß. Er war zugleich ein guter Pädagoge und unterrichtete im Mädcheninstitut Haerlin in Eckwälden und in Jebenhausen und betreute Haus Wieseneck seelsorgerlich. Boll wurde die Tagungs- und Begegnungsstätte für viele Gruppen der Jugend, der Singbewegung, der Pfarrer der Umgebung. Hier fanden regelmäßig »Kurse für Haushaltung« für junge Mädchen statt. In Volksliederabenden und Volksfesten sprach man die Einwohner der Umgegend an. Auf Wanderungen in die Landschaft der Alb vermittelte Heyde Freude an der Natur. Als 1922 das 200. Jubiläum der Brüdergemeine auch in Bad Boll gefeiert wurde, konnte der schwäbische Dekan Kelchreuter sagen: »Wir sehen die Niederlassung der Brüdergemeine in Bad Boll nicht als einen Fremdkörper, sondern als Fleisch von unserm Fleisch und Bein von unserm Bein«. Und Studienrat Robert Geiges hielt den Festvortrag über das Thema: »200 Jahre Herrnhut und Württemberg«. 1923 wurde die selbständige Brüdergemeinde Bad Boll für die Mitglieder der Gemeine in Württemberg errichtet.

Diese Schilderung mag zeigen, wie die Verbindung Herrnhuts mit dem Erbe der Blumhardts von der praktisch seelsorgerlichen Seite her erfolgte. Bad Boll als geistliches Zentrum zu erhalten, dies war das Anliegen Heydes, »daß noch wie in der Blumhardtschen Zeit Menschen gesundeten, die ganz zerrissen nach Boll gekommen waren«. Er wollte sie aber auch mit der Geschichte des »Württembergisch

Wunderbad«, wie der Titel einer seiner Veröffentlichungen lautet, vertraut machen. So wie er arbeiteten sich andere Herrnhuter in das geistliche Erbe der Blumhardts hinein und schrieben für ihre Gemeinden über die Erfahrungen und Frömmigkeit der beiden Blumhardt. Heyde mühte sich mit Erfolg, daß die Lieder der beiden Blumhardt, Theophil Brodersens und der Gottliebin Dittus Aufnahme ins Gesangbuch der Brüdergemeine fanden.

Die Ausstrahlung von Bad Boll mit seinen Schwefelbädern und dem Erbe der Blumhardts war exzeptionell. Doch entdeckten auch andere Ortsgemeinden ihre Anziehungskraft als Zentren der Stille und des geistlichen Lebens in ähnlicher Weise. Die so abgelegene Gemeinde Königsfeld im Schwarzwald, die von den Fremden lange Zeit gemieden wurde, lockte nach 1870 die Menschen aus den immer größer und lauter werdenden Großstädten an. Es entstand ein neuer Typ von Ortsgemeinde: der Ort der Besinnung und geistlichen Zurüstung, oder wenigstens ein Ort der Erholung und der Ferien. »Die brüderische Sommerfrische«, so nennt ein Aufsatz über Königsfeld im Jahre 1902 dieses Phänomen. Die Zahl der fremden Besucher wuchs ständig an. Waren es 1879 noch 124 Personen mit 3000 Pensionstagen (ohne den Gasthof), so 1899 schon 1387 Fremde mit 31 457 Pensionstagen, in den drei Sommermonaten an manchen Tagen bis zu 740 Gästen. Dabei trieb Königsfeld keinerlei Reklame, sondern hielt diesen Zustrom vielmehr für sein Gemeindeleben abträglich. Schon damals reflektierte der Verfasser dieses Aufsatzes, Walther Schmidt, über den Wandel der Gäste. Waren es zunächst die württembergischen Pfarrer, die hier einkehrten, so um die Jahrhundertwende die wohlhabendere Schicht der Kaufleute, Fabrikanten, Gerichtsbeamten, Professoren. Mochte ihnen die Brüdergemeine zunächst als Kuriosität erscheinen, so kamen doch viele zu den Morgenandachten. Diese mußten schließlich in den großen Brüdersaal verlegt werden, da in der Hochsaison 200 bis 250 Gäste kamen. Die Gemeinde stellte daher zusätzlich Brüder als Kurpastoren an. Die im 19. Jahrhundert so oft kritisierten Ortsgemeinden erhielten neue Aufgaben als Erholungs- und Besinnungszentren für Ruhe suchende Großstädter.

Die Brüdergemeine und die ökumenische Bewegung

Die Brüdergemeine war 1727 als eine ökumenische Gemeinde von Gliedern unterschiedlicher Kirchen entstanden und warb in ihrem Diasporawerk für die Einheit der lebendigen Glieder Jesu innerhalb der Kirchen. »Die Vereinigung der Glieder Christi unter sich und mit Ihm, dem Haupte, zu befördern, dazu hat von Anfang an unser Diasporawerk dienen sollen.« Sie hat darum von Anfang an die ökumenischen Bestrebungen des 20. Jahrhunderts begrüßt und unterstützt. Ein konkreter Anstoß, über die Frage ökumenischer Kirchengemeinschaft nachzudenken, ging von der anglikanischen Kirche aus. Trotz Zweifeln an der historischen Echtheit der Bischofsweihe wußte sie sich im Glauben sehr weitgehend mit der Brüder-Unität verbunden. Die englischen Brüder hatten andererseits manche Unterstützung von ihr erfahren und auf den Missionsfeldern gute Beispiele der Zusammenarbeit erlebt. Die Generalsynode von 1909 unterstützte diese britischen Verhandlungen. Dennoch führten sie zu keinem Ergebnis, da die Brüder ihre Selbständigkeit wahren wollten. Sie waren gerne zur Abendmahlsgemeinschaft bereit, nicht aber zu einer Union oder Vereinigung, was die anglikanische Kirche zu beabsichtigen schien.

Die Missionskonferenz in Edinburg im Juni 1910 löste eine Aufbruchstimmung und das Bewußtsein aus, an einem Wendepunkt der Geschichte der Menschheit zu stehen, von dem sich auch die Brüdergemeine inspirieren ließ. Da auf dieser Konferenz die Fragen der Glaubens- und Lehrunterschiede der Kirchen bewußt beiseite gelassen worden waren, sollten diese zum Gegenstand einer eigenen neuen Konferenz werden, an deren Vorbereitung man im Anschluß ging. Am 17. November 1913 erhielt Unitätsdirektor Hermann Bauer die Bitte des englischen Unitätsdirektors Benjamin La Trobe, an den Bestrebungen von »Faith and Order« mitzuarbeiten. »Unserer Überzeugung nach können wir als Brüdergemeine uns unmöglich von einem derartigen Bestreben, die Einigkeit im Geist zu fördern, zurückziehen.«

Auf der Generalsynode von 1914 stellten die amerikanischen Bischöfe – sicherlich angeregt von der Vereinigung christlicher Kirchen in Amerika – einen Antrag zur Förderung der Einheit innerhalb und außerhalb der Brüderkirche (Antrag 11). Die Generalsynode scheine vom Geist der Zeit dazu berufen zu sein, »to advocate and advance the closest connection of the Moravian Church with every endeavor in pursuit of Christian Union, and should lend both its record and its strength to the promotion of all organized and responsible movements for the Federation of all Protestantism (›Vereinigung des gesamten evangelischen Protestantismus‹)«. Die englischen Brüder haben sich an den über eineinhalb Jahre hinziehenden Besprechungen der anglikanischen Kirche mit den Freikirchen engagiert beteiligt. Auch die deutsche Provinz nahm an der Vorkonferenz zur Weltkonferenz von Faith and Order vom 12. bis 19. August in Genf teil. Pfarrer August Brindeau berichtete von ihr einerseits begeistert: »Nichts Ähnliches hat sich in der Welt zugetragen seit der großen Kirchenspaltung des Orients.« Er verstand den Sinn der Konferenz in bestem Sinne zinzendorfisch: Die Konferenz erstrebe nicht Gleichförmigkeit, sondern die Proklamation Christi als alleinigen Herrn und Heiland in der ganzen Welt durch die Vereinigung aller Kirchengemeinschaften. Doch dann schloß er: »Für die Unitas Fratrum als Ganzes wird es kaum möglich sein, tätig in diese Bewegung einzutreten, weil sie kein Credo hat und ganz gewiß nicht auf dem Nicänum steht.« Man habe sich darum mehr als »friendly Observers« gefühlt. Die amerikanischen Ökumeniker der Brüdergemeine, die zunächst den Anstoß gegeben hatten, zogen sich darum 1923 aus der Bewegung von Faith and Order zurück und die deutsche Unitätsleitung folgte, »weil wir den Eindruck gewannen, daß die ganze Konferenz sehr stark auf anglikanisches und im Zusammenhang damit auch auf orientalisches Christentum eingestellt war. Für evangelisches Kirchentum im strengeren Sinn des Wortes schien kein rechter Raum zu sein«. So schrieb Unitätsdirektor Paul Theodor Jensen anläßlich seiner Wahl in den Deutschen Ausschuß zur Vorbereitung der Konferenz von Faith and Order in Lausanne 1927, die er dennoch gerne annahm. Bischof Jensen setzte sich fortan mit Energie für die Ziele der ökumenischen Bewegung ein und stellte in seinem Bericht über Lausanne programmatisch fest: »Gerade hierher gehört die Brüdergemeine!«

Einen Höhepunkt jener Jahre bedeutete die Wahl Jensens in den internationalen Fortsetzungsausschuß und 1928 zum Vorsitzenden des Deutschen Ausschusses. Die Spannungen zwischen lutherischen und reformierten Vertretern, die einen unierten Kirchenmann ablehnten, und die Bemühungen um die Mitarbeit von hochrangigen Kirchenmännern, von denen man eine tiefere Verankerung des ökumenischen Gedankens in den Kirchen erhoffte, ließen Jensen als Vorsitzenden einer echten Unionskirche sehr geeignet erscheinen, ja »als die denkbar günstigste Lösung«. So jedenfalls urteilte der Sekretär der Gesellschaft, Friedrich Siegmund-Schultze, der die »Führung der kirchlichen Unionsarbeit durch die Brüdergemeine in Deutschland« begrüßte. Jensen hielt das Interesse an der Ökumene auch nach seinem Ausscheiden aus der Direktion 1930 und während des Dritten Reiches wach und übertrug es auf die jüngere Generation, den jungen Dozenten am Theologischen Seminar, Heinz Renkewitz, sowie Heinz Motel, der 1941 über »Zinzendorf und die moderne ökumenische Bewegung« promovierte. Der Vorsitz Jensens bedeutete für die Brüdergemeine die Chance, nicht nur ihre Sicht einzubringen, sondern auch verstärkt in ihren eigenen Reihen für eine Mitarbeit in der ökumenischen Bewegung des 20. Jahrhunderts zu werben.

In dem anderen Zweig, der Bewegung für Praktisches Christentum (*Life and Work*), konnte die Brüdergemeine nur wenig eigene Erfahrungen einbringen, da ihr die äußeren Bedingungen fehlten, um an den großen Fragen der Gestaltung des sozialen Lebens selbständige Lösungen zu entwickeln. Sie ließ sich aber auf der Synode von 1922 anregen, nach dem Vorbild von Siegmund-Schultze in Herrnhut und Niesky Soziale Arbeitsgemeinschaften und Hilfsausschüsse einzurichten. Theodor Marx vertrat die Deutsche Provinz auf der Weltkonferenz in Stockholm 1925.

Stärker war das Interesse an dem 1914 gegründeten Weltbund für Freundschaftsarbeit der Kirchen, dem Jensen und nach ihm Bischof Theodor Marx angehörten. Als 1948 die Frage nach seiner Auflösung diskutiert wurde, setzte sich Marx für seinen Fortbestand ein »als eine freie Vereinigung von solchen, denen die ökumenische Arbeit am Herzen liegt«. Er erhoffte sich von ihm ein Gegengewicht gegen eine »Verbeamtung und Bürokratisierung der Arbeit«, wie er sie in einem »Ökumenischen Rat der Kirchen« befürchtete. Ferner arbeiteten einzelne Brüder in dem freikirchlichen »Bund für christliche Einheit« mit, zu dem der französische Militärpfarrer Jules Rambaud nach dem Ende des Ersten Weltkriegs aufgerufen hatte, um eine Verständigung und Versöhnung zwischen deutschen und französischen Christen anzubahnen.

Selbstverständlich wirkte die Brüdergemeine auch in den nationalen Kirchenräten mit, und die Generalsynode von 1931 begrüßte ausdrücklich den Zusammenschluß in Deutschland mit dem *Deutschen Evangelischen Kirchenbund* (1924), in England und Wales mit dem *Federal Council of the Free Churches,* in Irland mit dem *United Council of Christian Churches* und in Amerika mit dem *Federal Council of the Churches of Christ in America.* Die Synode ermutigte auch die brüderischen Missionskirchen, in den örtlichen Kirchenbünden mitzuarbeiten. In einer Empfehlung warb sie für die gegenseitige Anerkennung der getrennten Kirchen. Dabei ging es ihr um die Anerkennung der ordentlich berufenen Geistlichen als Diener Christi »in vollem Sinn«. »Unter gottesdienstlicher Gemeinschaft verstehen wir, daß das Abendmahl und andere Gottesdienste gemeinsam veranstaltet werden und daß die Geistlichen der einen Gruppe berechtigt sind, in den Kirchen und für die Mitglieder einer anderen Gemeinschaft in gültiger Weise die Abendmahlsfeier und andere Gottesdienste zu leiten.« Die Brüdergemeine öffnete diese ihre Abendmahlsgemeinschaft jedem, der sie aus inneren Gründen wünscht.

Auch in der Zeit des Nationalsozialismus suchte die Unitätsleitung die ökumenischen Verbindungen zu bewahren. Sie bestimmte die Teilnahme von Delegierten Herrnhuts an den beiden ökumenischen Konferenzen im Jahre 1937 in Edinburgh für Faith and Order und in Oxford für Life and Work. Es schien so, als könnte die Brüdergemeine der vom Kirchenkampf gespaltenen evangelischen Kirche einen Dienst erweisen. Jensen, nun im Ruhestand, informierte sich über Bischof Otto Dibelius nach der Haltung der Bekennenden Kirche und seiner Beurteilung der Lage und erfuhr, daß die Deputierten der Bekennenden Kirche keine Ausreisegenehmigung erhalten hatten. Gerne hätte Jensen mit den beiden brüderischen Deputierten die beiden Konferenzen besucht, da es »fast die einzige Stelle« ist, wo die Brüdergemeine »noch in den großen kirchlichen Arbeiten mit darin steht«, aber angesichts der kirchenpolitischen Lage, dem Rücktritt von Generalsuperintendent Wilhelm Zoellner und des Reichskirchenausschusses und der Kirchenpolitik von Bischof Heckel erschien ihm eine Beteiligung »fast als Verrat«. Die Brüder-Unität schloß sich darum nicht den beiden freikirchlichen Delegierten, einem Methodisten und einem Baptisten, an, sondern erteilte Genf um der

»Leidensgemeinschaft« mit der Bekennenden Kirche willen eine Absage. Damit hatte sie freilich auch das heikle Problem vermieden, in Oxford einen Bericht über die wahre Situation in Deutschland geben zu müssen.

Als 1947 die Einladungen zu der Gründung eines Ökumenischen Rates der Kirchen ergingen, wurde neben den beiden amerikanischen auch die Europäisch-Festländische Provinz eingeladen. Diese benannte Heinz Renkewitz und Wilhelm Lutjeharms als ihre Vertreter. Insgesamt waren fünf Brüder in Amsterdam: neben den Genannten der Vorsitzende des deutschen Missionsrates Walter Freitag, als Vertreter der tschechischen Gemeinden Miroslav Plechàc und als Deputierter der amerikanischen Provinzen Frederick P. Stocker. Die Herrnhuter Direktion wertete die Amsterdamer Weltkirchenkonferenz als ein Zeichen, »daß die philadelphischen Gedanken Zinzendorfs so nach und nach in größerem Umfang Gestalt gewinnen«, warnte aber vor ihrer einseitigen Verhaftung im westlichen, d.h. angelsächsisch-westeuropäischen Christentum. Renkewitz betonte, daß die theologischen Grundwahrheiten in Amsterdam nicht für unwichtig erklärt wurden und die Brüdergemeine der ökumenischen Basis, eine »Gemeinschaft von Kirchen [zu bilden], die unserem Herrn Jesus Christus als Gott und Heiland anerkennen«, von Herzen zustimme.

Die Brüdergemeine in der Zeit des Nationalsozialismus

Das Jahr 1933 wurde wie von so vielen so auch von der Brüdergemeine als »entscheidender Wendepunkt« erlebt, der die Gefahr der Kommunismus und Bolschewismus gebannt habe. Kritisch wurde aber der Austritt des Deutschen Reichs aus dem Völkerbund gesehen. Aufgabe der Brüdergemeine als »einer übervölkischen Gemeinschaft Christi« sei es, »zur Verständigung und gegenseitigen Anerkennung beizutragen« und über die Gegensätze hinweg »die Brudergemeinschaft« der Jünger Jesu in allen Völkern aufrechtzuerhalten. Die Direktion gab sich der Illusion hin, daß die Brüdergemeine mit ihrer Arbeit »bei der Staatsregierung volles Verständnis und die Zusicherung freier Betätigung gefunden habe« und versicherte ihrerseits, »daß die Gemeinen und Mitglieder im Deutschen Reich die Aufbauarbeit der neuen Regierung mit aufrichtigem Dank begrüßen und nach ihren Kräften unterstützen«. Denn die Voranstellung der Volksinteressen vor den privaten, der Gemeinschaft vor denen des Individuums, sowie die Überwindung der Arbeitslosigkeit schienen verlockende Ziele, an denen sich die Gemeine mit der Einrichtung des Freiwilligen Arbeitsdienstes und der Winterhilfe schon längst beteiligte.

Nachdem die Wirtschaftskrise in der Brüdergemeine nachhaltige Folgen hatte, so daß die Gehälter erneut gekürzt werden mußten und die Synode von 1932 ihre Mitglieder in Zukunft um ein Drittel verringerte, wurden in den folgenden Jahren verschiedene Wege zur Selbsterhaltung der einzelnen Arbeitsgebiete gesucht. So schlossen sich die Einzelgemeinden 1932 in einem Verein *Verband der Brüdergemeinen* zusammen, der die Mindestbeiträge der Gemeinden festlegte und die eingenommenen Gelder verwaltete. Die Schulen gründeten eine GmbH »Zinzendorfschulen der evangelischen Brüdergemeine«, die selbständig wirtschaftete, und auch das Diasporawerk im Warthe- und Netzebruch bildete einen »Diasporaverein der Brüdergemeine«, der Eigentümer der Grundstücke und Säle der Gemeinden wurde. Die dadurch gestärkte Selbstverantwortung der einzelnen Bereiche verstärkte deren Eigeninitiative und Mitarbeit. Dank der allgemeinen Verbesserung der Arbeitsmöglichkeiten und der wirtschaftlichen Lage in Deutschland konnte der Bericht von 1938 erstmals »Fortschritte auf dem Weg zur wirtschaftlichen Gesundung« und eine »Erleichterung« vermelden. Der Bericht über die Synode sagte: »In Deutschland hat sie [die Brüdergemeine] mit freudigem Dank gegen den Führer an dem Wirtschaftsaufschwung teilgenommen.« Der Aufwärtstrend der wirtschaftlichen Entwicklung bis weit in die Kriegsjahre hinein, zuletzt angeheizt durch die Kriegswirtschaft, ließ die brüderischen Betriebe und Geschäfte, die sich in einer »Arbeitsgemeinschaft des brüderischen Gewerbes« gegenseitig zu fördern suchten, weitgehend die Schulden der Vorjahre abtragen und positive Zahlen schreiben.

Die Partei der NSDAP sah in der Jugenderziehung ihre eigenste Aufgabe und gliederte schon Ende 1933 alle Jugendverbände in die Staatsjugend, die Hitlerjugend ein. Damit drohte auch dem Schulwerk der Brüdergemeine große Gefahr. Der seit 1919 zuständige Dezernent der Direktion, Otto Uttendörfer, suchte sie dadurch zu überwinden, daß er der Partei beitrat. Er begründete bei Kriegsende diesen Schritt folgendermaßen:

Das geschah erstens deshalb, weil ich die genauesten Nachrichten darüber hatte, daß die Partei bestrebt war, alle Privatschulen und kirchlichen Schulen entweder aufzulösen oder in ihren Besitz zu bringen. ... Weiter entstanden naturgemäß große Schwierigkeiten mit der Hitler-Jugend. Sie war zunächst völlig fanatisiert, regierte von außen her in unsere Heimschulen und wollte die Autorität der Lehrer nicht mehr anerkennen. Gerade deswegen mußte ich nun Pg. werden und hatte daraufhin die nötige Autorität.

Auf diese Weise sei es gelungen, die Gruppen der Hitler-Jugend unter den Einfluß der Erzieher zu bringen und sie an die Gemeine anzuschließen. Die Schulen aber konnten sich so lange Zeit dem Zugriff des Nationalsozialismus entziehen.

Diese nachträgliche Rechtfertigung verschleierte freilich, wie sehr die Schulen der Illusion erlagen, die nationalsozialistische Weltanschauung mit christlichem Geist erfüllen zu können. Das Pädagogium in Niesky mit seinem Schulleiter Woldemar Goerlitz bot erstaunliche Beispiele für die Offenheit der Lehrerschaft gegenüber dem stürmischen Drängen der Jugend, die sich für den Jungnationalismus begeisterte. In solcher Offenheit konnte Goerlitz 1934 sagen: »Ihr sollt nun beides werden, Deutsche und Christen, nicht eins auf Kosten des anderen, beides ganz werden, ganze Deutsche im Sinne besten völkischen Erbgutes und ganze Christen, nicht ein Kompromiß von beiden und beides in eins. Wenn Ihr das werdet, wenn Ihr Euch das von Gott durch den Herrn Jesus schenken laßt, so seid Ihr Gottesgaben für das Volk.« Ab Herbst 1933 wurde der Gruß »Guten Morgen« durch »Heil Hitler« ersetzt. Die Gruppen der Hitler-Jugend, weitgehend von den Schülern geführt, wollten eine vorbildliche Mustertruppe werden, »eine stets bereite Kampftruppe Adolf Hitlers«. Den Widerspruch einer solchen nationalsozialistischen Erziehung auf christlicher Grundlage scheint die Lehrerschaft nicht empfunden zu haben. Auch die Direktion konnte 1933 dazu ermutigen, die »neuen Erkenntnisse und Antriebe« der nationalsozialistischen Bewegung bewußt zu durchdringen und »von dem Geist Christi aus, der für uns maßgebend ist, zu bestimmen«.

Nach wenigen Jahren ließ die Begeisterung der Schülerschaft für die neue Bewegung allerdings nach und schlug in Kritik an der Partei und ihrer Führung um. Die christliche Grundlage zog wieder an, einzelne Schüler traten in die Brüdergemeine ein, ein Bibelkreis entstand. Der antichristliche Geist der NS-Weltanschauung trat immer deutlicher hervor. Durch ministerielle Verfügung wurde ab Ostern 1940 von der 5. Klasse an der Religionsunterricht verboten. 1941 ordnete ein Erlaß des Reichserziehungsminister auf Wunsch des Führers die Einrichtung von öffentlichen »Deutschen Heimschulen« durch Umwandlung bestehender Internatsschulen an, der das Pädagogium in Niesky und drei weitere Zinzendorfschulen betraf. Die »Inspektion der Deutschen Heimschulen«, der Niesky ab April 1942 unterstellt wurde, lag in der Hand der SS. Sie untersagte sofort die Ausübung von Tischgebet, Morgen- und Abendsegen. Die Auflösung des Pädagogiums und die Übernahme der Schule durch die SS als »Staatliche Internatsschule Niesky« erfolgte am 1. Oktober 1944. Die Illusion von einem Zusammengehen mit den Kräften des neuen Deutschland war bitter enttäuscht worden. Otto Uttendörfer notierte in seinem Tagebuch: Die Anstalt »hat, durch den drohenden Untergang geläutert, einen Schluß gehabt, der der Stimme Gottes offen war.« Ein Jahr später, am 29. April 1945, brannte das Haupthaus des Pädagogiums ab.

Was in Niesky geschah, erfuhren auch die anderen Zinzendorfschulen in ähnlicher Weise. Beachtlich ist die Entwicklung in der Neuwieder Mädchenanstalt. Dort hatte der Direktor Walter Wedemann 1926 Martha von Grot in Pasing mit ihrer Methode der Arbeitsschule (nach Kerschensteiner) kennen gelernt. 1927 kam sie mit einigen Lehrkräften nach Neuwied und richtete die Schule nach ihrer Methode ein. Dabei legte sie auf die christliche Prägung der Schule besonderen Wert, denn Religion sei kein Fach, sondern bestimme das ganze Leben. Sie suchte den Kontakt zur Gemeinde, doch verschloß sich der durch seine Missionsdarstellung nicht unbekannte Prediger Karl Müller mit seinem Konfirmandenunterricht ihrem Einfluß. Die Direktion erhoffte sich durch die Methode von Frau von Grot positive Anstöße für das brüderische Schulwerk und veranstaltete pädagogische Tagungen. Als dort Gerhard Reichel im Frühjahr 1928 die Bibelarbeit hielt, erkannten beide rasch ihre theologische Übereinstimmung, und die Direktion versetzte Reichel nach Neuwied. Als Frau von Grot 1936 in den Ruhestand trat, mußte freilich die Schule geschlossen werden, weil die Zahl der Schülerinnen zurückging und die staatliche Schulaufsichtsbehörde mit Blick auf das städtische Lyzeum den Bedarf und damit die Notwendigkeit der Schule verneinte. Walter Wedemann wurde nun zum neuen Schulleiter von Königsfeld berufen. Obwohl dieser dem Nationalsozialismus kritisch gegenüber stand, sah er sich gezwungen, im Interesse der Schule der NSDAP beizutreten, um das Ziel, den Ausbau des Gymnasiums zur Vollanstalt mit Abitur, nicht zu gefährden. Am 1. Oktober 1944 wurde die Zinzendorf-Schule wie in Niesky verstaatlicht und Schulleiter Wedemann seines Amtes enthoben. Die Mitgliedschaft in der Partei vermochte daran nichts zu ändern.

Was den Kirchenkampf in den Landeskirchen betraf, so versuchte die Unitätsleitung, sich nach Möglichkeit herauszuhalten und neutral zu bleiben. Da sie 1924 dem Kirchenbund beigetreten war, wurde sie 1933 auch Mitglied der Deutschen Evangelischen Kirche und zu den Nationalsynoden in Wittenberg 1933 und Berlin 1934 eingeladen. Den »Deutschen Christen« gelang es aber nicht, Ortsgruppen in den Herrnhuter Gemeinden zu bilden, mit Ausnahme von Gnadenfrei, wo Gerhard Veil die Gründung einer »Deutschen Brüdergemeine« versuchte. Dagegen nahm die Unitäts-Direktion in der Zeitschrift »Herrnhut« ausdrücklich Stellung: »Kirchliche Parteibildung auf unserem Boden widerspricht dem Wesen unserer Brüdergemeine.« Dennoch schloß sich in Gnadenfrei eine Gruppe jüngerer Mitglieder dem Nationalsozialismus an und bekundete ihre Ansicht in einer öffentlichen »Erklärung« vom 20. August 1934: »Wir wollen in der Gemeine den wahren Nationalsozialismus, in der [NS-]Bewegung das wahre Brüdertum vorleben, wie es unsere Pflicht ist.«

Während die Ortsgemeinden weitgehend vom Kirchenkampf unberührt blieben, konnten sich ihm die Stadtgemeinden Berlin, Breslau, Hamburg, Neusalz und Neuwied gar nicht entziehen. Insbesondere in Breslau und Neuwied kam es zu intensiven Kontakten mit der Bekennenden Kirche. Gerhard Reichel besuchte die Bekenntnissynode von Barmen im Mai 1934 und beteiligte sich an den Treffen der örtlichen Bruderschaft. In Breslau gehörte der Prediger Friedrich Gärtner zur Bekennenden Kirche, hatte er doch als Student in Göttingen bei Karl Barth studiert und war durch seine Arbeit in der Breslauer Stadtmission über die kirchenpolitischen Vorgänge gut informiert.

Die jungen Prediger versammelten sich auf der 8. Brüderischen Jung-Theologen-Tagung vom 9. bis 11. Oktober 1933 in Herrnhut und formulierten 8 Thesen unter dem Thema »Die Verkündigung der Brüdergemeine in der Gegenwart«. Ausgehend vom Kreuz Christi, durch dessen Sühne und Vergebung allein echte Bruderschaft, Nachbarschaft und Volksgemeinschaft möglich sei (These 1), stellten sie die Führerschaft Jesu Christi – und damit meinten sie Jesu Ältestenamt – dem politischen Führerprinzip gegenüber (These 7) und forderten als die zentrale Aufgabe: »Unsere Gemeinen sollen lebendige Träger brüderischer Verkündigung sein«. Den Thesen mit 23 Unterschriften ging eine an Karl Barth erinnernde Auslegung von Friedrich Gärtner voraus. Sicherlich dürfen wir diesen Vorstoß auf der Linie der Pfarrerbruderschaften in den Landeskirchen sehen.

»Das bedeutsamste Ereignis des Jahres 1934« war der freie brüderische Gemeintag in Gnadau vom 5. bis 7. Mai. Diesen hohen Stellenwert schrieb die Unitäts-Direktion einer Veranstaltung zu, die von drei Breslauer Predigern, Walter Hafa, Alfred Schroeter und Friedrich Gärtner, initiiert worden war. Diese Prediger stammten zwar aus der Brüdergemeine, aber zwei von ihnen arbeiteten ganz, einer zur Hälfte in der Landeskirche und waren deshalb von der Not des Kirchenkampfes innerlich zutiefst betroffen. Die Neutralität der Brüdergemeine, ihr Schweigen empfanden sie als Schuld und riefen darum, ohne vorherige Genehmigung der Direktion, aber schließlich doch mit der Beteiligung von deren Vorsitzendem, die Gemeinden in und außerhalb Deutschlands zu einem freien Gemeindetag nach landeskirchlichem Vorbild auf. »Wir müssen rufen, sonst werden wir schuldig vor dem Herrn und der Gemeine.« Ziel des Gemeintages war »die Wiedergewinnung einer klaren biblischen Glaubenserkenntnis und die Neugestaltung brüderischen Gemeinlebens«. Demgemäß lautete auch das Motto des Tages: »Wir wollen Gemeine sein!« Die Sorge, daß die Brüdergemeine ihren Auftrag und Sinn verloren habe, daß es jetzt nur darum gehen könne, von Gott eine neue Frist zur Bewährung zu erlangen, bewegte die Referate der meist jungen Theologen. Dem Aufruf waren etwa 200 Personen gefolgt, auch aus dem europäischen Ausland. In der Tat wirkte der Gemeintag aufrüttelnd und führte zur Einrichtung von Bibelkreisen und Schulungsabenden in einzelnen Gemeinden.

Er hat auch das Wort der Unitäts-Direktion an die Gemeinden vom 9. November 1934 bestimmt, das die »Hauptaufgabe« der Brüdergemeine darin sah, »Gemeine Jesu in unsern Gemeinen und Gemeinschaften zu verkörpern«. Die Direktion bekannte sich zu der heiligen Schrift »als der einzigartigen Quelle göttlicher Offenbarung« und zu allen Bestrebungen, »die auf der gleichen Grundlage sich zusammenschließen und nichts anderes wollen, als den Sünderheiland verkündigen und dem Reich Gottes auf Erden den Weg bereiten«. Damit stellte sie sich in die Nähe der Bekennenden Kirche und bejahte die Barmer Theologische Erklärung indirekt, ohne sie zu nennen.

Die Synode des folgenden Jahres vom 30. Januar bis 8. Februar diskutierte erneut die Frage, welche Aufgabe die Brüdergemeine in der Gegenwart habe und verabschiedete schließlich nach längeren Verhandlungen ein Wort an die Gemeinden. Friedrich Gärtner forderte die Beziehungen der Brüdergemeine zur Reichskirchenregierung Müller abzubrechen und die Zustimmung zur Barmer Theologischen Erklärung zu beschließen. Dazu konnte sich die Synode allerdings nicht verstehen. Das Wort, das man schließlich annahm, bekannte sich zwar zur alleinigen Offenbarung Gottes in der heiligen Schrift im Sinne Barmens, enthielt aber andrerseits im letzten Abschnitt den ausdrücklichen Dank der »reichsdeutschen Mitglieder der Synode [an] Gott für alles Gute, das er unserem Vaterland in seinem Neuaufbau schenkt.« Die Synode wollte, so erläuterte W. Goerlitz, das komplizierte Verhältnis von Staat und Kirche bewußt nicht ansprechen, hat es aber mit solchen Sätzen geradezu verschleiert. Bedeutsam war das Wort deshalb, weil es sich auf die Geschichte »des von Gott erwählten Volkes« bewußt bezog und damit vom Antisemitismus distanzierte. Ferner hielt es fest am Missionsauftrag an allen Völkern und Rassen gegen die »Betonung artgemäßer Religion«. Goerlitz hat beide Punkte mit Recht hervorgehoben.

Die Synode hat die Entscheidung, sich gegenüber den kirchlichen Fronten neutral zu verhalten, nicht verlassen und folgte damit der Direktion, die in ihrem Gesamtbericht ausdrücklich empfahl: »Wir halten es nicht für richtig, wenn Mitglieder unserer Kirche, namentlich in den Ortsgemeinen wohnende, der Bekenntniskirche sich organisatorisch anschließen, und wir bitten die Synode, in dieser Sache ein klares Wort zu sprechen.« Die Direktion glaubte ihre vermeintliche Nähe zur Bekenntniskirche dadurch zum Ausdruck gebracht zu haben, daß sie die Werke der Unität bei der »Arbeitsgemeinschaft der missionarischen und diakonischen Verbände und

Werke der Deutschen Evangelischen Kirche« als Mitglieder anmeldete, betonte dabei aber zugleich ihre Freiheit gegenüber kirchenpolitischen Schritten der Arbeitsgemeinschaft wie die Freiheit der Arbeitsgemeinschaft gegenüber der Bekenntnisgemeinde als selbständiger Organisation. Der Standpunkt der Direktion zeigte sich deutlich in ihrer positiven Stellung zu den Kirchenausschüssen. In ihrem Jahresbericht von 1936 betonte sie, daß sie sich »fürbittend hinter die schwere Aufgabe des Reichskirchenausschusses gestellt« habe und teilte dies dem Vorsitzenden, Wilhelm Zoellner, auf Bitten der Predigerkonferenz auch schriftlich mit.

Rückblickend gewann das »Wort der Synode« von 1935 den Charakter deutlichen Bekennens der Brüdergemeine, so schon auf der folgenden Synode von 1937. Hier referierte Heinz Renkewitz über das Thema: »Die Brüdergemeine und das Bekenntnis«. Damals warb Goerlitz, der ein gutes Gespür für die jeweilige Zeitlage hatte, für stärkere Beteiligung der Brüder am Kirchenkampf, weil er die inneren Gefahren der Abseitsstellung und Wirklichkeitsferne erkannte. Und Gärtner wies darauf hin, daß »im Kampf der Kirche auch über das Schicksal der Brüdergemeine entschieden werde«. Die letzte Synode vor dem Krieg im Mai 1939 bestimmte das Verhältnis zum Kirchenkampf in der evangelischen Kirche so: »keine Einmischung in die eigentlich kirchenpolitischen Vorgänge und andererseits innere Teilnahme an den Bewegungen innerhalb der Kirche, die sich für ihren vollen biblischen Glaubensstand einsetzen«. Die Theorie der Unabhängigkeit der Brüdergemeine vom Kirchenkampf der evangelischen Kirche erwies sich, je heidnischer und militanter der Nationalsozialismus auftrat, als Illusion. In einzelnen Gemeinden wie in Neuwied und Neusalz kam es zu Anfragen von seiten der Bekennenden Kirche, ob sie ihre Gottesdienste im Saal der Brüdergemeine halten könne. Natürlich hatte darüber der Ältestenrat am Ort zu entscheiden, und er konnte sein Einverständnis zu rein gottesdienstlichen Veranstaltungen nicht gut versagen. Das Theologische Seminar in Herrnhut war geradezu erfreut über den Zuwachs an Studenten aus der schlesischen Bekennenden Kirche, die neues Leben und eine bessere Auslastung des Seminars bedeuteten.

Die Berichte über die Synoden in den dreißiger Jahren sprechen gern von dem Geschenk der inneren Einigkeit der Anwesenden. Nach den zermürbenden Auseinandersetzungen um die rechte Theologie seit 1897 empfand man jetzt die stärkere theologische Einmütigkeit als wohltuend. Die zunehmende kirchenpolitische Konfrontation mit dem Staat führte die Gemeine in die Besinnung auf ihre biblische Grundlage und ihre Eigentümlichkeit als Bruderschaft. Das Thema Gemeinde gewann auch wegen der ständig wachsenden Abwanderung aus den Ortsgemeinden an Aktualität. Auf der Synode von 1939 berichtete der Vorsitzende Theodor Schmidt, daß nunmehr fast nur die Hälfte aller Mitglieder in Ortsgemeinden wohne. Man könne nur noch von einer über ganz Deutschland verteilten großen Brüdergemeine sprechen, die in nicht weniger als 770 Orten lebe. Um so dankbarer sei man für die »festen Kerne«, die früheren Ortsgemeinden. Daß die Brüdergemeine ihre Anziehungskraft noch nicht verloren hatte, zeigte die Entstehung der Brüdergemeine Zwickau, die aus dem dortigen CVJM erwuchs. Dieser wurde 1939 vom Staat aufgelöst, mied aber die Landeskirche und suchte Anschluß an die Brüdergemeine. Die Gruppe wuchs, so daß die Direktion 1947 Zwickau zur selbständigen Gemeinde erhob.

Der Druck des Staates auf die Arbeit der Brüdergemeine zeigte sich an den verschiedensten Stellen. Die Wehrmacht zwang die Unität 1936 zum Verkauf der alten Zinzendorfgüter in Berthelsdorf, Großhennersdorf und Rennersdorf. Das Sammelverbot und kirchenfeindliche Steuergesetze erschwerten die Besoldung der Mitarbeiter und die Finanzierung der kirchlichen Arbeit. Die Auslandsbeziehungen und die Missionsarbeit waren den staatlichen Behörden ein ständiger Stein des Anstoßes, die den Staat zu regelmäßiger Überwachung veranlaßte, doch konnte er der Unität keine Devisenvergehen nachweisen, da man in den außerdeutschen Regionen rechtzeitig selbständige Vereine oder Organe eingerichtet hatte, wie 1934 die »Schweizerische Missionshilfe«. Auch die Männer, die sich zunächst dem Staat gegenüber wohlwollend gezeigt hatten, mußten seine antichristliche Gesinnung tief enttäuscht erkennen. Das Tagebuch von Otto Uttendörfer aus der Kriegszeit bietet zahlreiche Äußerungen dieser Erkenntnis. »Der Nationalsozialismus will die Religion aus dem Herzen des Volkes reißen«, oder: »Man fühlt sich förmlich verflucht, weil man gänzlich wider seinen Willen in dieser Schicksalsgemeinschaft steht und gar nichts helfen kann. Das einzig Mögliche ist zu beten.« »Von dem [versprochenen] Paradies des Dritten Reiches bleibt nur der Kampf um die nackte Selbsterhaltung übrig.« »Es geht jetzt Gottes Gericht über die Welt, und besonders über Deutschland«. Er fand sein inneres Gleichgewicht gegenüber diesem unbeschreiblichen »Austoben des Antichrists« nur durch immer neue Studien zu Zinzendorf und der Brüdergeschichte und war froh, daß er auf diese Weise am Ende seines Lebens tiefer in die Theologie hineinkam. Er dachte über eigenes Versagen nach: »Der Fehler meiner Entwicklung war eben das ununterbrochene Stürzen in die Arbeit und der Mangel an Besinnung und dadurch Ausweichen vor Entscheidung.«

Ab Herbst 1944 zogen durch Herrnhut unendliche Flüchtlingsströme, viele blieben auch in Herrnhut, so daß im November nach Uttendörfer 112% der normalen Einwohnerzahl Flüchtlinge waren. In Herrnhut blieb zunächst alles ruhig, unheimlich ruhig angesichts der immer näher rückenden Front und des Massenelends ringsum. Im März wurde der Ort schließlich durch Panzersperren und Fliegergräben unter Leitung des Archivaren und früheren Offiziers Hermann G. Steinberg befestigt. Am 6. Mai erfolgte der Befehl zur Räumung, und am nächsten Morgen setzte sich ein Trupp in Richtung Böhmisch-Kamnitz/Nordböhmen in Bewegung, die Kranken und Älteren von Lastwagen gefahren. Bis zum Nachmittag des 8. Mai gab es noch Gefechte im Ort, ab 17 Uhr zogen die Russen ein. In den Morgenstunden des 9. Mai haben diese den Stadtkern des bis dahin kaum beschädigten Ortes angezündet. Kirche, Schwesternhaus, Gemeinhaus, Herrschaftshaus, Brüderhaus, Gasthof und viele andere Gebäude, insgesamt 20% des Ortes brannten nieder. Äußerlich gesehen lag damit weitgehend die aus der Zinzendorfzeit stammende Ortsanlage, ihre Fronten und Ansichten in Schutt und Asche danieder. Auch in Niesky wurde der Ortskern nach der Einnahme durch Brandlegung in ganz ähnlicher Weise vernichtet.

Die Situation nach Ende des Zweiten Weltkrieges

Mit dem Ausgang des Weltkrieges fand sich die Brüdergemeine in einer bedrängenden Situation, die alle bisherigen Notlagen noch übertraf. In einem Wort an die Gemeinden von 1947 drückte es die Direktion in Herrnhut so aus: Wir haben »den Herrn und Ältesten unsrer Gemeine von einer Seite kennengelernt, von der wir ihn noch nicht kannten. In diesen schweren Erfahrungen ist Er uns entgegengetreten als der, dessen Augen sind wie eine Feuerflamme und dessen Stimme wie ein großes Wasserrauschen und aus dessen Munde ein scharfes zweischneidiges Schwert geht.« Gott hatte sich der Gemeine als der Weltenrichter aus der Offenbarung gezeigt, der mit Zinzendorfs Christusbild als dem Freund und Bruder kaum zusammenzupassen schien. Ein Schuldbekenntnis in Art des Stuttgarter Schuldbekenntnisses findet man so nicht, es wäre ja auch nur ein Nachsprechen von bereits Gesagtem gewesen. Die Frage, was Gott der Brüdergemeine mit diesem Gericht sagen wolle, wurde persönlicher, in brüderischer Weise gestellt. Die Direktion vernahm Jesu Urteilsspruch aus der Offenbarung als an sie unmittelbar gestellt: »Ich habe wider dich, daß du die erste Liebe verlässest.« Damit erinnerte die Direktion an die Erweckung Herrnhuts von 1727 und deutete die Zeit des Dritten Reiches als Abfall der Gemeinde von der »Liebe zu Ihm und den Brüdern und dem Nächsten«.

Die Verluste für die Gemeine lagen weniger in den Zerstörungen von Gebäuden, immerhin 23 Kirchensäle, 8 Schulgebäude, 13 Chorhäuser u.a., sondern in der Abtrennung der Gebiete, in denen einst mehrere Gemeinden bestanden: Schlesien (mit den Gemeinden Breslau, Gnadenberg, Gnadenfeld, Gnadenfrei, Hausdorf, Neusalz), Sudetenland (mit den Gemeinden Dauba, Herzogwald, Roßbach), Warthe- und Netzebruch, Polen. Von früher 22 Gemeinden gingen 9 verloren. Auch wenn die Mitglieder dieser Gemeinden größtenteils noch lebten, so waren sie nun als Flüchtlinge bitter arm und völlig zerstreut.

Für das Fortbestehen als Brüdergemeine war die Spaltung Deutschlands in einen östlichen und westlichen Einflußbereich ebenso, wenn nicht noch gravierender. Denn damit war die kleine Brüdergemeine nun auch noch gespalten in einen Distrikt Ost und einen Distrikt West. Die leitende Behörde in Herrnhut (Distrikt Ost) nannte sich wie bisher: Deutsche Unitätsdirektion (DUD), die Behörde im Distrikt West mit Amtssitz in Bad Boll nannte sich »Europäisch-Festländische Unitätsdirektion« (EFUD), da zu ihr die Gemeinden in der Schweiz, in Holland und in den skandinavischen Ländern gehörten. Als sich zu Beginn des Jahres 1945 abzeichnete, daß Herrnhut von den russischen Truppen eingenommen würde und man mit der Bildung eines russischen Korridors an der Elbe rechnete, beschloß die Direktion, ein oder zwei ihrer Mitglieder in einer der westlichen Brüdergemeinden zu stationieren. So verließen am 8. Mai Sam Baudert und Kurt Marx Herrnhut und kamen zunächst nur bis Ebersdorf, da die Amerikaner schon am 4. April Neudietendorf erreicht hatten. Als Thüringen von den Amerikanern abgegeben wurde, zogen sie nach Bad Boll weiter, wo sie am 7. Juli eintrafen. Das entscheidende Motiv für diese Teilung der Unitätsleitung war sicherlich die Absicht, die Verbindung zu den westdeutschen und europäischen Gemeinden, aber auch zu den angelsächsischen Provinzen nicht zu verlieren, auch wollte man einen Teil des Vermögens in Sicherheit bringen. Diese Entscheidung war zwar für die Direktion im Distrikt Ost eine erhebliche Belastung, aber sie kam dem Ausbau der Gemeinden im Westen und der Fürsorge an den Flüchtlingen zugute. Ein Vergleich der Mitgliederzahlen Ende 1948 ergab, daß die Gemeinden im Osten mit 5.226 Mitgliedern den Gemeinden in Westdeutschland mit 4.289 Mitgliedern deutlich überlegen waren.

Im Zuge der allgemeinen Ost-West-Verschiebung erlebten die Gemeinden im Westen einen enormen Zuzug. Von den 4.289 Mitgliedern im Westen waren 2.269 oder 52,9% Flüchtlinge. Angesichts der wenigen Ortsgemeinden im Westen – hier bestanden nur die Gemeinden Bad Boll, Hamburg, Königsfeld und Neuwied – konnten diese Flüchtlinge nur sehr begrenzt in diesen Gemeinden untergebracht werden. Bad Boll bot noch am ehesten die Räumlichkeiten und bestand 1949 zu 77% aus Flüchtlingen. Im Emsland sammelten sich Flüchtlinge aus dem Diasporagebiet von Polen in den verlassenen Baracken von Alexisdorf, die als Häftlings- und Kriegsgefangenenlager zur Kultivierung des Moorgebietes gedient hatten, und gründeten 1946 unter der tätigen Fürsorge von Bischof Hermann Steinberg die Brüdergemeine Neu-Gnadenfeld mit ca. 400 Mitgliedern. Trotz der völlig ungenügenden Wohnverhältnisse wuchs die Siedlung bis 1950 auf 845 Personen an. Auch an anderen Orten sammelten sich Flüchtlinge, so in Borstel/Bad Rehburg, auch in Tossens, in Wilhelmsdorf und Hohenkirchen, wo Zinzendorfschulen errichtet wurden, doch entstanden daraus später keine selbständigen Gemeinden. Pfarrer Heinrich Meyer, Prediger in Berlin-Neukölln, erhielt 1947 den Auftrag, ein Flüchtlingsamt für die Flüchtlinge aus dem Osten, vor allem aus dem Warthe- und Netzebruch mit einer Sekretärin aufzubauen. Ziel war es von Anfang an, nicht nur Fürsorge für die arbeits- und besitzlosen Evakuierten zu üben – dazu fehlte es der Unität an finanziellen Möglichkeiten –, sondern vor allem die geistliche Verwurzelung in den neuen kirchlichen Verhältnissen Westdeutschlands zu fördern. Um bei den wenigen westdeutschen Ortsgemeinden die Betreuung organisieren zu können, wurde das Gebiet der Bundesrepublik in 5 Bereichsgemeinden gegliedert, die ihren Stützpunkt jeweils in den Ortsgemeinden hatten. Die Arbeit an den »Auswärtigen«, wie man vor 1945 sagte, wurde zu einem Schwerpunkt der Prediger, da sie die Mitgliederzahl der Ortsgemeinden nun weit überstieg.

Dank der Zuwanderung aus den Diasporagebieten blieb so der Mitgliederbestand der Brüdergemeine nach dem Krieg erhalten. Aber durch die Spaltung Deutschlands in zwei Staaten kam es nach 1948 bis zu dem Bau der Mauer in Berlin 1961 zu einem Prozeß der Abwanderung aus dem Osten. Während die Mitgliederzahl im Distrikt Ost von 5.225 auf 3.325 im Jahr 1961 sank, vermehrte sich die Zahl in Westdeutschland von 4.289 auf 6.383. Danach war die Mitgliederzahl in beiden Distrikten rückläufig.

Sobald wie möglich nahm die Unitätsleitung in Bad Boll die Kontakte zu den europäischen Gemeinden auf, die seit 1944 abgebrochen waren. Diese halfen, in vielfältiger Weise die äußerliche Not zu lindern und bezeugten die Gemeinschaft und Vergebungsbereitschaft durch Besuche in Deutschland. In Montmirail/Schweiz konnte 1946 eine erste Unitätskonferenz stattfinden, deren Aufgabe in erster Linie die Sorge für die weltweite Mission war, bei der Deutschland zunächst abseits stand. Ähnlich den deutschen Gemeinden schlossen sich die europäisch-festländischen zu einem »Verband der Brüdergemeinen der Schweiz, Hollands, Dänemarks und Schwedens« zusammen und steuerten zur Mission bei. In besonderer Weise unterstützten die amerikanischen Provinzen die deutschen Gemeinden in Ost und West, zum Teil über das schweizerische Hilfswerk. Die Gemeinden der tschechischen Provinz, die in den letzten Jahren deutlich zugenommen hatten und 1948 bereits 6.787 Mitglieder zählten, entwickelten bald engere Beziehungen mit Herrnhut und trugen zu einer Entkrampfung und Versöhnung nach den spannungsreichen Beziehungen in der Zeit des Nationalsozialismus bei. Das theologische Erbe der alten Brüderunität, die Werke des Johann Amos Comenius wurden in der Folgezeit neu entdeckt. Kontakte zur theologischen Fakultät in Prag, insbesondere zu Professor Amadeo Molnar und den einzelnen Predigern bedeuteten für den Distrikt Ost eine wichtige theologische Bereicherung.

Im Blick auf die riesigen Versorgungsprobleme nach Kriegsende waren die Unitätsleitungen in Ost und West auf die Unterstützung des Evangelischen Hilfswerks und der Evangelischen Kirchen angewiesen. Ersteres stiftete zum Beispiel die Notkirche der Brüdergemeine in Hamburg. Auf der Basis des Vertrags von 1924 wurde eine Vereinbarung mit der EKD getroffen und das »Kirchengesetz betreffend die Angliederung der Evangelischen Brüder-Unität in Deutschland an die Evangelische Kirche in Deutschland« vom 12. Januar 1949 geschlossen. So offen dieser Vertrag auch war, er signalisierte eine gewisse Anlehnung an die Landeskirchen bei bewußtem Verzicht auf eine freikirchliche Sonderexistenz. »Stattdessen wählten wir den Weg im Schatten der EKD, unter dem überstehenden Dach sozusagen«. So formulierte es Unitätsdirektor Walther Günther 1977 auf einer Kirchenkonferenz der EKD, wobei er das Wort Schatten im doppelten Sinn verstand: als Schutz und als vereinnahmenden Sog. Die finanzielle Lage erlaubte es nicht, die Wiedereröffnung des Theologischen Seminars zu betreiben, und hatte zur Folge, daß die brüderischen Theologiestudenten ihre Ausbildung an den Universitäten oder Hochschulen erhielten. Die zunehmende Angleichung an die Traditionen der Landeskirche wurde so befördert, die brüderischen Sonderformen in Gottesdienst und Gemeindeaufbau konnten in den Bereichsgemeinden ohnehin nur begrenzt verwirklicht werden. Das Problem der Doppelmitgliedschaft, die Zugehörigkeit eines Mitgliedes zur Evangelischen Kirche und zur Brüdergemeine, das in den Bereichsgemeinden akut war, die Frage nach ihrem Recht und ihrem Nutzen, blieb ein ständiges Diskussionsfeld.

Das Andachtsbuch der Losungen, das bis heute jährlich in Herrnhut ausgelost und zusammengestellt wird, erwies sich als ein geistliches Band für die weltweite Unität und fand auch in den evangelischen Kirchen Europas zunehmend Verbreitung. Die Zahl der Übersetzungen in andere Sprachen und die Auflagenhöhe stieg kontinuierlich. Für die Direktion war es ein besonderes Zeichen der Güte Gottes, daß die Losungen sowohl in den letzten Kriegsjahren wie in den Nachkriegsjahren und der gesamten Zeit der DDR trotz staatlicher Zensur und Begrenzung des Papierkontingents erscheinen konnte, gelegentlich durch Fürsprache einflußreicher Persönlichkeiten wie Sven Hedin.

Es ist in diesem Rahmen nicht möglich, die Geschichte der letzten 50 Jahre der Europäisch-Festländischen Brüder-Unität zu skizzieren oder auf den Fortgang der weltweiten Unität und der Unitätssynoden einzugehen. Aber es sei wenigstens kurz auf die ganz unterschiedliche Entwicklung in den beiden Distrikten Deutschlands bis zur Vereinigung hingewiesen. In Herrnhut übernahmen Johannes Vogt, Walter Baudert und Erwin Förster die Verantwortung für den Wiederaufbau Herrnhuts und mühten sich um ein erträgliches Verhältnis zur Regierung. Freilich nahm der Staat bald das Schulwesen ganz aus der Hand der Gemeine, nur die Kinderarbeit in insgesamt 5 Kinderheimen blieb bis Mitte der 70er Jahre bestehen. Auch die Unterstützung der Mission war sehr eingeschränkt und konnte weitgehend nur indirekt durch Spenden und selten durch missionarische Einsätze erfolgen.

Seit 1953 verschärfte der Staat seinen Druck auf die christliche Jugendarbeit. Mitgliedern der »Jungen Gemeinde«, des einzigen kirchlichen Jugendverbands, wurde der Besuch der Oberschule untersagt. Die staatliche Jugendweihe, die der Konfirmation nachgebildet wurde und ein Gelöbnis auf den sozialistischen Staat einschloß, galt als Voraussetzung für Schulbesuch und berufliche Ausbildung. Die Entscheidung für die Konfirmation gegen die Jugendweihe war für Eltern und Kinder ein erhebliches Opfer, wurde aber in den Gemeinden weitgehend gebracht. Als 1961 durch den Bau der Berliner Mauer die Stadt in zwei Teile geteilt wurde, waren die Mitglieder der Gemeinde Berlins im Osten ohne Betreuung, so daß dort in demselben Jahr die Gemeinde Berlin (Mitte) begründet wurde.

In den engen Grenzen, die der SED-Staat der Kirche steckte, öffnete sich der Brüdergemeine in der diakonischen Arbeit, vor allem in der Fürsorge an den Behinderten und Alten, ein Arbeitsfeld, an dem der Staat wenig interessiert war. Altenheime konnten in Ebersdorf, Gnadau, Herrnhut, Kleinwelka und Niesky errichtet oder fortgeführt werden. Der Ausbau des Christian-David-Gästeheims 1957 bot vielen Besuchern die Gelegenheit, Herrnhut kennenzulernen. Zeichenhafte Wirkung hatte 1969 die Entscheidung, das Herrschaftshaus Zinzendorfs als Heim für hirngeschädigte Kinder auszubauen, es konnte durch die Finanzierungshilfen der Gesamtunität und des

Diakonischen Werkes als »Förderungszentrum Johann Amos Comenius« 1977 eingeweiht werden. Die Einrichtung und Unterhaltung solcher Werke wäre nicht möglich gewesen, wenn die Direktion sie nicht den jeweiligen landeskirchlichen Ämtern für Innere Mission angeschlossen und selbst 1970 als Fachverband Mitglied des Diakonischen Werks des Bundes geworden wäre, so daß sie an dem Programm »Stätten des kirchlichen Wiederaufbaus« teilhaben konnte. In demselben Jahr wurde auch der Anschluß an den Bund der Evangelischen Kirche der DDR vollzogen.

Weitgehend unangefochten blieb das Diakonissen-Mutterhaus Emmaus in Niesky mit seinen Außenstellen in Ebersdorf bestehen. Während der Kampfhandlungen im April/Mai 1945 hatten die Diakonissen die Patienten des Krankenhauses nach Ebersdorf in Sicherheit bringen können. Die Häuser in Niesky konnten nach dem Krieg wieder renoviert und sogar erweitert werden. Auch ein Altenheim in Hohen-Neuendorf bei Berlin wurde zusätzlich übernommen. Die Diakonie wurde als eine in Herrnhut von Anfang an geübte Tätigkeit nach 1945 neu entdeckt und auch theologisch reflektiert (Wollstadt).

Zu den erstaunlichsten Tatsachen zählt, daß einzelne brüderische Firmen die Verstaatlichung abwehren und unter dem Dach der Gemeinde weiterexistieren konnten, wie die Firma Abraham Dürninger mit der Weberei und der »Sternelei«, in der die Herrnhuter Weihnachtssterne hergestellt wurden, ein Gartenbau-Betrieb, eine Landwirtschaft und Tischlerei, die Lackfabrik in Niesky und andere. Zwar waren die staatlichen Auflagen so hoch, daß sie der Brüdergemeine kaum einen Gewinn abwarfen, aber dank ihrer Existenz konnten Christen Arbeit in christlicher Umgebung finden und soziale Verantwortung übernehmen.

Verglichen mit der Situation in der DDR hatte die Brüdergemeine im Westen großartige Möglichkeiten der Entfaltung ihrer Arbeit. Sie konnte die klassischen Bereiche der Erziehung, Mission und Diaspora ungehindert fortführen. Die Nachkriegsjahre führten zu einer Blüte bis Mitte der fünfziger Jahre. Zahlreiche neue Unternehmungen im schulischen Bereich, aber auch auf dem Feld der Betriebe, etwa als Zweig der Firma Dürninger, wurden eröffnet, aber das meiste hatte nur eine kurze Lebensdauer. Die Schulen in Königsfeld übten eine starke Anziehung aus, gerieten aber in den 70er Jahren in finanzielle Schwierigkeiten, die durch die Hilfe der Landeskirche überwunden wurden. Sie bilden heute neben der Zinzendorf-Schule in Tossens und den Schulen in Zeist das Herzstück brüderischer pädagogischer Arbeit.

Im Gegensatz zum Distrikt Ost konnte sich der Distrikt West ungehindert der Aufgabe der Mission annehmen: durch Missionsvertreter und Veranstaltungen, durch gegenseitige Besuche und Austausch von Pfarrern, durch Entsendung von Mitarbeitern. Die schon nach dem Ersten Weltkrieg gegründete *Herrnhuter Missionshilfe* rechnete die Spendengelder für die Partnerschaftskirchen Südafrika und Tanzania und die Unitätswerke in Jerusalem und Westindien ab. Dennoch waren die finanziellen Ressourcen begrenzt, da viele Regionen Westdeutschlands bereits Loyalitäten zu anderen Missionsgesellschaften besaßen. Neue Wege ging man darum 1972 in Südwestdeutschland, wo im Anschluß an die auf der Weltkirchenkonferenz von Neu Delhi (1961) geforderte Integration von Mission und Kirche das »Evangelische Missionswerk Südwest« (EMS) gegründet wurde, ein Verbund aus süddeutschen und hessischen Landeskirchen mit der Herrnhuter, Basler und Deutsch-Ostasien-Mission sowie dem Verein für das Syrische Waisenhaus, um den Anforderungen aus den Kirchen der Dritten Welt gemeinsam zu entsprechen, aber freilich verlor man damit auch ein Stück eigener Identität und gewachsener Beziehungen.

Die intensive Betreuung der Bereichsgemeinden führte zu zwei Neugründungen in den industriellen Ballungsgebieten. Im Raum Köln-Wuppertal-Ruhrgebiet entstand 1972 die Gemeinde Nordrhein-Westfalen mit den Schwerpunkten in Düsseldorf und Bielefeld. Im Raum Frankfurt wurde 1997 die Gemeinde Rhein-Main errichtet. Sie hat einen besonderen Anziehungspunkt in der Sozietät Herrnhaag, die auf den Ruinen von Herrschaftshaus und Schwesternhaus des Herrnhaag aus einem Freundeskreis erwuchs, der sich zunächst die Wiederherstellung dieser Ruinen zum Ziel gesetzt hatte und sich dann einer neuen Sozialarbeit widmete. Neu ist dabei die Verbindung mit einem kommunitären Lebensstil, der in gewisser Weise an die alten Chorhäuser anknüpfte. Damit war ein ganz neuer Weg der Arbeit beschritten.

Zu den theologisch faszinierenden Ereignissen der jüngeren Zeit gehörte das Aufeinanderzugehen brüderischer Prediger und des bekannten Schweizer Theologen Karl Barth. Schon die Kirchenordnung von 1957 bekannte sich ausdrücklich zu den von Barth entworfenen Sätzen der Barmer Theologischen Erklärung. Einzelne Prediger waren Schüler Barths gewesen, aber auch Karl Barth hatte sich seit seinem Römerbrief gewandelt und fand nun in Zinzendorf einen Vorläufer seiner eigenen christologischen Position. Er konnte jetzt sagen, theologisch »stehen und fallen Zinzendorf und ich miteinander«. In der Sonderform der Brüdergemeine sah er ein Korrektiv gegen allen »Kirchenzauber« und beschrieb ihre Existenz als »Ekklesia pro Ekklesia«, auch in dem Sinn: »Ökumene für die Ökumene«. Eine Begegnung brüderischer Theologen mit Barth fand am 12. Oktober 1960 in den Räumen der Sozietät in Basel statt und bedeutete für die Teilnehmer eine starke Ermutigung auf dem Weg ihrer Sonderexistenz.

Während der Distrikt Ost die Theologiestudenten und Prediger zu gelegentlichen theologischen Seminaren zusammenrief, um sie mit dem brüderischen Erbe vertraut zu machen, stellte der Distrikt West einen Studienleiter mit der Aufgabe der Fortbildung der Theologen und Erwachsenenbildung an. Hans-Christoph Hahn, der diese Funktion von 1964 bis 1977 inne hatte, erkannte neu die seelsorgerlich-therapeutische Gabe und Aufgabe der Brüdergemeine, die er in der Einrichtung der Banden und Ämter im alten Herrnhut vorgebildet sah. »Ich meine, daß die Brüdergemeine heute als »therapeutische Gemeinschaft« durch vorurteilsfreie, abholende Zuwendung zu »verlegenen Seelen« unserer Zeit einen wichtigen Dienst erfüllen könnte.« Er selbst wählte später den Beruf des Psychotherapeuten.

Eine so nicht vorauszuahnende Entwicklung nahmen die Gemeinden in Holland. Die politischen und wirtschaftlichen Probleme in Surinam führten seit den 60er Jahren zu einer Einwanderungsbewegung von Surinamern in die Niederlande. Da der größere Teil von ihnen der Brüdergemeine angehörte, war die Notwendigkeit gegeben, sie zu sammeln, so daß dort neue surinamische Gemeinden mit volkskirchlichem Charakter entstanden, und zwar in den Städten Amsterdam (mit zwei Gemeinden), Rotterdam, Nord-Holland (Haarlem) und Utrecht. Ihre Mitgliederzahl übertrifft heute die der west- und ostdeutschen Gemeinden bei weitem. Im Unterschied zu Deutschland steht die Brüdergemeine in Holland selbständig neben den anderen Konfessionen, die Situation entspricht also der der USA. Die Aufgabe der Integration der Surinamer Gemeinden, das Eingehen auf ihre Frömmigkeit und Lebensweise stellt erhebliche Anforderungen an die Prediger. Um diesen Aufgaben gerecht zu werden, bildete sich 1970 der Zentrale Rat der Evangelischen Brüdergemeinden in den Niederlanden, in dem auch die holländische Missionsgesellschaft mitarbeitet.

Als sich 1989/1990 die politische Wende und Vereinigung der beiden deutschen Teilstaaten vollzog, war es für die Brüdergemeine nicht ganz einfach, die so unterschiedlichen Bereiche zusammenzubringen. Die neue Unitätsdirektion trug dieser Tatsache dadurch Rechnung, daß sie die 5 Abteilungen ihrer Arbeit auf drei Zentren verteilte: Zeist, Bad Boll und Herrnhut. Die Abstimmung der Arbeit erfolgt auf gemeinsamen Besprechungen bzw. den alle zwei Jahre stattfindenden Synoden. Der seit Mitte des 19. Jahrhunderts zu beobachtende Prozeß der Regionalisierung und Dezentralisierung hat damit einen weiteren Schritt erreicht, der der Selbstentfaltung der Regionen zugute kommen soll.

Fragen zum Schluß

Wir haben den Weg der Brüdergemeine von ihren Anfängen in Herrnhut bis zur Gegenwart verfolgt. Auf den ersten Blick könnte es so scheinen, als wenn von den Ursprüngen kaum etwas übrig geblieben ist. Herrnhut spielt in der gegenwärtigen Kirchenpolitik kaum eine Rolle, es wird aber als historischer Ursprung geachtet und von vielen als Stätte der Erinnerung besucht. Zinzendorfs Theologie wird zwar wissenschaftlich untersucht, doch in der Verkündigung und gelebten Frömmigkeit kommt sie kaum vor, am ehesten spricht Zinzendorf heute durch seine Lieder und liturgischen Formulare, die aber inzwischen sprachlich bearbeitet wurden. Was früher die Eigentümlichkeit der Brüdergemeine ausmachte – die theokratische Struktur der Ortsgemeinde, die Gliederung der Gemeinde in Chöre und Chorhäuser, der absolute Vorrang des missionarischen Dienstes, die Diasporaarbeit als ein Werk zur Intensivierung des Gemeinschaftslebens in der Landeskirche und anderes – hat der Wandel der Zeiten fast völlig hinweggespült. Die Geschichte der Brüdergemeine liest sich wie eine Geschichte zunehmender Selbstpreisgabe und Selbstentblößung. Das ist, theologisch gesehen, gewiß kein Fehler, sondern zeigt die Bereitschaft, sich auf den Wandel der Zeiten einzulassen und in Auseinandersetzung mit dem Geist der Zeit zu treten. Dabei muß es jeweils zu einer neuen Sicht des Ursprungs und seiner Neuinterpretation kommen. Aber freilich wird die Brüdergemeine ihrer Entstehung eingedenk bleiben müssen.

Fragen wir am Schluß: Worin ist die Brüdergemeine ihrem Ursprung heute verpflichtet? Worin erkennt sie heute das Erbe Zinzendorfs? Eine Frage, die sich angesichts des 300. Geburtstages von Nikolaus Ludwig von Zinzendorf und seiner Frau Erdmuthe im Jahr 2000 von selbst stellt.

1. Als die Gemeinde in der Abendmahlsfeier am 13. August 1727 zueinander fand und darin ihre Geburtsstunde erkannte, war im deutschen Pietismus etwas Neues entstanden: die Gemeine. Die Wirklichkeit dieser erweckten, ökumenisch geprägten, durch feste Strukturen zusammengehaltenen Gemeine war mehr als Zinzendorfs philadelphisches Ideal, anders auch als Speners Ekklesiola in Ekklesia. Was war ihr Proprium, was war das Neue? Das 19. Jahrhundert sah es gern in der lebendigen Gemeinde im Unterschied zu der gemischten Landeskirche. Als nach dem Ende des Zweiten Weltkriegs alles in Frage stand, knüpfte Otto Uttendörfer in einem offenen Brief eben daran an:

Jedenfalls geht aber aus alledem hervor, daß, wie auch das Schicksal und die künftige Form der Deutschen Brüder-Unität sein möge, wir nie von der Idee abweichen dürfen, daß wir eine lebendige Gemeine darstellen sollen, damit nicht bloß die Steine schreien, das heißt: der Baustil Herrnhuts auf die Besucher Eindruck mache, sondern das, was sie persönlich erleben. Ein solches Berufungsbewußtsein ist bei aller gebotenen Demut unbedingt notwendig.

Uttendörfer glaubte diese Folgerung aus dem Ältestenamt Jesu ziehen zu müssen und wollte an der Streiteridee Zinzendorfs neu anknüpfen. Aber führte nicht gerade diese Folgerung zu einer ständigen geistlichen Überforderung der Gemeine, die ein verkrampftes Festhalten an alten Traditionen, die solches Leben zu garantieren schienen, zur Folge hatte? Die Erfahrung des 13. August war nicht die Erweckung – die hatte die Gemeinde schon früher erfahren –, sondern die aus der Vergebung des Abendmahls lebende Bruderschaft, das in Christi Tod gegründete Geschenk der Versöhnung. Die von der Erweckungstheologie und später von einer angelsächsischen Theologie her als Ziel und Ideal angesehene Erweckung und Heiligung oder heute vielleicht die von einer charismatischen Bewegung her erwartete Geistestaufe scheint mir nicht zinzendorfisch zu sein.

2. Worum es Zinzendorf ging, war vielmehr die gelebte Bruderschaft mit Christus, das Gegenwärtigwissen seiner Nähe, die tief empfundene Lebensfreude über seine vollbrachte und immer gültige Erlösung. Ein Leben in der persönlichen Gemeinschaft mit Christus darf der Gemeinde genug sein, denn dann lebt sie aus dem Grund zu immer neuer Sammlung und Sendung. Das war der Sinn der Erwählung Jesu Christi zum Ältesten der Gemeinde – dieser Wille, nur von ihm abhängig und geleitet zu sein. Als sich 1957 auf der ersten Unitätssynode nach dem Zweiten Weltkrieg die Deputierten aus den einzelnen Provinzen in Bethlehem/USA trafen, sahen sie die Notwendigkeit, der Kirchenordnung eine Präambel, den »Grund der Unität«, voranzustellen. Darin bekannten sie sich aufs neue zu Kreuzestheologie, Gemeindeverständnis und Ältestenamt Christi. Der Durchgang durch die Geschichte deckte eine Fülle von Beispielen für die Spontaneität und schöpferische Kraft der Gemeinde auf, die sich aus diesem Grund ergaben. Je mehr die Unitätsleitung in Herrnhut von ihrem Zentralismus abging und selbständige Entfaltung in den einzelnen Regionen ermöglichte, desto leichter konnte sich die missionarische Kraft Christi entfalten. Wenn wir heute diese Kraft viel stärker in den jungen Missionskirchen erleben, so kann dies nur Anregung für die Arbeit im eigenen Land sein. Es wäre jedenfalls kurzschlüssig zu meinen, daß die Mission, die seit Zinzendorf die Kraftquelle und das Zentrum der Gemeine war, jetzt preisgegeben oder versiegt sei, weil die Missionskirchen Europa weniger brauchen. Die Gefahr liegt heute wohl eher darin, daß Europa und Amerika von den jungen Kirchen nur noch als finanzielles Reservoir, kaum noch als kreativer Partner gesehen werden.

3. Aus der Brüdergeschichte ergibt sich eine seltsame Dialektik zwischen finanzieller Notlage und geistlichem Neuaufbruch. Es war jedenfalls keineswegs so, daß die Zeiten eines gewissen Wohlstandes auch die geistlich bewegten Zeiten waren, vielmehr umgekehrt. Finanzielle Nöte wurden als geistliche Nöte, als Herausforderung der gesamten Unität erkannt und behandelt, die Gott sandte, um die Gemeine zusammenzubringen und zu neuem Glaubensmut anzu-

stoßen. Das läßt sich sowohl in den Jahren nach Zinzendorfs Tod wie in den ersten Jahrzehnten des 20. Jahrhunderts beobachten.

4. Als 1920 das Erbe Blumhardts in Bad Boll der Brüdergemeine übergeben wurde, verstand die Unität dies als einen geistlichen Auftrag und eine innere Bereicherung. Die eschatologische Zielrichtung, der Blick auf das Reich Gottes, die sozialethische Verantwortung für diese Welt und anderes gab ihr neue Impulse. Es hat sie mit den frommen Kreisen Württembergs in engste Fühlung gebracht. Das Kurhaus von Bad Boll als Begegnungsstätte und Erholungsheim übte eine große Anziehung aus und ermöglichte der Brüdergemeine nach dem Zweiten Weltkrieg die Begründung eines neuen Wirkungsraumes. Wenn mit dem Verkauf des Kurhauses aus einer finanziellen Notlage im Jahre 1999 jetzt nur der Verwaltungssitz und die Ortsgemeinde übrig geblieben ist, so ist das ein großer Verlust. Auf die Brüdergemeinde Bad Boll kommt die schwierige Aufgabe zu, die Begegnung mit dem geistlichen Erbe Blumhardts nun ohne seine Wirkungsstätte weiterhin zu pflegen und in der Brüdergemeine fruchtbar zu machen.

5. Für Zinzendorf war die Gemeinde in Herrnhut ein ökumenisches Wagnis und Modell. Die spätere Entwicklung hat gezeigt, in welch erstaunlichem Maße dieser Impuls auf die Kirchen gewirkt hat. Der Same der brüderischen Diasporaarbeit ging in der Erweckungsbewegung und der Gemeinschaftsbewegung des 19. Jahrhunderts auf, so daß sie nun fast als überflüssig erscheinen konnte. Doch empfing sie gerade aus diesen Bewegungen im 20. Jahrhundert noch einmal einen neuen Anstoß. Die Gemeinde als ökumenisches Modell erlebte in der ökumenischen Bewegung des 20. Jahrhunderts eine großartige Erfüllung und die Brüdergemeine hat sich ihr nicht verschlossen. Ist der Auftrag, den Christus der Brüdergemeine im 18. Jahrhundert gab, damit zum Ziel gekommen? Die finanziellen Grenzen der Brüdergemeine und die Winzigkeit ihrer Gemeinden in Europa sind jedenfalls kein Argument für ihre Selbstaufgabe, vielmehr ein Anstoß zu Kreativität. Der Weg der Gemeinde ist ganz abhängig von der Führung ihres Hauptes Christus, und es könnte schon sein, daß er sie als Glied im Gespräch der Religionen, als Brücke zwischen Landeskirche und Freikirche, als Modell der Bruderschaft in einer evangelischen Minderheitskirche des neuen Jahrtausends weiter gebrauchen will.

Literatur

Die Schriften Zinzendorfs sind aufgelistet in: Bibliographisches Handbuch zur Zinzendorf-Forschung, hg. v. Dietrich Meyer, Düsseldorf 1987 (abgekürzt: BHZ). Die Bibliographie enthält auch die Streitschriften und die Sekundärliteratur über Zinzendorf.

Zeitschriften, Periodika

Der Brüder-Bote	Der Brüder-Bote 1862–1898, hg. v. Joseph Reinhold Römer, ab 1875 von Alexander Glitsch
Brüder-Kalender	Brüder-Kalender. Statistisches Jahrbuch der ev. Brüderkirche und ihrer Werke 1894–1918
Civitas-Praesenz	Civitas Praesenz. Ein Gespräch in der Brüdergemeine, hg. v. H. Schmidt, H. Bintz, W. Günther 1956–1969
GN	Nachrichten aus der Brüdergemeine, Gnadau 1819–1894 (bis 1847 handschriftlich)
Herrnhut	Herrnhut. Allgemeine Nachrichten aus der Brüder-Gemeine 1868–1941 (Untertitel wechselt)
Mitteilungen	Mitteilungen aus der Brüdergemeine zur Förderung christlicher Gemeinschaft, hg. v. der Direktion der deutschen Brüder-Unität 1895–1941 (enthalten u.a. den jährlichen »Bericht der DUD«)
UF	Unitas Fratrum. Zeitschrift für Geschichte und Gegenwartsfragen der Brüdergemeine, Hamburg/Herrnhut 1ff. (1977ff.)
ZBG	Zeitschrift für Brüdergeschichte, Herrnhut 1-14 (1907–1920), Reprint Hildesheim 1973

Sekundärliteratur

Leiv Aalen, Die Theologie des jungen Zinzendorf, Berlin (1966). – *Theodor Bechler*, Ortsgeschichte von Herrnhut mit besonderer Berücksichtigung der älteren Zeit, Herrnhut (1922). – *Hartmut Beck*, Brüder in vielen Völkern. 250 Jahre Mission der Brüdergemeine, Erlangen 1981 – *Bericht* der Unitäts-Ältesten-Konferenz an die Gemeinen vom Jahre 1888–1898 (dann: Bericht der Deutschen Unitäts-Direktion 1899–1938), s. Mitteilungen (zum jeweiligen Jahr) und als Sonderdruck. – *Wilhelm Bettermann*, Theologie und Sprache bei Zinzendorf, Gotha (1935). – *Erich Beyreuther*, Der junge Zinzendorf, Marburg (1957). – *Ders.*, Zinzendorf und die sich allhier beisammen finden, Marburg (1959). – *Ders.*, Zinzendorf und die Christenheit, Marburg (1961). – *Ders.*, Studien zur Theologie Zinzendorfs. Gesammelte Aufsätze, Neukirchen-Vluyn (1962). – *Helmut Bintz*, N.L. von Zinzendorf. Texte zur Mission. Mit einer Einführung in die Missionstheologie Zinzendorfs, Hamburg (1979). – *Fritz Blanke*, Zinzendorf und die Einheit der Kinder Gottes, Basel 1950. – *Guido Burkhardt*, Die Brüdergemeine, 2 Tle., Gnadau (1893–1897). – *David Cranz*, Alte und Neue Brüder-Historie oder kurz gefaßte Geschichte der Ev. Brüder-Unität, Barby 1771, ND Hildesheim 1973. – *Hans-Walter Erbe*, Zinzendorf und der fromme hohe Adel seiner Zeit, Leipzig 1928. – *Ders.*, Herrnhaag. Eine religiöse Kommunität im 18. Jahrhundert, UF 23/24 (1988), 224 S. – *Ders.*, Erziehung und Schulen der Brüdergemeine, Unitas 315-350. – *Hellmuth Erbe*, Bethlehem, Pa. Eine kommunistische Herrnhuter Kolonie des 18. Jahrhunderts, Stuttgart 1929. – *Friedrich Sigwart Hark*, Der Konflikt der kursächs. Regierung mit Herrnhut und dem Grafen von Zinzendorf 1733–1738, Neues Archiv für sächs. Geschichte und Alterthumskunde, 3 (1882), 1-65. – *Hans-Christoph Hahn und Hellmut Reichel*, Zinzendorf und die Herrnhuter Brüder. Quellen zur Geschichte der Brüder-Unität von 1722 bis 1760, Hamburg 1977. – *J. Taylor Hamilton and Kenneth G. Hamilton*, History of the Moravian Church. The Renewed Unitas Fratrum, Bethlehem 1967. – *Wilhelm Jannasch*, Erdmuthe Dorothea, Gräfin von Zinzendorf, geborene Gräfin Reuß zu Plauen. Ihr Leben als Beitrag zur Geschichte des Pietismus und der Brüdergemeine, ZBG 8 (1914). – *Wilhelm Ludwig Kölbing*, Die Geschichte der Verfassung der Evangelischen Brüderunität in Deutschland mit besonderer Berücksichtigung der kirchenrechtlichen Verhältnisse, Leipzig 1906. – *Ferdinand Körner*, Die kursächsische Staatsregierung dem Grafen von Zinzendorf und Herrnhut bis 1760 gegenüber. Nach den Acten des Hauptstaatsarchivs zu Dresden, Leipzig 1878. – *Wilhelm Lutjeharms*, Het philadelphisch-oecumenisch streven der Hernhutters in de Nederlanden in de achttiende eeuw, Zeist 1935. – *Gerhard Meyer*, N.L. Reichsgraf v. Zinzendorf und Pottendorf. Eine genealog. Studie mit Ahnen- und Nachfahrenliste, Hildesheim 1966. – *Memorabilien* aus der Unitäts-Ältesten-Conferenz vom Jahre 1869–1887. Als Manuskript gedruckt. – *Irina Modrow*, Dienstgemeine des Herrn. N.L. v. Zinzendorf und die Brüdergemeine seiner Zeit, Hildesheim 1994. – *Heinz Motel*, Zinzendorf als ökumenischer Theologe, Herrnhut 1942. – *Joseph Theodor Müller*, Das Bekenntnis in der Brüdergemeine. Eine geschichtliche Darstellung, ZBG 3 (1909), 1-61. – *Ders.*, Das Bischoftum der Brüder Unität. Eine geschichtliche Untersuchung, Herrnhut 1889. – *Ders.*, Zinzendorf als Erneuerer der alten Brüderkirche, Leipzig 1900, Reprint Hildesheim 1975. – *Karl Müller und Adolf Schulze*, 200 Jahre Brüdermission, Bd. 1-2, Herrnhut 1931–1932. – *Guntram Philipp*, Wirtschaftsethik und Wirtschaftspraxis in der Geschichte der Herrnhuter Brüdergemeine, Unitas 401-464. – *Colin Podmore*, The Moravian Church in England 1728–1760, Oxford 1998. – *Gerhard Reichel*, Die Anfänge Herrnhuts. Ein Buch vom Werden der Brüdergemeine, Herrnhut 1922. – *Ders.*, August Gottlieb Spangenberg. Bischof der Brüderkirche, Tübingen 1906. – *Ders.*, Der »Senfkornorden« Zinzendorfs. Ein Beitrag zur Kenntnis seiner Jugendentwicklung und seines Charakters, Leipzig 1914. – *Jörn Reichel*, Dichtungstheorie und Sprache bei Zinzendorf. Der 12. Anhang zum Herrnhuter Gesangbuch, Bad Homburg 1969. – *Heinz Renkewitz*, Luther und Zinzendorf, NKZ 43 (1932), 156-179. – *Ders.*, Zinzendorf, Herrnhut 1935, 2. Aufl. 1939. – *Hans Schneider*, N.L. von Zinzendorf, GK 7, Stuttgart 1982, 347-372. – *August Gottlieb Spangenberg*, Leben des Herrn N. L. Grafen und Herrn von Zinzendorf und Pottendorf, 8 Teile, Barby 1773-1775. – *Otto Steinecke*, Die Diaspora der Brüdergemeine in Deutschland, Teil 1-3, Halle 1905-1911. – *Unitas Fratrum*, Herrnhuter Studien/Moravian Studies, hg. v. Mari P. van Buijtenen, C. Dekker, H. Leeuwenberg, Utrecht 1975 (abgekürzt: Unitas). – *Otto Uttendörfer*, Alt-Herrnhut. Teil 1: Wirtschaftsgeschichte und Religionssoziologie Herrnhuts während seiner ersten zwanzig Jahre (1722–1742), Herrnhut 1925; Teil 2: Wirtschaftsgeist und Wirtschaftsorganisation Herrnhuts und der Brüdergemeine von 1743 bis zum Ende des Jahrhunderts, Herrnhut 1926. – *Ders.*, Das Erziehungswesen Zinzendorfs und der Brüdergemeine in seinen Anfängen, Berlin 1912 (MGP 51). – *Ders.*, Zinzendorf und die Entwicklung des theologischen Seminars der Brüderunität, ZBG 10 (1916), 32-88, 11 (1917) 71-123, 12 (1918), 1-78, 13 (1919), 1-63. – *Ders.*, Zinzendorf und die Mystik, Berlin 1952. – *Verlaß* der Allgemeinen Synode der Brüder-Unität, Gnadau 1836ff. (vorher handschriftlich = nach festem Schema gegliederte Zusammenfassung der Besprechungen einer Synode). – *John Rudolf Weinlick*, Count Zinzendorf. The Story of His Life and Leadership in the Renewed Moravian Church, Nashville 1956. – *Hanns-Joachim Wollstadt*, Geordnetes Dienen in der christlichen Gemeinde. Dargestellt an den Lebensformen der Herrnhuter Brüdergemeine in ihren Anfängen, Göttingen 1966. – *Zinzendorf-Gedenkbuch*, hg. v. Ernst Benz und Heinz Renkewitz, Stuttgart 1951.

Zu Kapitel 1

Heinrich Herzog, Die rechtliche Sonderstellung der Oberlausitz in der sächsischen Landeskirche, Herbergen der Christenheit 3 (1959), 71-95. – *Peter Schicketanz*, Der Briefwechsel Carl Hildebrand von Cansteins mit August Hermann Francke, Berlin, TGP III,1, New York 1972. – *Hellmut Reichel*, Zinzendorfs Studienzeit in Wittenberg. Eine Vorlesung von Gerhard Reichel, UF 44 (1998), 9-94. – *Martin Greschat*, Zwischen Tradition und neuem Anfang. Valentin Ernst Löscher und der Ausgang der lutherischen Orthodoxie, Witten 1971. – *Zinzendorfs Tagebuch* seiner Kavaliersreise liegt bisher nur handschriftlich vor: *Attici Wallfahrt* durch die Welt in Teutschland biß nach Frankreich (UAHerrnhut R 20 A,6). – *Otto Steinecke*, Zinzendorfs Bildungsreise, Halle 1900. – *Erich Beyreuther*, Die Paradoxie des Glaubens. Zinzendorfs Verhältnis zu Pierre Bayle und zur Aufklärung, ders., Studien, 201-234. – *Nikolaus Ludwig von Zinzendorf*, Geschichte der verbundenen vier Brüder, ZBG 6 (1912), 72-108. – *Joseph Theodor Müller*, Das Ältestenamt Christi in der erneuerten Brüderkirche, ZBG 1 (1907), 1-32. – *N.L. von Zinzendorf*, Geschichts-Erzehlung verschiedener um des Evangelii willen aus Böhmen und Mähren vertriebener Leuten der alten und neueren Zeit, Basel 1749. – *Gerhard Reichel*, Die Entstehung einer Zinzendorf feindlichen Partei in Halle und Wernigerode, ZKG 23 (1902), 549-592. – *Karl-Ludwig Voss*, Christianus Democritus [= Dippel], Leiden 1970.

Zu Kapitel 2

Paul Martin Peucker, 's Heerendijk. Hernhutters in Ijsselsein 1736-1770, Zutphen 1991. – *Paul Wernle*, Der schweizerische Protestantismus im 18. Jahrhundert, Bd.1, Tübingen 1923. – *Ernst Saxer*, Zinzendorf und der Berner Synodus, UF 29/30 (1991), 157-174. – *Colin Podmore*, The Fetter Lane Society 1738, Proceedings of the Wesley Historical Society 46 (1988), 125-153. – *Martin Schmidt*, John Wesley, 2 Bde., Zürich 1953-1966. – *Peter Vogt*, Zinzendorf und die Pennsylvanischen Synoden von 1742, UF 36 (1994), 5-62. – *Rudolf Dellsperger*, Einheitskonzeption und Bekenntnisrezeption. Die Bedeutung des Berner Synodus für Zinzendorfs Einheitsbestrebungen in Pennsylvanien, Der Pietismus in seiner europäischen und außereuropäischen Ausstrahlung, Helsinki 1992, 206-225. – *Ernst Benz*, Zinzendorf in Amerika, Zinzendorf-Gedenkbuch, Stuttgart 1951, 140-161. – *Gillian Lindt Gollin*, Moravian in two Worlds. A Study of Changing Communities, Columbia 1967. – *Beverly Prior Smaby*, The Transformation of Moravian Bethlehem. From Communal Mission to Family Economy, Philadelphia 1988. – *Hans Merian*, Einführung in die Baugeschichte der ev. Brüdergemeinen ausgehend vom Modell der Gemeine Herrnhaag, Unitas, 465-482. – *Manfred Gerland*, Wesentliche Vereinigung. Untersuchungen zum Abendmahlsverständnis Zinzendorfs, Hildesheim u.a. 1992. – *Hans-Walter Erbe*, Zur Musik in der Brüdergemeine, UF 2 (1977), 46-74. – *Ders.*, Die Herrnhaag-Kantate von 1739. Ihre Geschichte und ihr Komponist Philipp Heinrich Molther, UF 11 (1982), 7-175. – *Hans Schneider*, Christoph Friedrich Brauer und das Ende des Herrnhaag, N.L. v. Zinzendorf. Materialien, Reihe 2, Bd 18, Hildesheim 1978, Einführung. – *Paul Peucker*, Der Weg der Herrnhaager Auswanderer nach Zeist, Büdinger Geschichtsblätter 13 (1988), 50-64. – *Dieter Krieg*, Abwanderung des welschen Häufleins auf dem Herrnhaag nach Neuwied an den Rhein 1750, ebd., 44-49.

Zu Kapitel 3

Johannes Loretz, Ratio Disciplinae Unitatis Fratrum A.C., Barby 1789. – *Hermann Rudolf Steinberg*, Geschichte der Diasporaarbeit der Brüdergemeine in den außerdeutschen protestantischen Ländern, 11 Teile. Masch. UA Herrnhut Nachlaß Steinberg. – *Hellmut Reichel*, Die Anfänge der Herrnhuter Predigerkonferenz, UF 17 (1985), 7-56. – *H.J. Lonzer*, Einiges aus der hundertjährigen Geschichte der Prediger-Conferenz zu Herrnhut, zur Jubelfeier derselben den 14. Juni 1854, Herrnhut 1854. – *August Gottlieb Spangenberg*, Von der Arbeit der evangelischen Brüder unter den Heiden, Barby 1782. – *Ders.*, Unterricht für die Brüder und Schwestern, welche unter den Heiden am Evangelio dienen, Barby 1784. – *Jan Marinus van der Linde*, Het visioen van Herrnhut en het apostolaat der Moravische Broeders in Suriname 1735–1863, Paramaribo 1956. – *Das Tagebuch und die Briefe von Georg Schmidt*, dem ersten Missionar in Südafrika (1737–1744), red. v. H.C. Bredekamp und J.L. Hattingh, Bellville 1981. – *Martin Schütz*, Die Funktion der Herrnhuter Mission im Vergleich mit anderen Missionen in Südafrika, UF 31 (1992), 49-57. – *Gustav Dalman und Adolf Schulze* (Hgg.), Zinzendorf und Lieberkühn, Studien zur Geschichte der Judenmission, Leipzig 1903. – *Martin Wissner*, M.G. Hehl. Mitarbeiter Zinzendorfs in Herrnhut und Bischof der Brüderkirche in Pennsylvanien (1705–1787), Lebensbilder aus Schwaben und Franken 17, Stuttgart 1991, 51-67. – *Otto Uttendörfer*, Zinzendorf und die Jugend, Berlin 1923. – *Marianne Doerfel*, Zur Übernahme der Pädagogik des Comenius durch Paul Eugen Layritz, UF 32 (1992), 65-90. – *Hermann Plitt*, Das theologische Seminarium der ev. Brüder-Unität in seinem Anfang und Fortgang, Leipzig 1854. – *Werner Reichel*, Samuel Christlieb Reichel in seiner Entwicklung zum Vertreter des »Idealherrnhutianismus«, ZBG 6 (1912), 1-44. – *Alexander Glitsch*, Aufenthalt Chr. G. Salzmanns in Barby im Jahr 1784, Der Brüder-Bote 12 (1874), 10-23. – *Johann Wolfgang von Goethe*, Dichtung und Wahrheit, Teil 2, Buch 8, Werke 9, Hamburg 1955; Teil 3, Buch 15, Werke 10, Hamburg 1959. – *John Becker*, Goethe und die Brüdergemeine, ZBG 3 (1908) 94-111. – *H. Düntzer*, Christoph Kaufmann, der Apostel der Geniezeit und der herrnhutische Arzt, Leipzig 1882. – *Ekkehard Langner*, Eine Ortsgemeine um 1800. Die Herrnhuter in Neuwied in Reiseberichten der Zeit, UF 4 (1978), 52-69. – *Dietrich Meyer*, Jung-Stilling und die Herrnhuter Brüdergemeine, Peter Wörster (Hg.), Zwischen Straßburg und Petersburg. Vorträge aus Anlaß des 250. Geburtstages von J.H. Jung-Stilling, Siegen 1992, 97-120. – *Peter Maser*, Hans Ernst von Kottwitz. Studien zur Erweckungsbewegung des frühen 19. Jahrhunderts in Schlesien und Berlin, Göttingen 1990. – *Johannes Althausen*, Kirchliche Gesellschaften in Berlin 1810 bis 1830, Diss. theol. Halle 1965. – *Johannes Plitt*, Denkwürdigkeiten aus der Geschichte der Brüder-Unität, 12 Bde., hs. im Unitätsarchiv in Herrnhut.

Zu Kapitel 4
Hans-Walter Erbe, Die Nieskyer Erweckung 1841, UF 15 (1984), 3-31. – *Dietrich Meyer*, Dozent Gustav Claß, ein Vertreter des Kulturprotestantismus, und sein Ausscheiden aus dem Theologischen Seminar der Brüdergemeine 1872, UF 16 (1984), 45-88. – *Friedrich Gärtner*, 150 Jahre brüderischer Verkündi-

gung in Breslau, Mitteilungen 1935, 122-135. – *Paul Willibald Schaberg*, Dank an die Diaspora. Kurze Geschichte der Gemeinschaftspflege der Brüdergemeine im Warthe-, Netze- und Oderbruch 1802–1945, 2. Aufl. 1994, 69f. – Hundert Jahre brüderischer Diasporaarbeit im Warthebruch und in den angrenzenden Gebieten (o. Verf.), Mitteilungen 1902, 542-564. – *Guntram Philipp*, Die Wirksamkeit der Herrnhuter Brüdergemeine unter den Esten und Letten zur Zeit der Bauernbefreiung, Köln, Wien 1974, 220ff., 349f. – *Theodosius Harnack*, Die lutherische Kirche Livlands und die herrnhutische Brüdergemeinde, Erlangen 1860. – *Hermann Plitt*, Die Brüdergemeine und die lutherische Kirche in Livland. Schutzschrift für das Diasporawerk, Gotha 1861. – *Jindrich Halama*, Die Anfänge der Erneuerten Brüderunität in Böhmen, UF 39 (1996), 77-90. – *Hermann Plitt*, Die innere Missionsthätigkeit der Brüdergemeine in Deutschland, Der Brüder-Bote 1885, 217-241, 250-265, 281-296; 1886, 12-20. – *Peter Sebald*, Geschichte von Niesky 1742–1992. Bd. 1: Die Verwaltung durch die Brüdergemeine, Niesky 1998. – *Kirchenordnung* der Evangelischen Brüder-Unität in Deutschland vom Jahre 1901, Gnadau (2 Teile). – *Die Brüder-Kirche*: Was ist Wahrheit? von Forscher [= Johann Heinrich Buchner], 1856.

Zu Kapitel 5

Theodor Gill, Die Jugend der Brüdergemeine in Deutschland 1910–1945, UF 3, 32-64; 4, 17-34. – *Ingeborg Baldauf*, »Wir kommen!« – Frauendienst in der Brüdergemeine im 20. Jahrhundert, dargestellt am Beispiel der Gemeindienerin Magdalena Kücherer geb. Beck, UF 45/46 (1999), 165-192. – *Gontrude Weber*, Zwischen Zinzendorf und Ragaz. Die Mitarbeit des Herrnhuter Pfarrers Theodor Schmidt (1870–1960) in der religiös-sozialen Bewegung der Schweiz bis 1914 und seine gesellschaftspolitische Arbeit in Deutschland, UF 29/30 (1990), 199-235 und die Dissertation *ders.*, Berlin 1989. – *Lebenslauf von Henry Louis Roy*, heimgegangen in Bad Boll am 8. Oktober 1936, Gnadau 1936. – *Werner Jäckh*, Die Übergabe von Bad Boll an die Brüdergemeine 1920, UF 14 (1983), 101-116. – *Bad Boll* – Geschichte und Gegenwart, hg. v. Walther Günther, Werner Jäckh und Klaus Lubkoll, Stuttgart 1980. – *Auf ewigem Wege*. Eigenhändiger Lebenslauf der am 26.1.1923 in Jebenhausen-Wieseneck entschlafenen Schwester Anna von Sprewitz, Gnadau (1923). – *Gerhard Heyde*, Das Württembergisch Wunderbad zu Boll, Stuttgart 1937. – *Drei Vorträge* über Blumhardt und Zinzendorf, Bad Boll: Verlag der Verwaltung von Bad Boll 1929. – *Walther Schmidt*, Königsfeld als Sommerfrische, Brüder-Kalender 1902, Niesky (1901), 89-108. – *Frieder Vollprecht*, Die Verbindung der deutschen Brüder-Unität mit der ökumenischen Bewegung in der Zeit des Nationalsozialismus, UF 42 (1997), 47-61. – *Joachim Knothe*, Nieskyer Traditionen im Ansturm einer neuen Zeit. Das Pädagogium zu Niesky und der Anspruch des Nationalsozialismus, UF 35 (1994), 7-55. – *Hans-Jürgen Kunick*, Die Königsfelder Zinzendorfschulen in der Zeit des Nationalsozialismus, UF 43 (1998), 58, 63, 108f. – *Hellmut Reichel*, Vorgeschichte der Synode 1935, UF40 (1996),

39-51. – *Otto Uttendörfer*, Lebenserinnerungen Teil 2: Tagebuch-Aufzeichnungen 1942–1946 (Nachlaß Otto Uttendörfer). – Ludwig Becker, Das Kriegsende 1945 in Herrnhut, UF 38 (1995), 7-30. – *Walther Günther*, Zum Verhältnis Brüder-Unität – Evangelische Kirche in Deutschland, UF 3 (1977), 111-117 (mit Abdruck des Kirchengesetzes). – *Protokoll des Gesprächs* zwischen Professor Dr. Karl Barth und Vertretern der Brüdergemeine am 12. Oktober 1960 in Basel, Civitas Praesens 13 (1961). – *Friedrich Gärtner*, Karl Barth und Zinzendorf, München 1953. – *Hans-Christoph Hahn*, Theologie, Apostolat und Spiritualität der evangelischen Brüdergemeine, Unitas 287-314. – *Eberhard Bernhard*, Ein »Offener Brief« von Otto Uttendörfer im März 1945, UF 8 (1980), 77-88.

Übersichten

1. Generalsynoden der Brüder-Unität 1782–1931

A = Anmerkung zur Situation oder Vorgeschichte   B = Beschlüsse

1782 Vorsitz: A.G. Spangenberg – B: Instruktion für Diaspora; Pädagogium für Adlige
1789 Vorsitz: C. Gregor – A: Britische und amerik. Deputierte sind anwesend – B: Beachtung der Sonntagsfeier; Mission am Kap und auf der Insel Tabago; Missions-Departement
1801 Vorsitz: J. Risler – B: Feststellung des Verfalls, bes. in den Chören; Mahnschreiben Cunows; Gründung Königsfelds – A: Unitätsschuld ist abgetragen!
1818 Vorsitz: G. Cunow – B: Unitätstatuten; Trennung des Loses vom Regiment Christi; Akt der Aufnahme in die Gemeine durch Los (im Unterschied zur Brüderkirche); 5. Lehrpunkt: Früchte des Glaubens; Verlegung des Theol. Seminars nach Gnadenfeld; neues Liturgienbuch; Abschaffung der Fußwaschung
1825 Vorsitz: F.L. Kölbing – B: Stufenfolge von Konfirmation und Aufnahme in die Gemeine; neuer Tilgungsfonds
1836 Vorsitz: P.F. Curie – A: Auseinandersetzung mit bürgerlicher Opposition über Ältestenamt – B: Einrichtung von Bibelstunden; monatliche Gebetsversammlungen; Druck des »Verlasses« und eines »Missionsblattes«
1848 Vorsitz: G. Herrmann aus Amerika – A: Vollmacht der Abgeordneten staatlich gefordert; Sitzungen öffentlich – B: Öffnung zur Landeskirche durch Überwindung der Ortsgemeinde (Auswärtige, Stadtgemeinden); Teilnahme am Kirchentag; Änderung der Begräbnis- und Osterliturgie; dreijähriges theol. Studium; jährliche Missionsfeste; Mission in Nicaragua und Südaustralien
1857 Vorsitz: J.M. Nitschmann – A: amerik. Forderung der Selbständigkeit der Provinzen – B: neue dezentrale Verfassung mit drei Provinzen (je 9 Abgeordnete), Provinzialsynoden und -Ältesten-Konferenzen (PAC); Trennung des Vermögens

1869 Vorsitz: L.Th. Reichel – A: Auseinandersetzung um die künftige Rolle der UAC, Forderung einer deutschen PAC; Trennung von Mission und Handel

1879 Vorsitz: E.A. v. Schweinitz – A: Rolle der UAC unklar – B: Unitäts-Dep. als Appellationsbehörde

1889 Vorsitz: W. Taylor – B: Trennung der UAC in (übergeordnetes) Missions-Dep. und deutsche PAC; Mission auf Trinidad; Instruktion für Missionare; Aufhebung des amtlichen Losgebrauchs

1899 Vorsitz: M.W. Leibert – A: Vermögens- und Verfassungsänderungen auf den deutschen ProvSyn 1893/4 und 1897 – B: UAC hat nur Oberaufsicht in Verfassung und Lehre, in der Mission und den Werken in Österreich und Jerusalem; Missionsdirektion selbständig; Gründung von Missionsseminaren; »Missionsanstalt« als selbst. Vermögensverwaltung

1909 Vorsitz: H.W. Reichel – A: Lehrstreit auf deutscher PS – B: Bekenntnis zur Autorität der Schrift und Gottheit Christi; Missionsziel: selbst. Eingeborenen-Kirche

1914 Vorsitz: P. Asmussen – B: Die Mission in Unyamwesi wird nicht abgegeben

1931 Vorsitz: A. Ward – B: Bekenntnis zur Einheit der Unität und Mission als Unitätswerk; Aufteilung der Arbeit auf Provinzen: »Herrnhuter Missions-Direktion« mit »Herrnhuter Missionshilfe« als Kassenstelle neben brit. und amerik. Direktion; »Missionsanstalt« als Treuhandgesellschaft der Unität für bestimmte Firmen und Fonds

2. Präsides und Vorsitzende

Präsides der Unitäts-Ältesten-Konferenz

1782–1792	August Gottlieb Spangenberg (1704–1792)
1792–1801	Christian Gregor (1723–1801)
1801–1811	Jeremias Risler (1720–1811)
1811–1824	Gottfried Cunow (1758–1824)
1824–1831	Johann Baptist Albertini (1769–1831)
1831–1840	Friedrich Ludwig Kölbing (1774–1840)
1840–1854	Peter Friedrich Curie (1777–1855)
1854–1862	Johann Martin Nitschmann (1785–1862)
1862–1869	Christian Wilhelm Matthiesen (1793–1869)
1869–1879	Gustav Theodor Tietzen (1809–1882)
1879–1882	Gustav Reichel (1808–1882)
1882–1884	Heinrich Levin Reichel (1813–1905)
1884–1896	Heinrich Müller (1826–1912)
1896–1898	William Bauer (1842–1899)

Vorsitzende der Deutschen Unitätsdirektion

1898-1901 Otto Ferdinand Uttendörfer (1834-1909)
1901-1905 Paul Eugen Reichel (1838-1911)
1905-1911 Wilhelm Kölbing (1846-1920)
1911-1913 Hermann Walter Reichel (1848-1924)
1913-1919 Hermann Bauer (1850-1919)
1919-1930 Paul Jensen (1870-1938)
1930-1939 Theodor Marx (1871-1963)
1939-1945 Samuel Baudert (1879-1956)

Vorsitzende im Distrikt Ost

1947-1961 Johannes Vogt (1883-1973)
1961-1969 Erwin Förster (1901-1980)
1969-1982 Helmut Hickel (1914-1993)
1982-1992 Christian Müller (geb. 1939)

Vorsitzende der Direktion im Distrikt West der EFBU

1945-1949 Samuel Baudert (1879-1956)
1949-1954 Heinz (Heinrich) Renkewitz (1902-1974)
1954-1956 Hermann G. Steinberg (1886-1969)
1956-1968 Heinz Motel (1910-1978)
1968-1970 Kurt Wunderling
1970-1973 Eberhard Bernhard (1912-1992)
1973-1975 Helmut Bintz
1975-1977 Eberhard Bernhard
1977-1979 Walther Günther
1979-1981 Hemut Bintz
1981-1983 Roland Baudert
1983-1985 Hans Beat Motel
1985-1987 Helmut Bintz
1987-1989 Roland Baudert
1989-1992 Helmut Bintz

Nach der Vereinigung der Distrikte

1992-1994 Hans-Beat Motel
1994-1996 Christian Müller
1996-1998 Hans-Beat Motel

3. Inspektoren des Theologischen Seminars 1754–1818

Sitz des Seminars in Barby

1754–1763 Gottfried Clemens (1706–1776), Hofprediger in Lobenstein, Sorau, Ebersdorf, 1746 Anschluß von Ebersdorf an Herrnhut, 1763 Prediger in Gnadenfrei, in Herrnhut, veröffentlicht neu die Reden Zinzendorfs und Auszüge aus Zinzendorfs Reden zu den Mosebüchern und Evangelien

1765–1769 Friedrich Adam Scholler (1718–1785), 1754 Dozent in Barby, 1769 Gemeinhelfer in Ebersdorf, 1772 Inspektor, 1782 Gemeinhelfer in Gnadau

1769–1772 Georg Leonhard Stock (1721–1799), 1747 Lehrer der Kinderanstalt in der Wetterau, 1749 in Großhennersdorf, 1752 in Uhyst, 1756 in Niesky, 1772 Gemeinhelfer in Neuwied, 1782 Inspektor der Mädchenanstalt in Herrnhut

1772–1782 Friedrich Adam Scholler (s. oben)

1782–1792 Carl August Baumeister (1741–1818), 1769 Lehrer am Gymnasium in Görlitz, 1774 (?) Pfarrer in Taubenheim, 1778 Prediger und Dozent in Barby, 1792 Prediger in Kleinwelka, 1797 Direktor in Uhyst, 1801 Prediger in Herrnhut, 1814 Bischof

1789   Umzug des Seminars nach Niesky

1792–1898 Johann Gottfried Cunow (1758–1824), 1782 Dozent in Barby, 1789 dort auch Gemeinvorsteher, 1792 mit seinem Bruder Gebhard Inspektor, 1798 Schloßprediger in Barby, 1802 Mitglied der UAC, 1808 Bischof

1798–1802 Friedrich Renatus Früauf (1764–1851), 1787 Lehrer in Uhyst, 1790 Inspekor, 1797 Dozent am Seminar, 1802 Konferenzschreiber der UAC, Inspektor in Großhennersdorf, 1817 Gemeinhelfer in Zeist, 1836 Mitglied der UAC

1802–1804 Christian Gottlieb Hüffel (1762–1842), 1784 Lehrer in Niesky, 1791 Brüderpfleger in Dublin, 1797 Konferenzschreiber der UAC, 1802 Inspektor und Prediger in Niesky, 1804 Gemeinhelfer in Barby, 1809 Mitglied der UAC, 1814 Bischof, 1818 Präses der Provinzialhelferkonferenz in Bethlehem, 1826 Mitglied der UAC

1804–1808 Johann Baptist Albertini (1768–1931), studierte 1785 mit F.D.E. Schleiermacher im Theol. Seminar, 1788 Lehrer in Niesky, 1789 in Barby, 1796 Dozent am Seminar für Exegese, Enzyklopädie, Naturgeschichte, 1804 Inspektor und Prediger von Niesky, 1814 Prediger in Gnadenberg, 1818 in Gnadenfrei, 1821 Mitglied der UAC, veröffentlicht »Geistliche Lieder«, 1814 Bischof, Präses der Bunzlauer Bibelgesellschaft

1808 Vereinigung des Seminars mit dem Pädagogium
1808-1818 Friedrich Ludwig Kölbing (1774-1840), 1795 Lehrer in Niesky, 1800 in Barby, 1801 in Neuwied, 1808 Inspektor der 3 vereinigten Erziehungsanstalten in Niesky, 1818 Mitglied der UAC, 1835 Bischof
Verf.: Die Gedenktage der erneuerten Brüderkirche, 1821; Nachricht von dem Anfang der bischöflichen Ordination, 1835

1818 Umzug des Seminars nach Gnadenfeld

4. Inspektoren und Direktoren des Theologischen Seminars seit 1818

1818-1825 Johannes Renatus Plitt (1778-1841), 1798 Lehrer in Barby, 1805 Konferenzschreiber in Berthelsdorf, 1808 Inspektor der Knabenanstalt Neuwied, 1825 Mitglied der UAC, 1836 Unitätsarchivar
Verf.: Denkwürdigkeiten zur alten und neuen Brüdergeschichte, 12 Bände hs. 1828-1840
1825-1829 Christian Wilhelm Matthiesen (1793-1869), 1820 Dozent in Gnadenfeld, 1829 Prediger in Gnadenfeld, 1832 Inspektor der Anstalten in Kleinwelka, 1836 Mitglied der UAC, 1848 Bischof
1829-1838 Christian Theodor Schumann (1794-1856), 1825 Dozent in Gnadenfeld, 1838 Prediger und Inspektor der dortigen Anstalten
Verf.: Brüder-Geschichte, 2 Teile, Gnadenfeld 1833/4
1838-1846 Friedrich Wilhelm Kölbing (1803-1850), 1832 Dozent in Gnadenfeld, 1846 Prediger in Kleinwelka, 1848 Mitglied der UAC
1846-1853 Heinrich Levin Reichel (1813-1905), 1838 Dozent in Gnadenfeld, 1853 Prediger in Gnadenberg, 1855 in Herrnhut, 1865-1884 Mitglied der UAC, 1879 Bischof
1853-1880 Hermann Plitt (1821-1900), 1743 Lehrer in Niesky; 1847 Dozent in Gnadenfeld, 1866 Gründung des Heinrichstifts in Gnadenfeld, 1883-1893 Leitung des Diakonissenwerkes in Niesky
Verf.: Das theol. Seminarium, 1854; Zinzendorfs Theologie, 3 Bde., 1869-1874; Die Gemeine Gottes in ihrem Geist u. ihren Formen, 1859
1880-1886 Otto Ferdinand Uttendörfer (1834-1909), 1873 Dozent in Gnadenfeld, 1886 Prediger in Christiansfeld, 1893 Mitglied der DUD
Verf.: Das Tropenprinzip Zinzendorfs und der Brüdergemeine und seine Anwendung auf die uns gegenwärtig bewegende Lehrfrage, 1897

1886–1894 Bernhard Becker (1843–1894), 1872 Dozent in Gnadenfeld
Verf.: Zinzendorf im Verhältnis zu Philosophie und Kirchentum seiner Zeit, 1886

1894–1907 Paul Kölbing (1843–1925), 1868–1873, 1886 Dozent in Gnadenfeld, 1879 Prediger und Direktor der Schulen in Zeist, 1907 in Sozietät Straßburg
Verf.: Die heilige Schrift als oberste Norm der christl. Glaubenserkenntnis, 1896; Die theol. Wissenschaft in der Brüdergemeine, 1904

1907–1928 Henry Roy (1859–1936), 1887 Dozent in Gnadenfeld, 1904 Lic. theol. von Breslau, 1912 Dr. h.c. von Tübingen; im Ruhestand in Bad Boll
Verf.: Israel und die Welt in Jes. 40–55, 1903; Zum 150jährigen Bestehen des theol. Seminars, in: Herrnhut 1904, 122f, 130f

1928–1934 [Theophil Steinmann (1869–1950)], 1891 Lehrer in Niesky, 1895 Dozent in Gnadenfeld, 1904 Lic. theol von Gießen, 1912 Dr. theol. h.c. von Straßburg; lehrt bis 1940 im Ruhestand; Aushilfe in Neudietendorf und Menziken
Verf.: Die geistige Offenbarung Gottes in der geschichtlichen Person Jesu, 1903; Der religiöse Unsterblichkeitsglaube, 1912; Die Geheimreligion der Gebildeten (mit. C. v. Zastrow), 1914

1935–1940 Ernst Weber (1888–1969), 1913 Hilfslehrer am Seminar, 1915–1920 im Weltkrieg, 1920 Dozent in Gnadenfeld; 1940 Prediger in Neusalz; 1947–1955 Pfarrer in Sonneborn bei Gotha; 1960 Sozietät in Hannover

5. Fabriken, Güter und Betriebe der Brüdergemeine um 1900

* Besitz der Einzelgemeinde   + Besitz der Unität

Christiansfeld	Gemeinhandlung Spielwerg & Co. (Kolonial- und Schnittwaren) +
	Unitätsgut Tyrstruphof +
Ebersdorf	Handlung B. Göttling & Co. +
Gnadau	Unitätsbuchhandlung +
	Gut Döben +
Gnadenberg	Weberei +
	Gerberei +
Gnadenfeld	Maschinenfabrik +
	Domimium Pawlowitzke +
Gnadenfrei	W.G. Thraen & Co.
	Mechanische Weberei von Th. Zimmermann
Herrnhut	Missionsbuchhandlung und -agentur
	Abraham Dürninger & Co. (Leinenfabrikation, Tabakgeschäft, Manufakturen und Kolonialwaren)
Kleinwelke	Gutshof
Königsfeld	Handlung C.W. Just & Co. +
	Brauerei +
Neudietendorf	Rittergut +
	Brauerei +
Neusalz	Meyerotto & Co. +
	Flachs- und Jutespinnerei in Suckau +
	Leim- und Schmirgelpapierfabrik Gebrüder Garve +
	Gerberei und Riemenfabrik +
	Brauerei +
Neuwied	Kellerei des Brüderhauses *
	Fayence Ofenfabrik des Brüderhauses *
	Brauerei *
Niesky	Material- und Schnittwarenhandlung Riis & Co. +
	Eisen-, Farbwaren- u. Kohlenhandlung Höpner & Co.+
	Lackfabrik Höpner (ab 1919 selbständig) +
	Gasanstalt (ab 1904) +
	Maschinenfabrik J.E. Christoph (seit 1898 Aktienges.)
	Fabrik transportabler Baracken von Christoph und Unmack (seit 1899 Aktienges.)
	Möbel- und Kunsttischlerei E. Wendt jr.
	Gerberei von P. Keil
Zeist	G. van Wees & Weiß *
	Bandfabrik E.W. Anton & Co. *
	Manufakturgeschäft G.W. Jacky & Co. *

6. Entwicklung der Gemeindegliederzahlen

(Die Zahlen stammen zum Teil aus dem Vorjahr, mit * von 1990.)

	1761	1857	1900	1950	1998
Deutsche Provinz (Europäisch Festl.)	5.747	6.188	8.096	11.174	24.687
Böhmen/ČSR			691	6.751	2.115
Großbritannien	3.442	5.161	5.955	3.430	3.035
Amerika Nord	3.015	8.414	18.195	29.829	28.951
Amerika Süd			5.272	17.442	20.335
Europäisch-Festländische Brüder-Unität (in Auswahl)					
Bad Boll				1.015	699
Berlin Mitte	635	264	250	470	286
Berlin-Neukölln		193	260	369	435
Christiansfeld	–	728	317	354	*300
Dresden				289	279
Ebersdorf	351	206	195	370	215
Gnadau	–	262	259	569	272
Gnadenberg	768	363	282	–	–
Gnadenfeld	–	214	293	–	–
Gnadenfrei	1.633	528	759	–	–
Hamburg				828	420
Herrnhut	1.272	815	1.038	1.001	558
Kleinwelka	129	372	509	342	158
Königsfeld	–	292	391	758	915
Neudietendorf	145	303	390	545	170
Neugnadenfeld				845	787
Neusalz	–	245	301	–	–
Neuwied	207	366	465	1.302	505
Niesky	422	601	1.102	854	369
Nordrhein-Westf.					506
Rhein-Main					263
Zeist	389	270	194	369	*962
Zwickau				277	105

Die jungen Kirchen (1998)

Alaska	1.709	Nicaragua	83.686
Costa Rica	735	South Africa	100.000
Eastern West Indies	19.252	Suriname	56.000
Guyana	786	Tanzania, Rukwa	47.100
Honduras	6.215	Tanzania, Southern	110.100
Jamaica	27.589	Tanzania, South West	153.600
Labrador	2.289	Tanzania, Western	99.992
		North India	486

Bei Fragen zur Produktsicherheit wenden Sie sich bitte an:
If you have any questions regarding product safety, please contact:

Brill Deutschland GmbH
Robert-Bosch-Breite 10
37079 Göttingen
info@v-r.de